Collana ***Ombre***

Siccità di Vincenzo Restivo
Collana: *Ombre*
Genere: *Romanzi*
ISBN: 9788887224634

PRIMA EDIZIONE Marzo 2021

Editing e cura redazionale: Arianna Rossi
Illustrazione: Francesco Corli

Watson edizioni, via Umberto Grosso, 14 - 00121 Roma
www.watsonedizioni.it
info@watsonedizioni.it

Vincenzo Restivo

Siccità

Watson edizioni

Indice

L'abitudine del coleottero....................13
Quando le cavallette vennero in città....................123
Il tempo caldo delle mosche....................247

"Vedi, veniamo tutti al mondo con una dose di magia in corpo. Lo credo veramente. Non la magia che ti fa camminare sulle acque, ma una magia che ci permette di essere eccezionali, speciali. Ora, se tu rifiuti quella magia, se ne soffochi la crescita, diventa marcia, incancrenisce dentro di te, cresce come un serpente, finché tu stesso non diventi una specie di mostro. Un diavolo, se vuoi."

Da Gli occhi di Mr Fury- Philip Ridley

"È incredibile notare come le cose più terribili al mondo siano fatte da persone che non sono affatto terribili."

Da Il Giardino di Cemento - Ian McEvan

L'abitudine del coleottero

"... non tutti, certo, moriremo, ma tutti saremo trasformati, in un istante, in un batter d'occhio, al suono dell'ultima tromba; suonerà infatti la tromba e i morti risorgeranno incorrotti e noi saremo trasformati!"

Il modo della resurrezione
(Prima lettera ai Corinzi 15, 51-55)

1

Un sogno, nulla di più. Un po' come quelle bizzarre immagini della TV, con tante facce buffe che ti ripetono in continuazione «Come si sta bene qui.»

Soltanto un sogno…

Nella tranquillità della mia stanza verde, sembrava tutto così vero. Nulla di ciò che credevo fosse finto lo era davvero, nulla.

A occhi chiusi immaginavo i prati e quello che vi si poteva trovare tra l'erba incolta: ragni, serpenti, coleotteri. Qualche fiore un po' qui e un po' lì.

Davanti casa mia non c'era più un prato dal 1986, più precisamente da quando il signor "spada di ferro" disboscò mezza prateria per costruire una fabbrica di cartone. Il piccolo boschetto di sequoie ed eucalipti, però, era ancora lì, come un emblema sacro, meta di famigliole felici il giorno del primo di aprile.

Tutto il resto, rimase sogno. O sonno.

Pensatela un po' voi come vi pare, la cosa certa è che senza sonno non c'è sogno, per questo a me piace dormire.

L'uomo nella mia mente disse «Lo vuoi un bastoncino di caramello?»

Lo impugnava con la mano inguantata e bianca come quella di Topolino. Me lo porse e io risi di gusto.

«È deliziosooo» disse, marcando la "o" finale, buffa imitazione di un comico da cabaret.

Ma mi fece ridere di nuovo. Era come stare in una fabbrica di cioccolato, come quella del film. Dietro al buffo omino, un prato di papaveri caramellati si stendeva incontrastato.

«Sono ricoperti da uno strato di sciroppo d'amarena» riprese il clown dalle mani inguantate.

Raggiunsi il campo e mi ci tuffai come in un mare d'acqua tiepida e rilassante. Ne raccolsi uno.

L'odore era inebriante.

Osservai a fondo il centro scuro e mi accorsi che cresceva a vista d'occhio dando vita a un sinistro ronzio.

Come...

Il ronzio si faceva sempre più insistente.

Un coleottero! pensai.

Poi vidi l'insetto sgusciare fuori dal fiore di caramella, nero e tondo come un pomo.

Aprii la bocca e mi entrò nelle viscere.

2

Un sogno! Un sogno!

Niente di più.

Quando riaprii gli occhi, ero bagnato di sudore, le lenzuola mi si erano attorcigliate alle gambe, il cuscino era sul pavimento e il ronzio del sogno ancora più insistente.

La trebbiatrice! Distruggeva i campi di grano... Era il tempo.

Avevo passato un' intera estate fra i campi di grano e i papaveri, ora le trebbiatrici si davano da fare perché il grano era troppo maturo e per i ragazzi come me era già tempo di ritornare a scuola, tra i fogli inchiostrati dei test attitudinali e i libri polverosi degli scaffali della biblioteca.

Tempo prima avevo compiuto i miei diciotto anni e non era stato un evento memorabile. Pan, il mio migliore amico, era cascato giù dal ramo più alto di un pino del mio giardino e si era rotto una gamba in ben due punti. Dovettero infilargli nella carne un pezzo di metallo e un paio di bulloni per tenerlo fermo, così, dicevano i medici, l'osso si sarebbe sanato in breve tempo.

Quello stesso giorno, mentre io spegnevo le candeline variopinte della mia torta al doppio strato di amarena e amaretti, e Pan si arrampicava sugli alberi del giardino, mio nonno Vincent era in ospedale a rendersi conto che avere un cancro ai polmoni spesso poteva essere una liberazione per un uomo tanto infelice come lo era stato lui in tutta la sua stramaledetta vita.

Nessuno mangiò la mia torta, gli amaretti assorbirono completamente il succo d'amarena, e alla fine della serata era ormai ridotta a una poltiglia violacea.

3

Eppure fu solo l'inizio.

Prima dei miei diciotto anni, sognare, allontanarmi dalla realtà, dormire fino a tardi, le consideravo perdite di tempo, cose senza alcun significato. Non c'erano fabbriche di cioccolato né campi di papaveri caramellati prima dei miei diciotto anni.

Ma quando la vita comincia ad assumere le fattezze di tutti gli incubi più terribili che potessi mai avere, quando cominci a capire che il tuo mondo riesce a farti accapponare la pelle molto più di un film del terrore, beh, allora sì che non ti rimane altra scelta che chiudere le palpebre e andare via per un po'. Dileguarti.

Non è egoismo, ma sinceramente non so cosa sia con esattezza, so solo che in parte riesce almeno per qualche ora a farmi sentire bene, o semplicemente a illudermi.

Mi chiamo Vincent, Pan però preferisce chiamarmi Beet, una sorta di diminutivo dell'inglese *beetle*, scarafaggio. Perché? Colleziono insetti, di tutte le specie, in particolare: scarafaggi, scarabei e coleotteri. Non so perché, a chiunque me l'abbia chiesto non ho mai saputo dare una risposta appropriata, so solo che mi piace farlo, nulla di più.

Vivo solo con mia madre, da quando papà ci lasciò per andare a vivere con il suo ragazzo, quando avevo appena cinque anni. Non fu tanto drammatico il distacco da mio padre, gli assistenti sociali scelsero per me: sarei andato a vivere con mia madre. In fondo sarebbe stata una cosa da pazzi costringere un bambino a stare in un appartamentino con due uomini di cui uno credeva di essere l'incarnazione di Frida Kalho.

Un bambino di cinque anni non l'avrebbe retta una situazione simile, sarebbe venuto su deviato e saturo di assurde manie.

Certo non è che vivere con mia madre sia stato il massimo del piacere. L'unica volta che ricordo di averla vista felice fu quando andammo a Disneyland con nonno Vincent. Quel giorno mangiammo tutti quintali di zucchero filato e strisce di liquirizia rossa.

Per il resto mamma è perennemente triste, versa litri di lacrime e passa la maggior parte del tempo chiusa nella sua camera a parlare da sola allo specchio. Un giorno venne da me sostenendo di aver scoperto che dietro lo specchio del suo comò ci fosse un'altra realtà, una sorta di mondo parallelo dove tutti sorridevano e lei poteva riuscire a nuotare nelle profondità degli abissi come una sirena, senza aver bisogno di bombole per l'ossigeno.

Le dissi che era una follia, lei se ne convinse.

Il giorno in cui il "ronzio" distante della trebbiatrice mi fece svegliare di colpo, lei era al capezzale del letto di mio nonno.

«Buongiorno» le dissi.

Alzò il capo ma non rispose.

Nonno Vincent era ormai ridotto agli estremi. Il viso aveva assunto le sembianze grottesche di un cranio scarno, le labbra semiaperte e rientrate coprivano le gengive prive di denti.

Dal giorno in cui gli fu diagnosticato il male si rifiutava di mangiare e di alzarsi dal letto per i suoi bisogni. Eravamo ricorsi più volte all'aiuto della vicina per cambiare le lenzuola sporche. Era un tocco di legno, come un tronco morto riverso al suolo, inutile, secco.

Andai in cucina e mi preparai una tazza di latte tiepido, vi aggiunsi dei corn flakes stantii e ingerii il tutto con poco appetito.

Fuori l'aria sapeva di oleandri, i petali bianchi dei fiori del gazebo erano caduti a terra rivestendo, per gran parte, il pavimento del cortile. Presi posto sull'amaca di vimini della veranda. Lì le mosche banchettavano con la frutta marcia che mamma aveva accantonato in un angolo.

Chiusi gli occhi.

Ricordo che una volta mio padre mi raccontò una storia.

Parlava di una certa Alice che attraverso uno specchio raggiunse un altro universo.

Forse a questo si riferiva mamma quando parlava del suo sogno di voler essere una sirena.

Mentre ci pensavo, quel mattino, l'amaca mi cullava armoniosamente e quasi non sentivo più il ronzio insistente delle mosche e quello stridulo della trebbiatrice. In compenso udii dei passi venire verso di me, poi la porta d'ingresso si aprì e vidi mia madre. Mi raggiunse a passi cauti e si sedette sul primo scalino del pianerottolo, i gomiti appoggiati alle ginocchia, le mani al viso.

«Come sta?» le chiesi.

«Si rifiuta di mangiare... ormai ha deciso di anticipare i tempi. D'altronde gli rimane così poco. Mangiare, bere, lavarsi, sono cose senza alcun significato quando sai che è finita.»

«E tu? Come stai tu?»

«Credo di essere arrivata al limite della sopportazione! Ieri ho pensato di mettere dell'alcool nelle flebo. Vedi a che punto sono arrivata? E non credere che l'abbia pensato per mettere fine alle sue sofferenze. No, certo che no! L'ho pensato per me, per non sentire più le sue grida la notte. Perché sono un'egoista.»

«No, mamma, tu non lo sei!»

«Sono un mostro!»

Abbandonai l'amaca e presi posto al suo fianco.

«Sei stanca, ecco tutto.»

«Hai visto tuo padre?»

«No, andrò a fargli visita più tardi.»

«Sai se gli serve qualcosa?»

«Degli asciugamani puliti. Ma non devi occupartene tu, Dav ha trovato lavoro. Non serve più che provveda tu a tutto.»

«Davvero? Dove?»

«Al supermarket. È addetto al banco dei salumi.»

«È un bravo ragazzo… peccato che sia incappato in quel buon a nulla di tuo padre.»

«Gli oleandri stanno appassendo…» dissi.

«È il tempo.»

Mamma tossì, si mise in piedi, raggiunse l'amaca e si coricò.

4

A otto anni scoprii che mio padre non abitava poi tanto distante da casa. Non si era accasato in un piccolo appartamento come sostenevano gli assistenti sociali, proprio no. Trovò, bene o male, una sistemazione di fortuna in un vecchio peschereccio abbandonato che aveva adibito a mo' di suite con Dav. Vi aveva aggiunto un cucinino con tanto di bombole a metano e fornelletti tutto fare, un letto a due piazze, ed era riuscito a ricavare anche lo spazio per un divanetto a due posti e una TV dodici pollici made in Japan.

Non si stava troppo comodi, ma era caldo e accogliente. Niente da invidiare alla freddezza della mia grande casa.

A otto anni capii che si poteva vivere benissimo anche in un letamaio se c'era un minimo di armonia, tra gli inquilini. Ed era questo che mancava a mio padre e mia madre, prima del divorzio.

L'unico ricordo che ho di loro felici è una foto. Mamma l'ha appesa all'entrata, in una bella cornice inox, di quelle che ti regalano con i punti del latte. In quella foto mamma, Delia Brasco, stringe forte a sé mio padre, Cristian Loveli, e sorridono guardando fissi, di fronte, l'obbiettivo. Dietro di loro, una fontana. Erano a Roma e tutto era molto più semplice...

A mio padre non andava che nonno restasse da noi. Non gli è mai scesa giù l'idea di passare il resto della sua vita a sentire le sue lagne quando lui e mia madre rientravano più tardi del previsto o quando mi lasciavano da solo in sua compagnia.

Papà sapeva qualcosa sul conto di nonno, qualcosa che mia madre gli aveva confidato, qualcosa che lo faceva star male ogni qual volta vedeva il vecchio girovagare per le stanze con il suo bastone, qualcosa che non ha mai voluto dirmi. Fin quando decise che ormai ero diventato abbastanza grande da essere in grado di capire e giudicare.

5

Dav venne con la pioggia.

Aveva solo ventisei anni, due meno di mio padre, e con la sua famiglia arrivò durante un temporale, uno dei tanti che in quel mese di marzo del 1987 stavano rendendo difficile la vita di tutti gli abitanti del paese. Facendo uno sforzo di memoria, penso che il primo ricordo che ho è proprio di quei giorni, i goccioloni erano talmente grandi che cadevano a terra come biglie di piombo. Il bosco era invalicabile a causa del fango e per lungo tempo la scuola materna restò chiusa, per via del tetto che perdeva acqua e del pessimo riscaldamento.

Rimasi in casa in quei giorni, a guardare la TV oppure con gli occhi fissi alla finestra del soggiorno che affacciava alla via. Da lì vidi Dav arrivare con tutto il suo carico di tele, tavolozze e pennelli.

Parcheggiarono l'auto bianca nel vialetto affianco.

Sua madre era un donnone paffuto, grosso come una botte, il padre somigliava tanto a mio nonno Vincent, stessa acconciatura di capelli, stesso portamento fermo e composto.

Giorni dopo capimmo che si trattava dei Más, di origini messicane, trasferiti in paese per chissà che assurdo motivo.

Una volta papà decise di recarsi da loro per dargli il benvenuto da buon vicino e invitarli a cena. Da allora le liti tra i miei aumentarono di gran lunga. Papà aveva cominciato a interessarsi d'arte e rincasava spesso molto tardi per stare con Dav. Mamma lo sapeva, si dice che le donne abbiano un senso in più rispetto agli uomini e un intuito imbattibile in casi come questi. Lei capì tutto dall'inizio e per questo un giorno, dopo l'ennesima lite, si chiuse in bagno e si rimpinzò di pillole, tutte quelle che c'erano. Papà dovette sfondare la porta a spallate. La prese tra le braccia e la portò in ospedale.

Tempo dopo mio padre fece le valige, in seguito a una lunga chiacchierata con mamma durante la quale lei fece di tutto per fargli cambiare idea, ma lui andò via lo stesso.

Da quel giorno non si videro molto in giro i signori Más, mamma sostiene che all'epoca incontrava raramente la signora al market, ma quel che è certo è che così silenziosamente com'erano giunti, se ne andarono via.

Una mattina di luglio, la signora Fiorenza, che era solita passare per la casa dei Más per recarsi al negozio di fiori, giurò di aver sentito odore di cavolo provenire dall'abitazione. L'odore persistette per giorni e giorni, impregnò l'aria come una coltre di gas asfissiante e i bambini del vicinato per lungo tempo non uscirono in strada a giocare.

Qualche tempo dopo un vicino coraggioso fece irruzione nella casa e trovò il signore e la signora Más comodamente seduti sul divano del soggiorno, completamente rinsecchiti; gli occhi chiusi, quasi come se dormissero.

«Veleno» disse qualcuno.

«Solvente per pittura» affermò qualcun altro.

Ciò che è certo è che erano morti per Dav, per mio padre e per le chiacchiere della gente.

6

Al molo si respirava aria salmastra.

L'odore di frittura di pesce del ristorante *Chela di granchio* era ovunque, nell'aria calda.

Il vecchio peschereccio galleggiava sinuosamente, tenuto fermo da una corda legata a un palo, alla riva. La barca era dipinta di blu, una vernice ormai sbiadita, incrostata e sporca di filamenti di alghe e nero di petrolio. Mio padre stava fuori, intento a maneggiare una vecchia radio anni Sessanta.

«Papà» lo chiamai.

Si voltò e mi sorrise.

«Vin» fece lui «vieni qui, vieni a darmi una mano con quest'affare!»

Entrai, mi tolsi le scarpe e lo raggiunsi camminando goffamente sulle assi di legno roventi sotto ai piedi.

«Cos'è?» domandai.

«Una vecchia radio. L'ho presa al mercatino della roba usata. È un rottame, ma un pezzo raro.»

«Fammi dare un'occhiata» chiesi.

Lui si scostò e potei guardarla. L'aveva aperta in due. Al suo interno potevo vedere i cavi elettrici e i vari ingranaggi.

«Dov'è il guasto?»

«Da qualche parte, direi. Il problema è trovarlo. Il venditore mi ha assicurato che così com'è adesso riesce a sintonizzarsi solo su una stazione.»

«Meglio di niente» sorrisi.

Papà si voltò verso di me e fece lo stesso.

«Tua madre come sta?» mi chiese serio.

«Crede di essere un mostro» risposi.

Raggiunsi la sponda e mi affacciai per guardare il mare.

«No che non lo è. Devi dirglielo! Tipico di Delia, l'autolesionismo... Non credi?»

«Sì» mormorai. «Tipico di mamma... a furia di ripeterselo arriverà il giorno in cui ci crederà davvero! Un po' come quando si convinse che era grassa.»

«E nonno?»

«Rifiuta di mangiare, bagna il letto... non gli rimane molto. Ha deciso di finirla prima. In fondo, come dargli torto.»

«Peggio per lui. È un vigliacco, ecco tutto.»

Papà lasciò perdere la radio e mi raggiunse, si mise al mio fianco e contemplò il mare assieme a me.

«Non dovresti essere così duro. È un povero vecchio...»

«È un povero stupido!» mi apostrofò.

Rimasi un po' in silenzio, a guardare i gabbiani poggiarsi sullo scoglio di fronte per poi spiccare subito il volo.

«È anche per lui, vero?» dissi poi, quasi sussurrando.

«Cosa?»

«È stato anche per lui che hai deciso di lasciare mamma.»

«Sì» mormorò. «In parte...»

«Chi è il vigliacco allora?»

«Io non di certo!» Mi guardò: gli occhi scuri, lucidi e colmi di un profondo rammarico. «Ah, figliolo, presto crolleranno i tuoi muri di buoni giudizi, il mondo è tutto un'altra cosa rispetto a ciò che ti abbiamo fatto credere da piccolo.»

«Perché mi dici queste cose?»

«Perché? Ci tieni proprio a saperlo?»

«Sì.»

Si voltò dandomi le spalle e incrociò le braccia.

«Perché mesi fa hai aggiunto un altro tassello alla tua vita» mi fece «sei un uomo ormai e devi cominciare a farti strada a morsi tra questa gente» si fermò per riprendere fiato. «I mostri sono qui fuori, da qualche parte» disse poi «e certamente tua madre non è una di loro.»

«Le vuoi ancora bene, vero?» azzardai.

«Non ho mai smesso di volergliene.»

«Anche lei te ne vuole.»

«Lo so.»

«E Dav? Lui ti vuole bene?»

«Amo Dav e lui ama me. A volte, figliolo, un uomo si trova davanti a un bivio. Sa che qualunque strada scelga di percorrere sarà quella decisiva, quella che condizionerà tutto il suo avvenire dal momento in cui deciderà di intraprenderla. È ciò che è accaduto a me. Lasciare tua madre è stata una scelta dolorosa ma necessaria.

Spesso quando commetti quel dannato errore di imboccare il sentiero sbagliato, il destino ti pone una possibilità di scelta: continuare a percorrerlo oppure lasciare il sentiero e addentrarti in un campo aperto per raggiungere l'altra via di uscita, dall'altra parte dell'universo. Ricordi Alice? È un po' come lei, il mondo oltre lo specchio e tutto quel che segue...»

«Mamma dice che sei un buon a nulla, che Dav è un bravo ragazzo e non meritava di incappare in un tipo come te.»

Papà rise, poi riprese.

«Scommetto che te lo ripete in continuazione, ma non preoccuparti, non esserne triste. Il fatto è che non lo pensa.»

Accennai un sì con la testa, poi parlai.

«Cerca di starle più vicino in questi giorni. Casa nostra è grande, c'è spazio anche per Dav se pensate di restare anche per la notte...»

«Parlerò con lui.»

«Dov'è?»

«A poppa, dipinge.»

Presto l'odore salmastro dell'acqua si fuse con quello della pittura. Raggiunsi Dav sul retro. Era intento a pulire e stemperare con un pennello, un rosso carminio.

«Ciao Dav» feci.

Lui si voltò. Portava una bandana sul capo, bianca a pallini rossi, il viso abbronzato metteva in evidenza gli occhi azzurri, limpidi, dal taglio orientale. Il petto nudo era imbrattato di colore e i calzoni bianchi erano sporchi in buona parte.

«Ciao Vin. Vieni a dare un'occhiata» mi invitò.

Contemplava una tela su di un cavalletto di legno.

Lo raggiunsi e potei guardare il dipinto.

Coleotteri! Ce n'erano a migliaia, spiccavano il volo con le elitre spianate e le ali membranose in fremito movimento. Erano in massa, uno sciame ammucchiato a mo' di arco, su di un fondo rosso carminio che sfumava in un nero sempre più fitto. In un angolo, un uomo seduto a terra, curvo su se stesso come un burattino senza fili. Un automa senza volto...

«Allora?» mi disse Dav, ripulendo con uno straccio la punta di un pennello. «Che ne pensi?»

«Suggestivo!» azzardai. «Assolutamente originale!»

«Forse un po' deprimente e cinico» ribadì Dav insoddisfatto.

«Rispecchia il tuo stato d'animo. Più colore l'avrebbe reso finto, non credi?»

Dav sembrò pensarci su. Crucciò lo sguardo in segno di riflessione, poi sorrise.

«Hai ragione» disse.

«Necroforo!» esclamai poi.

«Come?» Non capì.

«È un necroforo, giusto?» domandai indicando lo sciame di insetti del dipinto.

Dav non rispose, mi guardava come se venissi da un altro pianeta.

«Quello che hai dipinto è uno sciame di coleotteri necrofori.

Vengono chiamati così per la loro particolare abitudine di sotterrare carcasse di animali in decomposizione. Lo fanno per dare nutrimento alle loro larve una volta che le uova si schiudono.»

«Affascinante, direi. Ma come fai?» Dav sorrise.

«Li colleziono, ecco tutto. Penso di saperne più io che uno studioso esperto!»

«Figo!» aggiunse.

«Beh» feci io «forse i colori che hai usato ti sono stati dettati dal tuo inconscio, ma guarda qui...» indicai il dorso di uno dei tanti insetti del dipinto «queste particolari venature rosse del dorso sono tipiche dei necrofori.»

«A essere sincero, adesso trovo il mio dipinto molto più interessante! Coleotteri necrofori...» Dav rise. «Che strana abitudine!»

«Già» sorrisi. «E l'uomo? Cosa raffigura?» indicai l'automa scuro all'angolo della tela. «Ha forse un significato metafisico?» ironizzai.

«No!» Dav rise ancora «Certo che no. Quello sono io, o qualcun altro, credo...»

«È triste» azzardai.

«No, sta solo pensando.»

«A cosa pensa?»

«Beh, a tante cose...»

«Del tipo?»

«Del tipo...» Dav si grattò il mento con la punta del manico del pennello «vedilo un po' come un clown, ha perso la strada per tornare al suo mondo di caramelle e zucchero filato e ora sta fermo in attesa che qualcuno lo trovi e lo riporti indietro. Da piccolo gli raccontavano spesso che, quando un giorno si fosse perso, avrebbe dovuto mettersi in un angolo e attendere l'arrivo di qualcuno...»

«Allora i coleotteri vogliono aiutarlo?»

«No» rispose Dav pensieroso. «Non credo. Forse sono stati proprio loro la causa del suo smarrimento.»

«E così che ti senti? Smarrito?»

«Solo, direi.»

«Ma tu hai papà... È così o sbaglio?»

«Sì.»

Mi sorrise e mi carezzò il mento.

7

Pan era al boschetto, seduto su di un tronco, riverso a terra fra gli aghi dei pini e le foglie secche delle sequoie. La gamba ingessata, tesa e dritta come un bastone.

«Ehi!» feci.

«Beet!» esclamò. «Sapevo che saresti venuto, ti ho aspettato tutta la mattina.»

Come dicevo, Pan è il mio migliore amico, è un anno più piccolo di me, ma ne dimostra un paio di più. Entrò nella mia vita qualche anno fa, poco tempo dopo che ebbi compiuto quattordici anni.

Prima di arrivare in paese, viveva in un orfanotrofio con altri ragazzini pestiferi, una sorta di casa accoglienza retta da monache baffute dalle mani pesanti. Lì lo chiamavano tutti Pan perché ogni sera, essendo il più grande del gruppo, riuniva tutti i bambini attorno a sé, noncurante delle raccomandazioni delle sorelle che prevedevano il ritiro per la nanna, e raccontava loro favole di elfi e folletti dei boschi, e ogni avventura aveva per protagonista Pan, il dio per eccellenza, una creatura mitologica metà uomo e metà capra, che scorrazzava avanti e dietro per il bosco suonando una sorta di zufolo.

Il suo vero nome è Samuel Polle, ma per tutti è rimasto Pan.

Da quando lo conosco, per la sua stramba abitudine di arrampicarsi sugli alberi, ha avuto ingessato quasi tutti gli arti. Un anno rimase con un collare di gesso per circa sei mesi, una tortura se si pensa che la metà del tempo fu l'estate più torrida da dieci anni a quella parte.

«Sono stato da papà» dissi. «Dav ha cominciato un nuovo dipinto, sai?»

Pan sorrise. Lo raggiunsi e mi sedetti accanto a lui, sul tronco.

«Ieri è iniziato il nuovo programma di Cristopher Smalle, su MTV, c'era un tipo che sosteneva di aver visto gli alieni nel suo orto di carote.»

Risi dando un calcio a una pigna secca.

«Interessante» sottolineai. «L'orto di carote intendo... sono le mie preferite, fanno bene agli occhi, lo sapevi questo?»

«Sì, Gemma me lo ripete in continuazione, vorrebbe che ne mangiassi chili interi ma... Senti, pensi che sia per questo che gli alieni hanno deciso di atterrare proprio lì?»

«Per le carote?»

«Sì.»

«Senti Pan, Cristopher Smalle è un tipo in gamba e intelligente ma con la brutta abitudine di invitare imbecilli ai suoi show. Fanno audience, tutto qui.»

«Non credi negli alieni, vero?»

«Siamo già troppi alieni in questo mondo, se esistesse un Dio, pensi che avrebbe il coraggio di crearne degli altri?»

«Credo di no» sorrise.

«Gemma come sta?» chiesi poi.

Gemma era sua madre, sin dal giorno del suo arrivo in paese, Pan non è mai stato capace di affibbiarle l'appellativo di mamma, non perché non ne rispettasse i canoni, ma perché quando fu adottato era già un ragazzo di quattordici anni e lei ne aveva appena compiuti trenta. Una sorella più che altro. Suo padre, Ivan, era un uomo del tutto assente, sempre in giro, faceva parte di un importante ditta che produceva sofisticate attrezzature digitali. Credo di averlo visto sì e no un paio di volte in paese negli ultimi quattro anni. Pan non ne ha mai sentito la mancanza, figuriamoci, ha vissuto quattordici anni senza una figura paterna a fargli da balia, ha sempre dovuto cavarsela da solo facendo affidamento sulle sue piccole esperienze.

Pan è un eroe. Per questo è il mio migliore amico.

Lui dice sempre che sarebbe riuscito a cavarsela da solo anche se non l'avessero adottato, si sarebbe trovato un lavoro, avrebbe conosciuto una gran bella ragazza, si sarebbero sposati e avrebbero avuto tre bei bambini.

Un giorno mi spiegò che dopo tanto tempo aveva capito il motivo della sua adozione. Si sentiva come una specie di tappabuchi, qualcuno, o qualcosa, che avrebbe dovuto ricompensare in qualche modo le numerose assenze di Ivan.

«Con la mia presenza in casa» mi disse «Gemma si sente meno sola. Sono indispensabile, servo a questo.»

«Ultimamente sta uscendo poco. È sempre rintanata nella sua camera, come se aspettasse il giudizio universale.»

Pan concentrò lo sguardo sul terriccio erboso ai suoi piedi.

«Cosa?» non capii.

«Non credo che le assenze di Ivan le giovino, e in parte sono stufo di farle anche da marito!»

«Non sei obbligato.»

«Certo, ma il tetto sotto il quale dormo è il suo, lei mi dà da mangiare, mi accudisce quando mi rompo le ossa. Starle vicino è il minimo che posso fare, ma a volte vorrei staccare la spina e godermi la vita anche solo per un giorno intero, fino a notte fonda!»

Pan sorrise.

«Chi ti ha detto che non puoi?» dissi. «Facciamolo stanotte!» aggiunsi sorridendo.

Pan mi guardò esitante, incredulo.

«Parli sul serio?»

«Certo! Compriamo due grosse bottiglie di vodka e le tracanniamo sulla spiaggia, restiamo a dormire lì, sulla sabbia, poi domani qualcuno ci sveglierà. Passa sempre qualcuno di mattino presto. Ritorniamo a casa e sarà come se niente fosse...»

Pan sgranò gli occhi.

«Tu sei pazzo!» rise.

«Perché? Non è quello che volevi? Goderti la vita?»

Rise di nuovo, poi scosse la testa.

«Beh, Sì... Sì, voglio dire, l'idea è fantastica ma... Cavolo Beet, Gemma non me lo perdonerà.»

«E tu non glielo dire. Le dici solo che resti a dormire da me, l'abbiamo già fatto altre volte.»

Pan divenne serio d'improvviso, chinò lo sguardo e cominciò a giocherellare con le dita tra i ciuffi d'erba.

«Non è così facile come una volta».

«Ti riferisci alla gamba?» anch'io divenni serio.

«Da quand'è che non vengo più da te a passare la notte, Beet?»

«Sarà qualche mese...»

«È un anno, un anno preciso.»

«E con questo?»

«A Gemma non piace rimanere da sola, specie di notte. Ha troppe fobie e io devo badare a lei quando Ivan non c'è.»

«Come vuoi. Magari passo io da te!»

«Magari...»

8

Sul pianerottolo di casa vidi mamma, da lontano, parlare con la signora Fiorenza, una nostra vicina di casa, un donnone dalle spalle larghe simili a quelle di un lottatore di wrestling.

Fiorenza Meyer è di origini Viennesi, ha i capelli rossissimi e uno spiccato accento tedesco. Fu anche lei a trovare i cadaveri dei genitori di Dav quando ormai tutti credevano che avessero abbandonato la città, e fu anche la prima a gridare quando sentì il tonfo di Pan nel mio giardino, alla festa del mio compleanno.

Quel giorno la salutai distrattamente, ma notai che aveva messo su un po' di trucco, accentuato il rosso delle labbra quasi inesistenti e colorato gli occhi con un ombretto rosa appena sfumato.

«Stavamo in pensiero, giovanotto» mi fece.

«Ero da Pan» risposi.

«Ah, povero ragazzo. Come sta la sua gamba?»

«Meglio, riesce a tenersi in piedi.»

«Bene.»

Mamma sorrise.

«Nonno dorme?» le chiesi.

«No, gli ho appena messo una flebo, ha chiesto di te.»

«Vado a parlargli.»

Abbandonai il pianerottolo ed entrai in casa chiudendomi la porta a vetri alle spalle.

Dentro, un odore misto ad alcool e acqua ossigenata aleggiava nell'aria impregnando le pareti e le tende pesanti alle finestre grandi.

In cucina mia madre aveva già apparecchiato per il pranzo, sui fornelli, cuoceva la roba da mangiare. Cavolo, patate, peperoni.

La porta della camera di mio nonno era spalancata. Dentro, l'odore d'acqua ossigenata era più forte. Mamma aveva tolto le tende all'unica finestra della stanza per far entrare più luce di mattino presto, e accanto al letto di mio nonno aveva sistemato una branda per sé. All'inizio lei dormiva nella sua stanza, a fianco alla mia, ma capitava spesso che nonno si svegliasse nel cuore della notte gridando per i suoi dolori.

La carta da parati giallo ocra rivestiva tutta la stanza dando all'insieme un che di opprimente, al centro il grande letto matrimoniale di nonno sovrastava come una gorgonia dormiente. Sotto le coperte di lino mio nonno respirava affannosamente. Il viso scarno, la bocca semiaperta quasi priva di denti, i capelli bianchi appiccicati alla fronte sudata.

«Vin» disse in un flebile sussurro.

Notai gli occhi piccoli, due biglie scure, come quelle di un neonato, semi nascoste dalle pieghe della pelle. Nulla in lui ricordava nemmeno lontanamente l'immagine del vecchio allegro presente in quasi tutte le foto "felici" affisse alle pareti del corridoio. Quell'uomo nel letto era un burattino, un ammasso di tronchi di legno senza fili.

Gli andai accanto e gli presi la mano intrecciando le sue dita pallide tra le mie.

«Cosa c'è, nonno?»

Voltò il capo verso di me accennando un breve sorriso.

«Dov'eri?» mi fece sempre in un sussurro. «Ti cercavo.»

«Da papà... Poi ho visto Pan.»

«La sua gamba?»

«Sta meglio.»

«È una buona cosa» sorrise di nuovo e tossì.

«Già» sorrisi anche io.

«Sta' vicino a tua madre, figliolo. Di' a tuo padre che può benissimo trasferirsi qui da noi. La casa è grande.»

«Gliel'ho già chiesto questa mattina, mi ha detto che ci avrebbe pensato. Sai, è per Dav... mamma non so se approverebbe.»

«Capisco» tossì di nuovo.

«Non sforzarti. Hai mangiato qualcosa?»

«Fiorenza è una brava donna, mi ha preparato un buon brodo di pollo.»

«È una brava cuoca la nostra Fiorenza.»

Nonno mi guardò senza battere ciglio, poi chiuse gli occhi e dormì.

9

Gli insetti affissi alle pareti della mia stanza, immobili nelle loro scatole di vetro, parvero darmi il benvenuto.

Mi coricai sul letto e cominciai a osservarli.

I coleotteri erano di fronte, in una scatola trasparente sistemati in ordine di grandezza e importanza.

Partendo da sinistra, vi erano il grande scarabeo golia, un coleottero africano dalle robuste zampe, una cerambice brasiliana e un necroforo, molto simile a quello del dipinto di Dav, col dorso nero striato di rosso.

Distolsi lo sguardo e mi concentrai sul verde del soffitto.

La trebbiatrice aveva smesso di funzionare, nei campi ormai ridotti a tavolati piatti. Un silenzio tombale avvolgeva tutte le mie cose, compreso me e i miei insetti.

Chiusi gli occhi.

10

Casa di Pan è a pochi passi dal molo. Dalla finestra della sua stanza, di sera, si riesce a scorgere il luccichio dell'acqua sotto la luna e si percepisce lo scricchiolio del legno delle vecchie barche che galleggiano sulla superficie stagnante. Le luci delle lanterne del ristorante *Chela di granchio* illuminano il retro del giardino, fin quando verso mezzanotte si spengono per dare spazio a quelle abbaglianti del faro.

La signora Polle quella sera appariva pallida sotto il rossore delle lanterne. Niente in lei era fuori posto, i capelli neri sistemati e raccolti in una coda di cavallo, la camicia da notte candida aperta a "v" sul collo per mettere in evidenza la piega del seno piccolo. Ma il suo sguardo tradiva un che di stanco e malinconico.

Una donna triste. Ecco cos'era Gemma Polle, almeno così la ricordo. Non penso d'averla vista mai preda di una crisi di eccessiva felicità, solo qualche sfuggevole sorrisino, niente di più.

Quella sera mi guardò come se mi vedesse per la prima volta.

«Pan è in casa?» le chiesi anche se la domanda mi parve scontata.

«Aspetta, ora te lo chiamo» fece seria.

Attesi lì, sulla soglia, immobile, e sentii da lontano Gemma chiamare il mio amico.

«Samuel... Samy... c'è Vin. Che dici, lo faccio entrare?»

«Sì, lo aspettavo» sentii dire a Pan.

Gemma mi raggiunse, accennò un sorriso svogliato e parlò: «Sai, è molto stanco, la gamba fa un po' i capricci. Cercate di non fare tardi.»

«Non preoccuparti, Gemma.»

Mi accompagnò fino alla camera di Pan, passando per il corridoio d'ingresso buio e il soggiorno poco illuminato.

«Io sto in camera mia a vedere la TV. Se vi serve qualcosa non fatevi scrupoli a chiamarmi.»

«Va bene Gemma» fece Pan. «Chiudi la porta adesso.»

La stanza di Pan era un caos infernale, perennemente disordinata. Dal giorno dell'incidente alla gamba rifiutava anche di rifarsi il letto. A Gemma non era permesso di mettervi piede, Pan lo chiamava il suo "luogo inviolabile". Solo io potevo accedervi, gli altri erano obbligati a fermarsi sulla soglia e a chiudere la porta se non erano graditi.

Quella sera, guardandomi attorno, notai che alcune cose erano cambiate. Gli scaffali erano vuoti, tutti i suoi libri di favole erano scomparsi, il pallone da calcio in miniatura, i burattini di legno.

A terra c'erano solo cartacce, rivestivano interamente il pavimento piastrellato bianco. Le tende alle finestre erano spalancate, in camera filtrava la luce rossastra delle lanterne del ristorante. Le pareti erano spoglie, prive delle nostre foto e degli scorci dei boschi, restava solo un crocifisso, quello di legno, che aveva portato con sé dall'orfanotrofio quando giunse in paese.

«Hai deciso di vendere tutto a un'asta di beneficenza o sei solo in piena crisi esistenziale?» risi.

«Niente di tutto questo» rispose. «Quella era solo roba che non mi apparteneva più.»

«Ma i tuoi libri di favole?»

«Acqua passata» si sdraiò sul letto disfatto, la camicia aperta a mettere in evidenza il torace magro e liscio.

«Ti invidio, sai?»

«Perché?»

«La tua abilità a non perderti mai d'animo e a voler ricominciare sempre daccapo. È una qualità che hanno in pochi e io ti invidio per questo.»

Presi posto sulla sedia affianco la finestra che affacciava sul giardino.

«Per così poco!» rise, si mise in piedi e mi raggiunse. «Francamente penso che ricominciare tutto daccapo sia una qualità che hanno bene o male tutti gli esseri umani. Staccarsi dal passato quando non lo senti più tuo, cambiare look, spostare i mobili di casa tua, gettare via i tuoi libri di favole... Si cresce, Beet, tutto qui, nessun incantesimo, nessun tipo di forza d'animo.»

«Hai ragione tu... Anche se un po' di coraggio bisogna pur averlo» ammiccai un sorriso e guardai fuori.

Il granchio rosso al neon dell'insegna del ristorante salutava da lontano con la sua enorme chela.

«Sì, ma neppure troppo.»

«E dov'è adesso tutta la roba?»

«In soffitta, insieme al resto della mia infanzia.»

* * *

Non avere mai paura quando tutto il mondo sembra non corrispondere più a quello che ti aspetti. È una delle prime regole di sopravvivenza che devi imparare se vuoi farti strada a spallate tra le mille insidie di questo pianeta.

Ma non lo sapevo quel giorno, quando Pan mi parlava e il granchio rosso dell'insegna del ristorante mi salutava con la sua enorme chela. Perso nel mio piccolo mondo di cioccolata e fiori di carta zuccherina, le parole di Pan sembravano provenire da un universo anni luce lontano dal luogo in cui ci trovavamo. E mi risuonavano così sconosciute, persino irritanti.

* * *

«Hai intenzione di mettere via anche me?» ammiccai un sorriso.

«No» rise anche lui. «Certo che no, come potrei? Sei l'unica persona di cui mi fido e, tutto sommato, di te ho bisogno!»

«E Gemma? Anche di lei puoi fidarti...»

«Già» Pan raggiunse il davanzale della finestra e vi si sedette facendo forza sulle braccia per alzarsi. «Davvero lo credi? E dimmi, come fai a saperlo? Pensi che ci si possa fidare di una donna il cui unico scopo nella vita è quello di aspettare un uomo che non arriverà mai solo per vivere nell'illusione di un rapporto costante?»

«È questo che pensi di tua madre?»

«Non è mia madre!» gridò nervoso, poi parlò con più calma. «È solo una donna che finge di esserlo.»

«È una donna triste.»

«È una perdente. Potrebbe benissimo trovarsi un'alternativa, vivere davvero e invece...»

«Forse le piace questa vita.»

«Ma non mi dire. L'hai vista bene? Ormai è un fantasma.»

«E sa che tu pensi questo di lei?»

«No, sin dal primo giorno il mio compito in questa casa è stato quello di farle compagnia, cercare di farla stare meglio, guardare con lei la TV... Non posso riempirla di critiche, ne soffrirebbe. In fondo le voglio bene.»

«E lei te ne vuole?»

«A modo suo. Sì, direi.»

L'insegna a neon si spense.

Il faro si intravide in lontananza.

«E dimmi, come sta tua madre?»

Il mio amico scese dal davanzale e raggiunse la scrivania, zoppicando malamente.

«Come dovrebbe stare? Lo stesso di ieri. Ho paura che complotti qualcosa con la signora Fiorenza.»

«Qualcosa tipo?»

«Non lo so, questa mattina mi ha detto che aveva pensato di mettere dell'alcool nelle flebo di nonno.»

Pan rise.

«Non lo farà mai! E tu dovresti saperlo meglio di tutti.»

«Da un po' di giorni a questa parte non so più niente... Amico, tutti i miei muri di buoni giudizi stanno man mano crollando, la gente che credevo di conoscere sta distruggendo le mie convinzioni...» scossi la testa irritato.

«Scusa allora» rispose Pan. «Forse sono stato un po' troppo precipitoso, avrei dovuto avvertirti prima di svuotare i miei scaffali.»

«Forse sì, ma cosa importa adesso? La mia infanzia è finita da un pezzo e ancora non me ne faccio una ragione.»

Fu a quel punto che Gemma bussò alla porta.

«Vai ad aprire per favore» mi chiese Pan.

Lo accontentai e mi ritrovai faccia a faccia con lei. Le occhiaie avevano assunto un colorito più violaceo, il pallore del viso più accentuato.

«Sto male» disse solo questo, poi corse verso il bagno di fronte, le mani a reggersi la pancia dolente.

Pan si mise in piedi di scatto, prese le stampelle e uscì dalla stanza. Lo seguii. Gemma si inginocchiò innanzi al water e cominciò una serie di conati. Il mio amico poggiò le stampelle alla parete e le andò vicino, si chinò anch'egli e le mise una mano sulla fronte, scostandole i capelli dal viso.

«Le pigliano così, da pochi giorni a questa parte. Crisi di vomito, niente di più.»

Perplesso assistetti alla scena, mentre la luce a neon del bagno funzionava a intermittenza come se volesse spegnersi da un momento all'altro.

Qualche istante dopo Pan aiutò Gemma a rimettersi in piedi.

«Le passa, non preoccuparti» mi rassicurò vedendomi scosso.

Per un attimo vidi il mio riflesso nello specchio del bagno. Ero alquanto spaventato, gli occhi colmi di paura e sorpresa.

Aiutai il mio amico a portare Gemma nella sua camera. Lì c'era la TV accesa: sullo schermo, immagini sbiadite, il rumore di una videocassetta in riavvolgimento. Sul letto matrimoniale, pacchetti di biscotti al cacao semivuoti e buste di patatine.

Feci un po' d'ordine, Pan mise Gemma sotto le coperte, poi uscimmo dalla stanza.

«Non le fa bene mangiare tutta quella roba» dissi una volta che Pan si fu chiuso la porta alle spalle.

«Certo che non le fa bene, ma dovrebbe essere lei l'adulta!»

«Da quando va avanti?»

«Qualche giorno, te l'ho detto. Non farmene una colpa, Beet, non me lo merito...»

«Non te ne faccio una colpa, Pan, ma tutto questo non mi piace.»

«Non piace nemmeno a me.»

11

Rumori. Qualcosa come uno stridio, porte chiuse con tonfi sordi.

Quella notte era impossibile chiudere occhio. Il vento era più forte delle altre volte, sibilava fra le fenditure del tetto e delle finestre scrostate. Mi rivoltai più volte nel mio letto, ma nessuna posizione sembrava quella giusta. Sentivo nonno respirare affannosamente, gli ansimi coprivano persino il fischio acuto del vento. I passi di mia madre in cucina... Stava accadendo qualcosa.

Mi misi in piedi, aprii la porta e mi ritrovai nel corridoio semi illuminato. Mamma uscì dalla stanza di nonno frettolosa, reggeva tra le mani una bacinella d'acqua. Pensai che probabilmente era sveglia da tempo, magari non aveva chiuso occhio da quando ero tornato e mi sentii in dovere di darle una mano. Nel profondo del mio animo sentivo di essere stato egoista, di aver sbagliato a non assicurarmi che tutto andasse bene prima di chiudermi in camera, al mio ritorno.

«Mamma» le dissi, la voce impastata, gli occhi aperti a malapena.

«Torna a dormire» mi fece, voltandosi verso di me. «Non è niente.»

«Ma nonno...» riuscii a dire.

«Nonno sta bene» accennò un sorriso forzato, si voltò e proseguì per il corridoio.

Il mondo riprese a girarmi attorno. Tornare a letto sembrava la soluzione migliore. Mia madre si sarebbe occupata di tutto, la bacinella dell'acqua, le lenzuola da pulire, le flebo...

Le flebo.

Ritornai in camera e mi coricai.

Poi chiusi gli occhi.

L'uomo di cartone con le mani inguantate da Topolino mi diede il benvenuto.

* * *

Quando aprii gli occhi vidi gli insetti.

L'odore d'alcool impregnava l'aria, rendendo quasi impercettibile quello del grano appena falciato. La mia attenzione ricadde sul verde del soffitto, sul lampadario impolverato e sulle varie crepe agli angoli della stanza. Certe cose riesci a notarle solo se ti concentri a lungo, di solito si va così di fretta che diamo per scontato che tutto sia perfetto, che tutto vada bene. Spesso basterebbe un minimo di attenzione in più...

Nel caldo asfissiante della mia stanza, cercai di orientarmi. La sera prima avevo lasciato la t-shirt rossa e i jeans ai piedi del letto, appallottolati assieme alle scarpe sporche di muschio e pezzetti di foglie secche. Mi vestii, andai in bagno e mi sciacquai il viso.

Le stanze del corridoio erano tutte chiuse. Anche quella di nonno, di solito spalancata, quel mattino era chiusa a chiave. Attraversai il corridoio semi illuminato e mi ritrovai in cucina faccia a faccia con mia madre, seduta a tavola, una mano tra i capelli biondo cenere, silenziosa.

«Buongiorno» le dissi, raggiunsi i fornelli della cucina e armeggiai con i tegami «è rimasto un po' di latte?»

«Nel pentolino» indicò «l'ho scaldato prima».

Riempii una tazza con il latte tiepido e presi posto di fronte a lei.

«Perché hai chiuso a chiave la stanza di nonno?» chiesi.

«Deve riposare, non può sentire rumori. Ieri ha avuto uno dei suoi attacchi» rispose senza guardarmi, gli occhi persi nel vuoto.

«Perché hai voluto che andassi a letto? Avrei potuto benissimo darti una mano.»

Si voltò e si decise a guardarmi. Non aveva trucco, gli occhi verdi, uguali ai miei, stanchi e mal riposati.

«So cavarmela da sola, Vincent, è stato sempre così.»

«Quand'è che posso vederlo?»

«Non credo che oggi potrai.»

Finii il mio latte e uscii sulla veranda.

Gli oleandri del giardino avevano formato a terra un naturale tappeto bianco e profumato. Il loro inebriante odore si mischiava ai vari aromi provenienti dalla casa affianco, dove la signora Fiorenza era certamente intenta a escogitare il modo per rendere la solita zuppa del martedì un po' diversa e più appetitosa.

Basilico, curry, zenzero e chiodi di garofano.

Mi sedetti sul primo scalino d'entrata e ascoltai da lontano il rumore della risacca marina. Il mondo, il mio mondo, mi parve chilometri e chilometri distante.

Chiusi per un attimo gli occhi, credo, perché non mi accorsi di mio padre che mi raggiungeva dalla costa. Mi svegliarono la sua voce e i suoi passi sulla ghiaia del vialetto d'entrata.

«Papà?» feci stralunato, alzando il capo.

«Non sei passato al molo così ho pensato di fare due passi da queste parti.»

«E Dav?»

«È al lavoro, penso ci stia prendendo gusto al supermarket. È un buon lavoratore in fondo.»

Mi sorrise e si accostò con la schiena a una delle colonne di legno della veranda.

«Sei venuto per mamma?»

«Come sta?»

«Meglio direi, ha avuto una nottataccia, ma ora sembra calma.»

«Bene.»

Tirò fuori dalla tasca dei jeans un pacchetto di sigarette, ne prese una e la portò alle labbra.

«Vuoi che te la chiami?»

«Non serve» disse d'improvviso una voce dietro di me.

Mi voltai.

Mamma era sulla soglia della porta d'ingresso, il viso asciutto, serio, malinconico.

«Delia!» la salutò mio padre.

Lo vidi alzare gli occhi verso mia madre, stupito.

«Se ti servono altri asciugamani puliti non hai che da chiedere» mamma parlò, restando al centro del ballatoio.

«Grazie ma non serve più che tu provveda a tutto. Dav ha un lavoro e possiamo permetterci la lavanderia adesso.»

«Capisco… Allora cos'è che ti serve?»

Stranamente mamma non accennava a scomporsi minimamente. La serietà costante del suo volto rimase tale.

«Ero passato a vedere come stavi. È tanto che non ci sentiamo.»

«Non è colpa mia.»

«Lo so» mio padre chinò lo sguardo.

«Comunque sto bene. Me la cavo bene da sola.»

«Non direi, sembri stanca, come se non dormissi da secoli.»

«E chi sei tu per dirlo? Credi sia così semplice? Arrivi qui, fai le tue critiche e le tue supposizioni del cavolo e poi te ne ritorni alla tua bella barchetta?» mamma mi venne vicino gesticolando frettolosamente, presto avrebbe avuto una crisi di pianto. «Questa è vigliaccheria, se non egoismo… Certo, sì, come no! Egoismo bello e buono!»

«Non era mia intenzione criticarti, Delia» papà si mise sulla difensiva. «Sei una brava madre, lo so, e una figlia amorevole. Tuo padre dovrebbe essere fiero di te.»

«Già» mamma accennò un sorriso.

Al centro della conversazione mi sentii quasi di troppo, ma non mi mossi da dov'ero, quasi stessi assistendo a uno dei momenti più rari che potessero mai accadere. Mia madre e mio padre dopo più di un paio di mesi si stavano parlando e, anche se il colloquio stava assumendo le fattezze di una vera e propria lite, era piacevole in fondo.

Spesso finiamo per odiare le persone che amiamo più di noi stessi, l'odio diventa un'arma infallibile quando siamo certi di non poter mai renderle parte di noi. È quello che stava accadendo ai miei genitori, quel giorno.

«Come sta lui?» papà gettò a terra la sigaretta ancora per metà intatta e attese una risposta, le mani in tasca com'era suo solito.

«È un insetto schiacciato. Morirà un giorno o l'altro.»

«Posso fare qualcosa?»

«Adesso no, voglio solo che vai via. So cavarmela ho detto, mi farò viva io se sarà necessario.»

«Bene.»

Papà mi guardò, afflitto. Una di quelle espressioni come per dire: *Figliolo, almeno c' ho provato.*

«Ciao Vin» sorrise, poi si voltò e fece per ritornare sui suoi passi.

«Cris?» sentii mamma chiamarlo.

La vidi lì, ancora ferma, dietro di me, le mani tremanti.

«Sì?» lui la fissò.

«Grazie per essere passato» sorrise.

Risentii la risacca e vidi mio padre raggiungere il molo.

12

Il pennuto si posò su uno scoglio distante, rimase per un po' fermo, accucciato quasi come in cova, poi spiccò nuovamente il volo. Pan sbadigliò, si stiracchiò per bene e rimase immobile, i gomiti sulla roccia, a reggere alto il busto. Passavamo ore intere sugli scogli a guardare i gabbiani, ci piaceva osservare i loro goffi gesti e sentire il rumore che facevano le ali quando scuotevano l'aria per prendere quota.

Quella volta Pan era più silenzioso del solito. Salire sugli scogli con le stampelle si stava rivelando un po' troppo faticoso e tutto questo lo rendeva irritabile.

«Sei giù per via della gamba?» chiesi.

«Un po'» fece serio, sputando via la gomma da masticare.

«Quand'è che dovresti tornare in ospedale?»

«Tra qualche giorno, una settimana, forse due...»

Calò di nuovo il silenzio.

Spesso capita quando di un argomento non sai più che dire.

Tra me e Pan capitava molto spesso, passavamo troppo tempo assieme e alla fine sapevamo quasi tutto l'uno dell'altro. Mi ritrovai a pensare proprio a questo quando parlai di nuovo.

«Pan?» lo chiamai.

«Sì?»

«Hai mai avuto dei segreti?»

Mi guardò stupito e per un attimo non rispose, poi accennò un sorriso.

«Sì, come tutti del resto!»

«Io no, o almeno non ne ho mai avuti fino a ora. Comunque credo che se ne avessi saresti l'unica persona a cui li confiderei.»

«Ti fidi così tanto di me?»

«Sei il mio migliore amico.»

Sorrise di nuovo, poi tornò a osservare lo scoglio di fronte. Tre gabbiani vi si erano posati qualche istante prima e ora riposavano immobili.

«E tu?» parlai ancora. «Un giorno me li dirai?»

Distolse per l'ennesima volta lo sguardo dai gabbiani e si concentrò su di me.

«A volte, Beet, certe cose è meglio non dirle proprio, nemmeno al tuo migliore amico... Potrebbe accadere la fine del mondo!»

«Non mi dire!» risi.

«Certo, parlo sul serio. La fine, Beet, la fine del mondo...»

I gabbiani volarono via.

* * *

Quando lasciai Pan, andai alla spiaggia.

Erano i primi di settembre e tutto era immensamente vuoto, deserto. Il tavolato celeste luccicava sotto il debole tramonto prossimo a scomparire dietro ai monti a forma di grosse balene.

Da piccolo, ricordo che mio padre mi portava spesso in riva al mare a contemplare il sole morente. Mi poggiava a terra, sulla sabbia umida, e restava al mio fianco, con le mani a mo' di binocolo sugli occhi, a contare i secondi che il sole ci avrebbe impiegato per scomparire del tutto. La palla di fuoco scendeva sempre di più, fino a immergersi negli abissi, colorando il mare di porpora. Poi arrivavano la luna e le stelle numerose.

Quel pomeriggio le conchiglie sulla riva segnavano un percorso quasi obbligato. Piccoli tasselli di un mosaico naturale.

Nell'imbrunire, da lontano, mi accorsi di Dav accanto alla scogliera scura, di fronte al mare calmo, dare brevi e decise pennellate al quadro posto sul cavalletto di fronte a sé.

Capitava spesso che Dav preferisse dipingere in spiaggia, quando non c'era nessuno nei paraggi.

«Dav!» lo chiamai.

Si voltò, mi sorrise e lo raggiunsi.

«Cosa ci fai qui?» mi chiese.

Portava ancora la bandana a pallini sul capo e sulle guance schizzi di colore rosso e blu.

«Passeggiavo.»

Guardai il dipinto. Era lo stesso del giorno prima. I coleotteri avevano assunto tonalità di rosso più accese e in basso c'erano dei nuovi elementi.

«Hai aggiunto uno specchio d'acqua?» chiesi.

«È parte del mare» mi spiegò. «Guarda attentamente, nell'ombra, sotto lo specchio, cosa scorgi?»

Guardai come mi aveva detto.

Con brevi pennellate aveva creato un' ombra sotto la superficie cobalto, una figura umana.

«Vedo una sagoma.»

«È una donna» disse.

«Dorme?»

«No, galleggia a pancia sotto.»

«È un incubo, non è così?»

«Come, scusa?» non aveva capito.

«Beh, l'uomo, i coleotteri, la donna annegata… è un incubo, ha tutte le fattezze di un incubo. Un po' come quando dormi e pezzi di immagini scabrose ti si presentano come parti di fotogrammi confusi.»

«Forse lo è…»

«L'hai sognato?»

«No» ci pensò un po' su. «Io non sogno mai, non mi capita dalla morte dei miei.» Incupì lo sguardo. «Penso sia la mia condanna per non aver versato una lacrima al loro funerale.»

«Perché?»

«Perché me l'aspettavo in fondo. Conoscevo le convinzioni della gente, conoscevo me e la debolezza dei miei, vecchi silenziosi, innocui.»

«Non li amavi?»

«Come puoi dirlo? Certo che li amavo, erano i miei genitori, la mia famiglia. Ma era tutto già presupposto dal destino, già pensato: il nostro trasferimento, i miei quadri, l'incontro con tuo padre, la lattina di solvente che quel mattino lasciai casualmente sul mobiletto del soggiorno. Sarebbe accaduto prima o poi» si fermò per riprendere fiato e pulì i pennelli nel solvente, in un barattolo di latta. «Quando tuo padre perse il lavoro non dissi una parola, gli chiesi solo se valeva la pena che continuasse a vedermi. Lui disse che l'ultima cosa che avrebbe voluto era lasciarmi. E ora sono qui, non sogno più né piango da una vita. Il dolore mi scivola addosso, a volte non mi sfiora nemmeno.»

«Ma i tuoi quadri?»

«In pratica è tutto lì, nei miei quadri. Qui, tra i miei colpi di pennello, le macchie di colore. È il mio incubo reale.»

Dav mise a terra la tela.

«Ti ho rattristato?» gli domandai.

«No, mi capita spesso. Non fartene una colpa.»

Arrotolò i pennelli in carta di giornale e piegò il cavalletto.

«Papà è al molo?»

«Credo di sì. Sai, ha smesso con quella vecchia radio, ormai ci ha rinunciato, dopotutto non è male anche se trasmette sempre e solo la stessa musica classica. Ora ha deciso di rimettere a nuovo il peschereccio, vorrebbe organizzare una gita in aperto mare, solo me e lui, quest'autunno.»

Dav sorrise compiaciuto.

«Almeno si tiene occupato» dissi, sorrisi anche io. «In ufficio non vogliono vedere più la sua faccia e il lavoro gli manca.»

«Già» Dav chinò il capo. «Ora al market mi pagano bene, possiamo permetterci molto di più. Magari avremo presto anche un nostro appartamento.»

«Vedrai che le cose andranno per il meglio.»

«Grazie Vin.»

«Di niente» alzai la mano. «Salutami papà.»

Il sole era morto.

Un altro giorno stava per finire.

13

Una volta papà tornò a casa con un viso pallido e un'espressione tutt'altro che tranquilla. Mamma capì subito che qualcosa non quadrava, sapeva che mio padre non rincasava mai un'ora prima dal lavoro. Gli chiese spiegazioni, lui non volle dargliele, poi lei gli rinfacciò di Dav, gli disse che sapeva che era per lui, che non avrebbe dovuto vedere più quel ragazzo se voleva che le cose si mettessero a posto fra loro due e nel suo lavoro.

Papà andò in escandescenza, gridò, le confessò che amava Dav, che aveva perso il lavoro perché la cosa si era venuta a sapere e uno scandalo simile la ditta non poteva reggerlo.

Mamma scoppiò in pianto, si dimenò, e io restai a guardare, seduto a terra tra i miei giocattoli.

Quella stessa sera mia madre si chiuse a chiave nel bagno e s'imbottì di pillole, ne prese di tutti i tipi e di tutti i colori.

Poi ricordo solo tanto rumore e mio padre che prendeva mamma tra le braccia, gli occhi chiusi, il corpo floscio.

Come morta.

14

Tornai a casa quando ormai la luna era appena una falce nel cielo scuro. In camera sua, mia madre contemplava lo specchio alto del comò. Essenza di mughetto aleggiava nell'aria calda e asfissiante.

Era da quando decise di trasferirsi nella camera di nonno che non apriva mai le finestre nella sua. Non so perché, non l'ho mai capito, ciò che è certo è che capire le sue intenzioni era impossibile in quei giorni. Era come se avesse dovuto accadere qualcosa, come se ciò che credevo essere il destino stava per riserbarci un piano diabolico, un evento memorabile e nello stesso tempo terribile che avrebbe cambiato di molto la vita di tutti.

«La stanza di nonno è ancora chiusa» dissi, entrando a passi felpati.

Lei si voltò, il rimmel sotto agli occhi le aveva disegnato una maschera grottesca, capii che aveva pianto.

«Non è il mio mondo questo, non può essere il mio mondo...» un sussurro lieve ma percettibile.

«È successo qualcosa al nonno?» ebbi paura.

«Non lo capisci?» fece lei. «Mi ci hanno condotta!»

«Ma dove?» non capii. «Chi?»

«Gli insetti!» esclamò. «Quelli che hai nella tua stanza» chinò il capo. «Adesso mi sono smarrita.»

«Cosa? Ma che vai farneticando!» le andai vicino e guardai nello specchio il riflesso sbiadito di mia madre.

Lei toccò la superficie e rimase ferma, a guardarmi, in attesa di qualcosa. Sorrise.

«Vedi?» disse «Guarda quanta bella vita dall'altra parte. Le vedi le sirene? Hanno tutte quella voglia di vivere, di nuotare, e poi quelle code. Guarda i colori! Ho le gambe, maledizione, queste fottute gambe!»

Prese a pugni le cosce ripetutamente.

«Smettila!» esclamai.

Non mi ascoltò.

Le presi i pugni fra le mie mani.

«Smettila!» gridai. «Ti farai male!»

«Tu non capisci! Stupido, stupido come tuo padre. Non hai mai capito!» Nascose la testa nel mio ventre.

E pianse.

La lasciai lì così e uscii a prendere un po' d'aria.

Il vento flebile spazzava via i petali bianchi degli oleandri del gazebo, ammassandoli all'entrata del vialetto. Non avevo sonno eppure chiusi gli occhi, immergendomi nel mio mondo di cose finte e lasciandomi cullare dall'armonioso dondolio dell'amaca della veranda, mentre i grilli intonavano una dolce nenia.

Tutto era apparentemente perfetto.

Dimenticai per un istante mia madre e le sue paranoie, la malattia di nonno, i discorsi di Pan.

C'eravamo solo io e l'aria fresca di quei giorni di fine estate.

15

Ritornai in casa verso le dieci di sera, mamma era a tavola, le mani a reggersi la testa.

«C'è una bell'aria fuori» le feci, prendendo posto di fianco a lei.

«Già, qui dentro invece… ho provato a passare l' aspirapolvere, a lucidare i mobili, ma quella dannata puzza di alcool non vuole andare via. È dappertutto…» parlò senza guardarmi negli occhi.

«Quando ti ricomincia il lavoro?» le chiesi.

«Vendere pentole» ammiccò un sorriso «biancheria e altro? Me lo chiami lavoro questo? Non ricomincerà più, non mi ha mai fruttato molto.»

«E a me, a me non ci pensi? Se tu non lavori sarò costretto a rinunciare alla scuola, a trovarmi un lavoro per conto mio.»

«Ho scritto a tua zia Isabel» mi interruppe «qualche giorno fa… avrei dovuto farlo molto tempo prima… Le ho chiesto dei soldi.»

«Zia Isabel?» ripetei, incredulo. «È più di due anni che tu e zia Isabel non vi parlate.»

«Non avevo scelta. La banca non mi fa più credito e ci servono dei soldi» si passò una mano tra i capelli crespi.

«Ti ha risposto?»

«Ancora no. Avevo pensato di chiamarla, ma non mi sembra il caso. A telefono non riesco a mettere due parole di fila e comunque non mi avrebbe dato ascolto. Le ho scritto una lettera di due pagine. Le lettere, si sa, funzionano sempre.»

«Come pensi la prenderà?»

«Francamente non lo so, quello che so con certezza è che qualunque cosa dica o faccia alla fine una mano me la darà, è pur sempre mia sorella. L'ho invitata a stare qui, con noi, qualche giorno.»

Stranamente l'idea mi entusiasmò.

Zia Isabel è la sorella gemella di mia madre, ma non si somigliano per niente, né di aspetto né di carattere. Mamma mi spiegava sempre che erano diverse di fisionomia perché nate in due sacche diverse, ed era quasi come se qualcuno, o qualcosa, avesse aggiunto una sorta di siero nei loro liquidi amniotici per renderle così diverse anche di animo. Zia Isabel da piccola è sempre stata calma e pacata, a scuola ha sempre preso bei voti e ha sempre avuto tante amiche. Ma mia madre era irrequieta, la sua grande vitalità non le permetteva di godere al meglio di tutte le belle cose che le accadevano. Lunatica, incosciente, ingenua più di chiunque altro, ma speciale per suo padre, la sua dolce bambina dispettosa.

Quello che ricordo di mia zia è una serie di immagini molto sfocate, voci sommesse, flebili, come un alito di vento. Ricordo mia madre nella sua stanza, seduta sul letto, e mia zia Isabel di spalle alla finestra.

* * *

«Il mondo è così strano a volte» dice zia. «Immaginavi che i demoni fossero proprio le persone a cui tieni di più, che ti vivono accanto, che camminano, si muovono tra le stesse tue mura?»

«Non ci sono demoni, Isabel!» la voce di mamma.

Zia Isabel si volta, vedo il suo viso, sfocato in contrasto con la luce del sole forte.

«Ho deciso di partire. Non posso più sopportare ancora, vederti così, in questo stato. Ci si sente deboli, in casi come il mio.»

«Non andare via.»

«Credimi, Delia, forse è l'unico modo per troncare col passato e tutto il resto. Adesso tocca a te, devi prendere coscienza di tutto il male che ti porti dentro e buttarlo fuori. È la cosa più straziante assistere alla tortura di una vittima consapevole.»

«Non sono una vittima io, Isabel, non lo sono dannazione!»

«Sì che lo sei! È tutto sbagliato, credimi, dammi retta. Ti annienterà, sarai costretta a costruirti un mondo immaginario, per scappare dalla realtà. Un po' come sta accadendo a me. Ma oggi ho deciso, vado via e tu non me lo vieterai, nessuno mi impedirà di varcare la porta di questo inferno!»

«Ti odio, non sei mia sorella, non ti riconosco più!»

Mamma si butta sul letto e piange, grandi singhiozzi, sussulta nascondendo la testa tra le pieghe del piumone d'oca.

«È tutto sbagliato...» zia Isabel alza lo sguardo e i suoi occhi si incontrano con i miei, attraverso lo spiraglio della porta semiaperta.

Scappo.

Penso siano andate così le cose.

Da quel giorno non vedemmo più zia Isabel.

16

Quel mattino Pan tardò a venire alla porta. Suonai quattro volte il campanello e per un istante credetti che forse Ivan era tornato e avesse portato tutti fuori per un pic-nic. Stavo andando via quando sentii i suoi passi nel corridoio.

«Vengo!» fece, poi sentii la chiave girare nella serratura.

Il mio amico era in mutande, il viso sfatto, i capelli scuri ammassati in testa come tanti vermi confusi.

«Ti ho svegliato? Stavi dormendo?»

«Sì» disse. «Non sapevo saresti passato» sbadigliò.

«Samy, chi è alla porta?» la voce di Gemma dalla camera da letto.

«Beet» fece lui. «Torna a dormire.»

«Non mi fai entrare?» chiesi.

«Sì, certo» sorrise impacciato.

Entrai e lui chiuse la porta alle mie spalle.

«Ieri sera Gemma ha voluto che restassi alzato fino a tardi per vedere con lei la TV» mi spiegò parlando in silenzio per non farsi sentire.

Lo seguii per il lungo corridoio.

Entrò in bagno, si abbassò gli slip e pisciò, le mani ai fianchi, il capo chino a guardare il pene floscio e scuro.

Rimasi sulla soglia a osservarlo.

Pan non chiudeva mai la porta del bagno di casa sua quando faceva pipì. Non ho mai capito perché.

«Pensavo di fare quattro passi» dissi, in attesa di una risposta.

«A me sta bene» scrollò e tirò lo scarico, poi zoppicando mi raggiunse.

Entrò in camera, io dietro di lui.

Gli scaffali erano ancora vuoti e le scartoffie ancora a terra.

Nell'aria l'odore di sudore si mischiava a un effluvio più pungente e fastidioso. Notai avanzi di cibo sul davanzale dell'unica finestra.

Pan si sedette sul letto sfatto e prese da terra dei pantaloni verde militare stropicciati.

Li indossò.

«Ti va di andare ai campi?» propose. «Le trebbiatrici hanno finito, possiamo sdraiarci e prenderci l'ultimo sole d'estate.»

«È una buona idea» sorrisi.

* * *

Le trebbiatrici avevano fatto un ottimo lavoro. Dal terreno rizzavano adesso minuscoli mozziconi di stelo. Un immenso e piatto tavolato color oro si estendeva ora in contrasto con un cielo di un assuefacente turchese. Prendemmo posto a terra, con le braccia dietro la nuca, a guardare il cielo cotonato da sprazzi di nuvole candide.

«Ho pensato molto ieri notte» Pan parlò disturbando la quiete.

«A cosa?» voltai il capo a guardare il suo profilo deciso, lineamenti marcati, naso pronunciato ma non brutto; il labbro inferiore sporgente, il mento lungo.

«Al fatto che forse tanta riconoscenza ai miei genitori adottivi non la devo.»

«Che vuoi dire?»

Quelle parole mi suonavano del tutto nuove dette da Pan. Mai e poi mai avrei pensato che un giorno se ne sarebbe saltato fuori con una frase del genere.

«Vivere con Gemma sta diventando un inferno e Ivan non lo vedo da due mesi ormai. La situazione sta precipitando. A volte immagino di trovarmi ancora nella mia camera, al centro di accoglienza. Lì c'erano i bambini e con loro stavo bene.»

«Vorresti abbandonare tutto?» mi misi seduto, le ginocchia strette al petto.

«Non lo so cosa voglio.»

«Ma lei come sta?»

Si mise seduto pure lui e mi guardò.

«Aspetta un bambino, Beet.»

«Un bambino?» scossi la testa incredulo.

«Già, si sveglia nel cuore della notte con le voglie più assurde. Ieri ha fatto il test.»

«Beh» sorrisi «è una cosa buona. Ivan ne sarà entusiasta.»

«Già» fece lui, poi si sdraiò di nuovo.

«Ma lui lo sa, vero? Glielo avete detto?» parlai ancora.

«No» rispose. «Lo saprà quando tornerà.»

Mi guardai attorno.

Oro.

Un immenso tavolato d'oro. Nulla di più. Nessun altro a parte noi.

Guardai di nuovo Pan, mi sorrise, poi lo vidi armeggiare con la patta dei pantaloni. Slacciò la cintura e si calò le braghe.

«Cosa fai?» risi.

«Mi faccio una sega, aiuta a pensare.»

Mi sdraiai anch'io al suo fianco e provai a imitarlo.

* * *

Era già ora di pranzo quando abbandonammo i campi. Sulla via del ritorno incontrammo la signora Fiorenza che si accingeva a raggiungere il negozio di fiori. Ci salutò e per un istante mi ritrovai a pensare a cosa se ne facesse di tanti fiori se era sempre in giro e non aveva tempo per dare loro cure amorevoli.

Si sa che i fiori hanno bisogno di perenne attenzione, se li annaffi spesso o li abbandoni per un po' cominciano a pendere su se stessi, a perdere di colore e di odore, appassiscono e ti abbandonano, finché un giorno te li ritrovi lì, morti, steli secchi conficcati nel terreno come tanti pali sul suolo di una guerra persa.

I fiori sono come le persone, hanno le loro stesse esigenze e i loro stessi incubi.

La morte.

La morte…

La morte…

17

Papà si dava da fare a prua, con i chiodi. Le assi del ponte non volevano saperne di stare immobili già da un bel pezzo. Aveva più volte cercato di ripararle invano, quel giorno ci riprovava.

«Non stanno giù. Dovresti rifare l'impalcatura daccapo» parlai.

Lui si voltò, io lo raggiunsi sul peschereccio.

«Ah» fece «sei tu... Beh» si mise in piedi e si asciugò con la mano il sudore dalla fronte «reggerà stavolta, ho messo una base di colla!» Sorrise «Resti a pranzo?»

«Non so se posso» risposi. «Non ho detto nulla a mamma.»

«Capisco» sorrise di nuovo, raggiunse la parte opposta del peschereccio e, preso un asciugamano arrotolato sul parapetto del ponte, si asciugò le spalle.

«Sono venuto solo per dirti grazie.»

Papà mi guardò perplesso.

«Grazie? Di cosa?»

«Grazie per ieri, grazie per il fatto che sei passato e le hai parlato.»

«Ah» aggrottò le sopracciglia. «Mi mancava, sai? È per questo.»

«Lo so» sorrisi. «Le ha fatto piacere, io l'ho capito, è sempre più triste, ormai il dolore l'aggredisce togliendole il respiro. Le mancano soldi, ha chiesto aiuto a zia Isabel e forse tra qualche giorno verrà da noi.»

«Isabel?» mio padre si appoggiò alla balaustra. «Sono anni che non la vedo. Voleva vendermi il suo appartamento prima di partire. Le dissi di no, non avevo abbastanza soldi.»

«So anche questo. Spesso mamma me lo racconta. Sarebbe stato bello, era a pochi passi da casa.»

«Forse è anche per questo che rifiutai...» Perse lo sguardo nel vuoto, capii che era assorto in pensieri nostalgici. «Perché le servono soldi?» mi chiese poi.

«Non lo so, so solo che ha deciso di lasciare il lavoro. Non penso sia nelle condizioni migliori per lavorare.»

«E tu? La scuola?»

«Non lo so...»

Guardai il mare, su uno scoglio gruppi di gabbiani avevano preso riposo, accucciati come in cova.

«Non lo so proprio. Spero tanto che la sua decisione di abbandonare tutto non sia stata dettata dalla paura di questi giorni... Magari presto sarò costretto a prendere io in mano le redini e trovarmi un lavoro.»

Papà mi guardò perplesso, quasi stentava a credere a ciò che aveva appena sentito. Lessi un profondo rammarico sul suo volto, quasi un senso di colpa.

«Quando il vecchio non ci sarà più, io e Dav verremo a stare da voi, almeno fin quando non saremo pronti per comprarci una casa tutta nostra. Al market non ci fanno problemi, lì Dav si trova bene. Io... io beh, forse ho oziato fin troppo in questi anni, troverò qualcosa da fare. Magari non farò ciò che so fare meglio ma me la caverò. Dillo pure a tua madre.»

Fu come se mille pesi mi si fossero staccati di dosso, ora mi sentivo leggero, non avevo quasi più paura di nulla. Mio padre mi stava tendendo la sua mano, l'aiuto che tanto desideravo mi stava per essere concesso.

Voltai nuovamente gli occhi verso lo scoglio di fronte.

I gabbiani non c'erano più.

18

Due giorni dopo, di pomeriggio, un tanfo di marcio cominciò a farsi sentire per i corridoi e nel soggiorno di casa sempre troppo poco illuminato per i miei gusti. Mamma chiuse tutte le porte delle stanze e spalancò le finestre, ma l'odore persistette, come se avesse intriso le pareti e i soffitti scrostati. Decidemmo che proveniva da fuori, dalle fogne aperte o da qualche animale morto nei cespugli del giardino. Mi proposi di andare a controllare il mattino successivo.

Quella sera parlai a mamma di papà, le dissi che presto le cose si sarebbero messe a posto e che se avesse accettato lui e Dav sotto il nostro tetto, avremmo avuto soldi a sufficienza per pagare anche la mia scuola.

Lei mi aveva guardato per un istante incredula.

«E la condizione?» domandò, le mani a reggere la testa dolente, i gomiti sul tavolo.

«Cosa?» chiesi, tentennante.

Sapevo che a quel punto, qualunque cosa avessi detto, avrebbe del tutto messo in discussione i buoni propositi che le avevo esposto poco prima. Avrei dovuto dirle che le condizioni di mio padre erano che nonno morisse e che la loro presenza in casa nostra non sarebbe stata per sempre, ma solo finché non avessero trovato un appartamento tutto loro.

Ma non dissi nulla di tutto questo. Fu lei a capirlo.

«Tuo padre metterà piede in questa casa solo se tuo nonno tira le cuoia» mi fece. «Non abbiamo bisogno di lui, Isabel mi ha chiamato questa mattina, dice che arriverà, mi ha chiesto di prepararle la camera degli ospiti.»

«Quanto resta?»

Avevo lo sguardo perso nel vuoto, non guardavo in un punto preciso. Mi resi conto che ogni cosa in quella casa sembrava messa in modo del tutto caotico, dispersivo, cominciando dalla disposizione dei divanetti a quella delle credenze vuote.

«Quanto basta» rispose mamma. «Il tempo necessario.»

Si mise in piedi, raggiunse i fornelli della cucina e cominciò ad armeggiare con i tegami. «Orribile» fece poi portandosi al naso la manica della maglia di cotone. «Questa puzza di marcio ha impregnato anche i miei vestiti.»

19

L'uomo dalle mani inguantate come Topolino e la faccia da ebete sorrise mostrandomi una dentatura perfetta, candida.

«Vuoi un po' di zucchero filato?» mi chiese. «Ce n'è per tutti i gusti! Io preferisco quello alla menta.»

Un po' come nelle pubblicità dei dentifrici. Il messaggio era reso allo stesso modo.

Odiai quel sogno ancora prima che cominciasse. Sapevo dove sarebbe andato a parare, conoscevo ogni singolo fotogramma, come un film in bianco e nero visto e stravisto una moltitudine di volte. Eppure quel giorno non c'era il campo di papaveri caramellati alle spalle dell'omino del dentifricio. Non c'era nulla che già sapessi.

Prima che mi decidessi ad aprire gli occhi, l'omino dal gran sorriso bianco mi indicò una porta, una porta di legno chiusa che galleggiava a mezz'aria in mezzo a un enorme campo di terra bruciata.

«Carboneee!» gridò l'uomo.

Allungai una mano per afferrare la maniglia della porta ma mi accorsi che era molto più distante di quanto potesse sembrare. Allungare un braccio non mi sarebbe bastato.

«Non ci riesco!» esclamai.

«Ah ah ah!» sghignazzò l'uomo. «Niente di meglio di una sana e pacifica dormita!»

«Non ti capisco...»

«C'è del marcio dietro quella porta. Ha ridotto in carbone i miei papaveri.»

«Mi dispiace.»

Non avevo parole. L'uomo si imbronciò, gli occhi gli si allargarono assumendo le dimensioni di due palle da biliardo.
Scoppiò in lacrime.
«Veleno!» sbraitò. «Veleno!»

20

«Beet!» sentii chiamarmi. «Beet! Beet, sveglia!»

Qualche scossone, qualcuno mi afferrò una spalla.

Aprii gli occhi e la vidi, una luce pallida e soave come in paradiso.

Qualche giorno prima mia madre aveva tolto le tende, ora il sole illuminava interamente la mia camera.

«Beet!» sentii di nuovo.

Guardai al mio fianco...

Coleotteri!

Due coleotteri grossi come cuori di pollo si dimenavano sotto ai miei occhi, cercando invano di aggrapparsi alle pareti lisce di un barattolo di vetro.

C'era il viso di Pan dall'altra parte, sorridente e compiaciuto come non mai.

«Pan» lo chiamai con voce impastata, secca.

«Ti ho portato due amici» disse lui, prendendo posto sul letto.

Mi misi seduto, stirandomi e sistemandomi, presi il barattolo fra le mani e cominciai a studiarlo.

Il cilindro di vetro conteneva due autentici necrofori, scuri e striati di rosso. Le zampette seghettate graffiavano contro la parete di vetro mentre invano spianavano le elitre cercando di spiccare il volo.

«Sono due bellissimi esemplari, dove li hai beccati?» chiesi.

«Nel vialetto di casa. Gemma innaffiava le aiuole e loro l'hanno spaventata. Penso si tratti di un maschio e una femmina, non me ne intendo molto come te, ma credo si stessero accoppiando.»

«Mitico» feci. «È dall'estate del novantasei che non ne vedevo in giro!»

«Sono necrofori, giusto?» chiese Pan curioso.

«Sì, puoi ben dirlo!»

«Che ne farai adesso?»

«Li aggiungo agli altri!»

Fissai a lungo i due insetti. La luce del sole rifletteva sui loro dorsi scuri. Per qualche secondo si dibatterono ancora nel disperato tentativo di trovare una via di fuga, poi stanchi e asfissiati si fermarono.

21

Pan aveva sentito odore di marcio nel corridoio di casa. Gli spiegai che molto probabilmente c'era qualcosa di morto nelle aiuole del giardino, così ci mettemmo alla ricerca della carcassa, sotto il sole di mezzogiorno che picchiava in testa.

I petali degli oleandri si erano ammassati, secchi e crespati, innanzi al vialetto principale.

Era da tanto che mamma non spazzava il giardino, presto le erbacce avrebbero preso il sopravvento e ci saremmo trovati invasi da insetti e rettili di tutte le specie.

«Pensi sia un topo?» Pan parlò, la testa immersa nel fogliame di uno dei tanti cespugli del giardino.

«Sicuramente qualcosa di grosso» azzardai.

L'odore di marcio impregnava l'aria come uno strato di gas opprimente. Quando raggiunsi il cipresso dovetti tapparmi la bocca per reprimere un conato. Sotto ai miei occhi, tra la terra e le foglie ingiallite, c'era la carcassa di un enorme topo grigio. La bocca aperta lasciava intravedere la punta di una lingua violacea e secca; da una ferita su un fianco, larve d'insetto si muovevano furtive tra la carne e il sangue rappreso.

«Tana!» gridai.

Pan mi raggiunse e si affiancò a me per vedere meglio.

«Orribile!» esclamò. «Come pensavo! Sarà stato un gatto.»

«Lo porti via tu?» feci.

«Per l'amor di Dio, certo che no!» contrasse la bocca disgustato.

«Beh, allora ok» mi scostai. «Vado dentro e chiedere a mia madre un sacchetto di plastica. Tu aspetta qui.»

«Ok» Pan si tappò il naso.

Dentro l'odore di marcio era molto più intenso. Il caldo asfissiante rendeva l'aria del tutto irrespirabile.

«Mamma» chiamai.

Non c'erano più tende alle finestre, la luce del sole caldo filtrava attraverso i vetri rendendo percettibile la polvere fluttuante nell'aria salmastra. Piccoli granelli, come tante piccole lucciole irrequiete, mi volteggiavano attorno, fastidiosi.

Raggiunsi il corridoio, passando per la cucina vuota. Tutte le porte erano socchiuse questa volta, compresa quella di mio nonno.

«Mamma?» chiamai ancora.

Il silenzio era tombale. Immerso in quella terribile quiete avanzai di pochi passi verso la camera di nonno. Lei era lì, l'avrei giurato, era lì dentro e mi nascondeva qualcosa. Aprii la porta con cautela.

Non cigolò, si mosse senza alcuno sforzo.

E fu così che la vidi.

Sdraiata sul letto grande, in posizione fetale, carezzava il viso pallido e scarno di un corpo che non era più quello di mio nonno.

L'odore insopportabile mi causò un improvviso conato che repressi all'istante. Cercai di trattenere il respiro e avanzai nella stanza mentre un cerchio di mosche mi ronzava attorno agitato, quasi in attesa di un pasto prelibato.

«Ma-ma... mamma» balbettai, timoroso.

Lei era lì, davanti ai miei occhi, immobile a eccezione della mano che sinuosamente si muoveva tra i pochi capelli bianchi del corpo morto di nonno.

Lei era lì. E io avevo paura.

«Da quanto tempo, mamma?» furono le uniche parole che riuscii a formulare prima che l'odore opprimente mi penetrasse anche nella bocca.

Ne sentii il sapore amarognolo.

Avrei voluto dire di più, volgere a mia madre tutte le domande che in quell'ultimo periodo avevano cominciato a balenarmi in testa. Avrei voluto chiederle perché avesse chiuso tutte le stanze e perché quella mattina le avesse riaperte, perché mi aveva tenuto nascosta la verità, perché non mi aveva detto che nonno era morto.

Non so se lo feci, non lo ricordo.

Sentii cedere la terra sotto ai miei piedi, ma mi accorsi subito che era solo una sensazione.

«Da quanto tempo mamma? Perché non me lo hai detto!»

Lei si voltò per guardarmi e mi sorrise, calma e quieta come non mai.

«Cosa avrei dovuto dirti, figlio mio» fece. «Adesso è tutto a posto, tuo nonno è calmo, non ha più le sue crisi. Non ce la facevo più da sola, era troppo per me...»

«Vieni via da lì, mamma» mi avvicinai con cautela, quasi per timore di una sua improvvisa reazione.

«No!» disse subito lei, afferrò il corpo e lo tenne stretta a sé, il viso bagnato di lacrime, nascosto tra le pieghe della pelle fredda del cadavere.

«È morto, mamma! Dimmi, da quando?»

«Non è morto!» tirò su col naso. «Sta dormendo, è calmo adesso.»

La raggiunsi e, tenendomi una mano d'avanti alla bocca, le afferrai un braccio.

«È troppo tardi adesso.»

«No!» gridò forte. «Vai via! Esci da questa stanza!»

Ma in realtà non lo voleva davvero. Tenendole stretto il braccio, la tirai verso di me e non fece quasi nessuna resistenza. Le serrai la vita con le braccia e la trascinai verso l'uscita.

«Non portarmi via!» ripeteva in lacrime, le mani ad annaspare l'aria nel disperato tentativo di ritornare dov'era, ma in realtà avrebbe voluto quanto me allontanarsi chilometri e chilometri da quella stanza e da quell'incubo.

«Oh mio Dio!» Pan accorse allarmato, entrò e represse un conato all'istante.

«Va' a chiamare papà!» gli ordinai.

Lui mi guardò, incredulo, terrorizzato. Ammiccò un sì con la testa e andò via.

22

«Si riprenderà.»

La voce era grossa e dolce allo stesso tempo.

Era la voce di mio padre.

«Certo lo shock è stato grande. Sia per lui che per la madre.»

Aprii gli occhi e vidi sfocato. Tante figure irregolari, tante macchie indistinte, dai colori opachi. Poi i colori si fecero più netti, i tratti si differenziarono e mi furono chiari gli occhi tristi, resi lucidi da un pianto represso.

Mio padre era lì, chino su di me. Alle sue spalle Pan, in attesa di un mio segno, più in là, distinsi solo la testa di Dav, sorseggiava un qualche liquido da una tazzona celeste.

«Come ti senti?» mi chiese.

«Hai dormito un bel po'» aggiunse papà, sorridendo.

Fu solo in quel preciso momento che ricordai tutto. Mio nonno era morto, l'avevo scoperto io, entrando in camera sua e trovando mia madre accanto al suo corpo, dolcemente rannicchiata. Avevo gridato a Pan di correre a chiamare papà ed erano accorsi tutti, Dav aveva poi messo qualcosa nella mia tisana e in quella di mamma.

E poi il buio.

«Come sta mamma?» chiesi con la voce impastata e la gola secca.

«Dorme di là, in camera sua.»

Io ero sul divano, quello del salone, accanto al finestrone che affacciava sul vialetto di fronte. Il puzzo di marcio impregnava ancora l'aria, ma adesso era meno intenso. Mi misi seduto reggendomi la testa dolente e guardai tutti.

Pan in piedi, con la schiena contro la parete alla mia sinistra, le mani in tasca, il capo chino, un occhio rivolto a me.

«Nonno?» parlai ancora.

Papà, sedutomi di fronte, mi mise una mano su una spalla.

«L'hanno portato via» disse. «Abbiamo chiamato un'ambulanza.»

«Lo sapevo» scossi la testa irritato.

«Cosa?»

«Il topo» guardai Pan «il grosso topo nel giardino. Sapevo che non poteva essere stato quello. Il puzzo» odorai i miei vestiti «il puzzo era ovunque! E poi, Dav...» alzai il capo e scontrai il suo sguardo.

«Sì?» mi raggiunse. «Dimmi Vin.»

«Lei gli era rannicchiata accanto. Come fanno i coleotteri, ricordi?» attesi un suo cenno di intesa.

Lui ammiccò un sì con la testa.

«I coleotteri necrofori, che strana abitudine...» sorrisi. «Come nel tuo dipinto.»

«Già» fece solo.

Papà mi passò una mano tra i capelli, sorrise e guardò Dav.

«Quale dipinto?» Pan parlò.

«Dav sta lavorando a un dipinto» rispose mio padre. «Uno sciame di coleotteri in volo.»

«Sono necrofori» precisai. «Depongono le uova nelle pance degli animali morti.»

23

Per andare in camera di mamma dovetti passare per quella di nonno. Mi soffermai un po' sulla soglia della porta a vedere il letto sfatto, con ancora impressa la sagoma del corpo. Le finestre spalancate, il colore giallognolo della carta da parati, le foto alle pareti, il crocefisso a capo del letto, i mobili di mogano. In quella stanza nonno aveva custodito gelosamente le sue cose, si rintanava per la notte, in quella stanza aveva i suoi piccoli segreti. Capii solo allora che nulla sarebbe stato più come prima. Nonostante ci avessi pensato a lungo durante il travaglio di nonno Vincent, solo in quel momento realizzai che da quel giorno in poi qualcosa sarebbe cambiato del tutto.

Quel pomeriggio mamma dormiva sul suo letto, dopo tanto tempo passato sulla branda nella camera di nonno. La sottana scura le copriva appena le natiche, lasciando le cosce nude. I capelli biondi, crespi, le coprivano la fronte. Potei a malapena scorgere il suo profilo sereno, stando fermo sulla soglia.

«Forse sarà meglio farla riposare, non credi?»

Mio padre dietro di me, mi poggiò una mano su una spalla.

«Sì» assentii.

«Ho provveduto io a gettare via le flebo. E anche l'alcool giù in cantina...»

«Cosa?» non capii.

«Fiorenza era tutta agitata, tu dormivi... Mi ha detto tutto.»

«Cosa ti ha detto?»

«Le flebo» mi spiegò «l'aveva aiutata a riempirle d'alcool. Ma ho messo tutto via. Quel che è fatto è fatto. Tuo nonno aveva un cancro. È stato il cancro a ucciderlo.»

Guardai per l'ultima volta mia madre prima di chiudere la porta. Ebbi voglia di piangere, ma non lo feci.

24

Contro il volere di Gemma, Pan rimase a dormire da me quella notte.

Nel pomeriggio ci avevano chiamato dall'obitorio chiedendoci il permesso per la procedura di imbalsamazione. Non mi fece bene pensare a mio nonno svuotato del suo sangue e imbottito di liquidi acidi. Non fece bene nemmeno a mia madre che cominciò a gridare come un'ossessa e a imprecare contro mio padre, incolpandolo per tutto quello che stava accadendo alla nostra famiglia.

Dav si sentì male, diede di stomaco sul vialetto d'entrata e prese la decisione di tornarsene solo al molo. Poi, non so come, mamma si calmò, riaddormentandosi sul divano del salotto, e papà convinse Dav a restare.

25

«È il verdetto finale!»

Pan guardò il soffitto quasi si aspettasse di vederci comparire qualcosa da un momento all'altro. Io non parlai, per un lungo istante rimasi immobile, al suo fianco. Eravamo entrambi sul mio letto, nudi, e ascoltavamo la risacca.

«Hai mai letto l'Apocalisse? L'ultima parte del Nuovo Testamento? *Non tutti, certo, moriremo, ma tutti saremo trasformati, in un istante, in un batter d'occhio, al suono dell'ultima tromba; suonerà infatti la tromba e i morti risorgeranno incorrotti e noi saremo trasformati.* Beh, anche il nostro tempo è arrivato...»

Pan si strinse più a me.

«Tu credi?»

«Beh, è quello che sta accadendo in fondo, non si può non farci caso. I coleotteri, pensa ai coleotteri!»

«Cosa c'entrano adesso?»

«La ricordi la profezia delle cavallette? È un po' come quella profezia. Gli insetti ci disperderanno, saremo loro vittime.»

«Ma non mi dire!» feci ironico. «È solo tutta una sciocca coincidenza.»

«Credi che esistano coincidenze?»

«Sì.»

«Ateo!»

«Stupido!» risi e mi voltai su un lato fingendomi offeso.

«Ehi!»

Pan si sedette sul letto e mi costrinse a guardarlo voltandomi verso di lui.

«È tutto già scritto, credimi, il destino e tutto il resto. Non esistono coincidenze, solo messaggi, segni...»

Pan sembrava serio, i suoi occhi sgranati mi misero quasi paura.

«Mi spaventi» sussurrai.

«Scusa» disse lui, poi tornò a contemplare il soffitto.

«Sai, Pan?» Parlai a un tratto.

«Sì, Beet?»

«Prima che aprissero la fabbrica di cartone, nei pressi di casa mia c'era un prato vastissimo, da piccolo mio nonno mi portava a dare la caccia alle coccinelle.»

Attesi una risposta da Pan, ma mi accorsi che dormiva.

Io invece non riuscivo a prendere sonno.

26

Di notte, a volte, quando sono troppo preso dai pensieri e non riesco a chiudere occhio, la mia stanza mi appare più grande. Il soffitto scuro sopra di me è come se fosse chilometri e chilometri più distante, le pareti sembrano discoste di molto da me e dal mio letto. In quelle notti mi sento piccolo e tutto intorno a me comincia a girare. Sono al centro di un vortice, e nulla sembra darmi tregua.

Quella volta nemmeno il respiro di Pan, così pacato e calmo, attenuò la mia ansia e i battiti incessanti del mio cuore pazzo.

Avevo caldo e cominciai a sudare sotto le lenzuola sottili.

Mi scoprii e mi misi seduto sul letto aspettando che quella brutta inquietudine cessasse. Ma non servì a molto. Allora mi misi in piedi e uscii dalla stanza a passi felpati.

Trovandomi nel corridoio buio, camminai adagio, poggiando le mani alle pareti per non perdere l'equilibrio.

Le porte di tutte le stanze erano socchiuse. Dallo spiraglio della camera degli ospiti distinsi le sagome di mio padre e di Dav. Dormivano silenziosi nel blu tenue della stanza. Dav con un braccio serrava la vita di mio padre, la testa sul suo petto liscio.

Quasi mi stupii di tanta serenità.

Oltre a mia madre, sembravo solo io l'unico a essere davvero scosso per la morte di nonno.

Raggiunsi la cucina e accesi la luce al neon che mi abbagliò all'istante.

«Spegnila!» sentii una voce.

Sussultai, poi mi voltai. Mia madre era lì, rannicchiata sul divano, le ginocchia al mento.

Mi affrettai a chiudere la luce. Notai che la luna bastava a fare chiarezza sulle sagome dei mobili della stanza. Su mia madre…

«E tu che ci fai qui?» feci.

«Questo pomeriggio ho dormito abbastanza, ora non riesco a chiudere occhio. E tu?»

Notai che era calma, quasi serena.

«Lo stesso… Forse penso troppo, non lo so. So solo che ho la testa che mi gira e una voglia di scappare via da qui, prendere un po' d'aria. Eppure mi spaventa lo stesso.»

«Cosa?»

«Mi spaventa il fatto che probabilmente nemmeno lì fuori potrei trovare tregua» raggiunsi una finestra e scrutai la notte, oltre il vialetto di casa. «Sono troppo agitato.»

«Lo siamo un po' tutti» mamma si mise in piedi e mi raggiunse mettendomi una mano su una spalla in segno di conforto.

Mi piacque, mi fece capire che in parte stava bene e aveva cominciato ad accettare la morte di nonno, mi diede conforto e servì a pacare per un po' la mia ansia e i battiti del mio cuore.

«Ti da fastidio che Dav resti a dormire qui, nella stanza degli ospiti con papà?» parlai d'un tratto, la voce calma, ridotta quasi a un sussurro per non svegliare nessuno.

«No» rispose lei all'istante. «No, sai come la penso su Dav, è un bravo ragazzo. Riesce ad amare tuo padre come avrei voluto riuscirci io. Dav ha quel dono… Com'è che si dice? Il cuore gentile, la beltà d'animo, la purezza dei sentimenti» sorrise. «Loro sono fatti per stare insieme e io per il momento li osservo e apprendo un po' da loro… Sai, non ho mai pensato tutte quelle brutte cose che ti ho sempre detto sul conto di tuo padre.»

«Lo so» sorrisi anch'io. «E l'ha sempre saputo anche lui.»

* * *

Quella notte l'uomo dalle mani inguantate mi mostrò cumuli e cumuli di carbone.

«È sporco» mi disse. «È sporco!»

27

Mi svegliai.

La luce del sole filtrava indisturbata attraverso i vetri delle finestre prive di tende. Ero sul divano, tra le braccia di mia madre che dormiva ancora, pacata. C'era stato un rumore, come di un clacson in lontananza, il rombo che fa il motore di un auto quando si spegne. Dei passi, sulla ghiaia del vialetto. Mi sfregai gli occhi e mi misi seduto sul divano, poi raggiunsi il finestrone di fronte e guardai attraverso il vetro. C'era una coupé nera e lucida.

Pensai che era raro dalle nostre parti vedere una coupé, poi misi a fuoco meglio la sagoma che si affrettava a scaricare buste e pacchi dalla portiera posteriore. Il carré nero e gli occhiali da sole scuri la rendevano quasi irriconoscibile, ma la riconobbi quasi subito.

«Zia Isabel!» feci, e dovetti gridare un bel po' dato che mia madre sussultò svegliandosi di colpo.

«Cosa?» non capì, ancora assonnata.

«È zia Isabel, è arrivata!» mi voltai verso di lei e le sorrisi entusiasta.

Mia madre ricambiò il sorriso, prese la vestaglia di seta rosa, piegata su un bracciolo del divano, e la indossò in fretta, raccolse indietro i capelli e uscì fuori, sulla veranda.

La raggiunsi fermandomi al suo fianco. Zia Isabel chiuse la macchina e azionò l'allarme automatico con un telecomandino portatile che ripose nella borsetta color pesca. Si chinò, raccattò i pacchi e le buste e si avviò verso di noi. Si fermò in prossimità degli scalini della veranda, riposò a terra i pacchi, si portò una mano alla schiena e riprese fiato. Alzò lo sguardo verso di noi e sfoggiò uno dei sorrisi più belli e sinceri che avessi mai visto.

«E allora?» disse poi. «Che vi prende? Faccio così paura?» scosse la testa. «Datemi una mano con questi pacchi, c'è dell'altro in macchina, ho pensato di fare un po' di spesa per strada.»

Diedi un'ultima occhiata a mamma prima di decidermi ad andare incontro a zia Isabel.

«Grazie di essere qui» le sussurrai quando l'abbracciai.

Mi strinse forte e per un istante mi persi tra i mille merletti del suo tailleur e l'abbondante aroma del suo profumo al mughetto.

«Come sei cresciuto Vin!» esclamò. «Fatti guardare bene!» mi spinse distante e, facendo scendere gli occhiali scuri sulla punta del naso, mi squadrò ben bene, dalla testa ai piedi.

«Sei uguale a tuo padre!» sorrise. «Un gran tocco di ragazzo!»

«Grazie!» risposi. «Com'è stato il viaggio?»

«Oh, cielo!» si portò una mano alla fronte. «Non ne voglio proprio parlare, guarda, non tanto per il traffico, ma quei motel... oh mio Dio, squallidi! Non avevano nemmeno il sapone! La prossima volta viaggio in treno!»

L'aiutai con le buste.

Zia Isabel salì a fatica le scale della veranda stretta nel suo tailleur rosa pesca. Quando raggiunse mia madre, restò un po' in silenzio. Si levò le lenti e per qualche secondo entrambe rimasero a guardarsi, quasi incredule.

«Ciao Delia» parlò mia zia.

«Ciao...»

Gli occhi di mia madre si riempirono di lacrime. Li vidi lucidi, sotto il sole di primo mattino. Zia Isabel aprì le braccia e accolse la sorella in un abbraccio stretto e infinito.

28

«È freddo!» guardai il tè scuro nella tazza gialla e capii di non averne voglia.

Zia Isabel aveva preso posto sul divano e ora guardava fuori dalla finestra i petali degli oleandri che si muovevano furtivi tra le foglie secche del terriccio del giardino. Mamma era alla porta, in silenzio, anche il suo sguardo era rivolto al giardino. Era come se entrambe aspettassero l'arrivo di qualcuno o che, da un momento all'altro, il giardino, come per incanto, potesse rievocare le immagini immortali della loro infanzia.

Un colpo di tosse ruppe il momentaneo silenzio. Mi voltai di scatto e mi accorsi di Dav sulla soglia della porta del corridoio, lo sguardo assonnato, i boxer chiari scesi all'altezza dell'inguine. Sbadigliò, si grattò la nuca e si sforzò per mettere a fuoco mia madre e mia zia sul divano.

Zia Isabel sorrise.

«Dav!» fece. «Ci sei anche tu?» si alzò e lo raggiunse.

Anche Dav sorrise. Si abbracciarono.

«Felice di vederti, Isabel! Stai molto bene, sai?»

«Grazie!» zia Isabel lasciò la stretta.

«Quando sei arrivata?» Dav entrò in cucina e raggiunse i fornelli per prepararsi un caffè.

«Da qualche minuto.»

«Quanto resti?»

«Qualche giorno… il tempo per mettere un po' d'ordine qui.»

Dav mise su la moka per il caffè, poi prese posto sul divano accanto a mia madre.

«E tu Delia? Come ti senti?»

«Molto meglio, grazie tante Dav» sorrise, poi appoggiò la testa sulla sua spalla sinistra e lui le carezzò i capelli crespi.

Qualche minuto più tardi, sulla soglia della porta del corridoio vedemmo papà, il viso stanco, i capelli arruffati. Rimase un attimo immobile a guardarsi attorno, un po' stupito di vederci tutti li, già svegli. Vide prima mia madre e le sorrise, poi mise a fuoco zia Isabel accanto al finestrone.

«Ciao Isabel» parlò, la voce ancora impastata dal sonno, gli occhi lucidi.

Zia Isabel contrasse le labbra e quasi mi sembrò che trattenesse le lacrime.

«Cristian!» disse, un sussurro poco più che percettibile.

Papà avanzò in cucina di un paio di passi poi allargò le braccia per accoglierla. Zia lo raggiunse e mio padre la strinse forte. Restarono così per qualche secondo e mi stupii della reazione di entrambi. Li vidi lì, ognuno nelle braccia dell'altro come amici che si rincontravano dopo anni e anni di inutili attese, come complici di uno stesso male subito.

Mia zia e mio padre…

29

Quando Pan andò via, restai a casa per aiutare zia a sistemare la sua roba. Avremmo dovuto dividerci il mio armadio e, per la notte, zia Isabel si sarebbe dovuta accontentare del divano del soggiorno, ora che la stanza degli ospiti era già occupata da papà e Dav.

«Sei triste?» mi chiese d'un tratto, lo sguardo chino, indaffarata a sistemare una federa nell'armadio.

«No» risposi serio.

«Bene» mi sorrise. «Bene così...»

Raggiunse la sua valigia sul mio letto e ne estrasse un paio di magliette di cotone rosa.

«Perché, sai» fece «in certi casi essere tristi è inutile» tossì per schiarirsi la voce. «Ti suonerà strano ma», mi passò le maglie e le sistemai sul fondo dell'armadio accanto al mio skateboard e ai pattini vecchi che da mesi non usavo più, «ora come ora niente può più spaventarci, bisogna solo gioire.»

«Gioire?» non capii.

«Sì» sorrise, mi carezzò il capo e rimase qualche secondo a guardarmi. «Ti sembra tutto così assurdo, vero? Il mio arrivo qui, tuo padre che si è deciso a stare accanto a Delia, Dav e il resto. È come se il mondo andasse all'incontrario. Tutto ciò in cui hai sempre creduto si sta sfaldando sotto ai tuoi occhi. E vedi i tuoi mondi crollare come castelli di sabbia.»

Zia Isabel aveva capito e io intuii che poteva darmi le risposte che tanto attendevo. M'illuminai.

«È così...» sussurrai, incredulo.

Lei sorrise di nuovo, gli occhi grandi nascosti in parte dalla frangia nera del carré.

«Posso dirti, mio caro bambino, che puoi benissimo mettere da parte le illusioni infantili. Basta con i mondi di cioccolata, basta con tutto, scappa via dal sogno, altrimenti ci sarà qualcuno che ti annienterà, cercherà di distruggerti in ogni modo approfittando del tuo sogno… Ti taglieranno la testa.»

«La regina di cuori!» sorrisi. «Papà me la raccontava sempre…

Rincorse Alice minacciandola di tagliarle la testa, fin quando stremata la bambina si svegliò. È questo che intendi, giusto?»

«Sì, è questo, in un modo o nell'altro.»

«E come posso svegliarmi?»

«Devi ascoltarmi, ti dirò tutto.»

Quel giorno morii per la prima volta.

Mi sarebbe capitato ancora, ma non potevo saperlo, eppure è chiaro che quel giorno una parte di me scomparve per sempre e non lasciò traccia alcuna, come non ci fosse mai stata. Tempo dopo avrei gettato via le mie foto da bambino e avrei odiato mia madre, poi l'odio si sarebbe attenuato e un senso di compassione avrebbe preso il suo posto.

Zia Isabel mi fece sedere sul letto, tra i suoi vestiti disordinati che avrebbe sistemato di lì a poco.

«Penso che alla base di tutto ci sia mia madre, tua nonna Ines…»

Zia mi prese le mani e mi fissò con intensità.

Mi limitai ad ascoltarla senza battere ciglio, concentrandomi un po' sui suoi occhi attenti, un po' sulle sue labbra dipinte.

«Credo che tua madre non t'abbia parlato molto di tua nonna, vero?» prese fiato. «Beh, mi sembra pure giusto» mi lasciò le mani e si mise in piedi per raggiungere l'unica finestra della mia stanza e guardare fuori, la fabbrica di cartone del signor "spada di ferro" oltre il bosco di pini. «Vedi, qualcuno ha detto che spesso c'è chi vive solo ed esclusivamente per pianificare la propria fine. Un progetto abbastanza macabro, se non inquietante, non credi? Eppure tua nonna Ines lo fece, scelse come morire e con chi» rise, poi tossì per schiarirsi la voce.

Rimasi a guardarla mentre il rosso del tramonto aumentava di intensità colorando la mia stanza, come in un quadro di Matisse.

«Ines Parelli aveva una bella famiglia, due figlie incantevoli, come diceva gran parte del vicinato, un marito adorabile, forse anche troppo per lei.»

Zia Isabel raggiunse la mia scrivania e prese fra le mani il barattolo di vetro con i due coleotteri asfissiati, che mi aveva dato Pan. Osservandolo sorrise, poi continuò a parlare: «Una famiglia perfetta, in apparenza. Già, in apparenza. Tutto poteva andare a meraviglia, se Ines non fosse stata incontentabile. Succedeva di notte, quando suo marito tornava dalla miniera di carbone, sporco e stanco dopo una lunga giornata di lavoro. Quelle notti Ines dava di matto, imprecando contro suo marito, contro il fatto che guadagnava troppo poco per sé e per "il resto", chiamava così le sue figlie. *Il resto.* Lei viveva solo ed esclusivamente per le pellicce, i gioielli e le serate passate al pub a sbronzarsi con chi sa chi, in assenza di suo marito.»

Eravamo in pieno settembre eppure il caldo asfissiante d'agosto, non voleva attenuarsi in alcun modo. La mia stanza era un forno, sudavo sotto la t- shirt rossa. Eppure rimasi immobile, ascoltando attento ciò che zia Isabel si affrettava a raccontarmi, con gli occhi lucidi, colmi di una malinconia che le era difficile celare.

«In quelle sere, Ines era solita lasciare a casa le figlie, chiuse nella loro stanza, quella con i merletti e le bambole di porcellana. Delia e sua sorella Isabel, passavano il tempo tenendosi compagnia a vicenda, aspettando che un rumore improvviso le avvertisse che l'auto della madre si era fermata nel vialetto di casa.»

Zia chinò il capo strizzando gli occhi.

«Se non te la senti, non importa» le feci all'improvviso.

«No» rispose secca. «Ho promesso di dirti tutto. Dammi solo un po' di tempo.»

Aprì gli occhi ma stavolta, una lacrima le scivolò via furtiva.

«Accadde poi che suo marito si ammalò, un male ai polmoni dissero i medici, è naturale dopo un' intera vita a respirare polvere di carbone» riprese fiato per l'ennesima volta. «Fu lungo il travaglio, lungo e straziante. I rantoli cupi, i tonfi quando spesso cadeva dal letto. Delia e Isabel non riconoscevano più loro padre. Per Ines, beh, per lei diventò più una sorta di eterna sfida contro le maldicenze che cominciavano a nascere sul suo conto. Sarebbe rimasta a casa rinunciando alle sue scorribande notturne e avrebbe dimostrato a tutti che teneva a suo marito e all'amore della sua famiglia. Naturalmente ciò non diminuì le sue piazzate isteriche.»

Zia mi diede le spalle guardando ancora fuori dalla finestra.

«Perdente!» gridava. «Sporco di un perdente fottuto! Mi hai rovinato l'esistenza!» e ciò si ripeteva ogni giorno, ogni sera e anche di notte. A volte Ines gridava così tanto che a Delia e a Isabel sembrava che nelle credenze i servizi di tazze e le porcellane vibrassero, prossimi a esplodere in mille pezzetti.»

Zia Isabel finì di parlare e tirò un lungo sospiro di sollievo, quasi come se si fosse liberata, almeno in parte, di un peso che da tempo la caricava. Cercai di riassumere nella mia mente ciò che avevo appena sentito, anche se il tutto mi spiazzava in modo indescrivibile.

Non immaginavo che il peggio dovesse ancora giungere.

«Ho odiato mia madre più di ogni altra cosa al mondo, credimi Vin, tutta la mia vita l'ho passata a tentare di trovare un modo per annientarla, vederla soffrire, farle provare tutte le atrocità a cui lei stessa ci sottoponeva. Beh, non è servito a molto, si è annientata con le sue stesse mani. In fondo si sa, il male che fai ti torna indietro prima o poi, in modo del tutto casuale. Posso comunque dire che mi sono risparmiata la fatica» sorrise forzata.

Ero senza parole, sapevo che qualunque cosa avessi detto in quel momento sarebbe stata fuori luogo. Preferii rimanere in silenzio e attendere il resto del racconto.

«Accadde un giorno di ottobre. Delia e io tornavamo da scuola passando per il sentiero di ghiaia del boschetto...»

Aveva cambiato espressione, nella voce c'era un che di rabbioso e in più iniziò a parlare di lei in prima persona, quasi come se tutto ciò che mi aveva appena raccontato fosse in realtà appartenuto a un'altra storia, ad altri personaggi e che la vera storia fosse appena cominciata.

«Vedemmo la luce lampeggiante dell'ambulanza. Capimmo subito che qualcosa era finito... per sempre.»

«Cosa... era finito?» domandai, tremante.

Zia Isabel attese in silenzio, un istante pieno. Prese fiato e chinò il capo triste.

«Nostro padre, la famiglia, la nostra innocenza...»

«Non ti seguo.»

Zia rise.

«Come potresti» fece poi.

Mi raggiunse e si sedette nuovamente al mio fianco. Mi guardò, gli occhi lucidi e rossi, fissi nei miei.

«Vincent Parelli non è nulla, la persona che hai visto deperire nella stanza accanto, in questi ultimi giorni, è soltanto l'essere che prese il posto di mio padre, il diavolo che uccise mia madre, il demone che ha tentato di distruggere la tua famiglia...»

Fu allora che una parte di ciò che credevo fossero state le mie convinzioni scivolò via da me, come una coltre di seta leggera.

E morii per la prima volta.

Non ebbi quasi il tempo di rimuginare su quello che zia Isabel mi aveva appena confidato, che sentimmo bussare alla porta. Qualche istante dopo mia madre era sulla soglia, in camicia da notte e pantofole, i capelli arruffati e gli occhi stanchi, mal riposati.

«Ho bisogno di parlarti, Isabel, è importante» fece un sorriso appena accennato.

«Sì» anche zia Isabel sorrise. «Vengo subito.»

«No» intervenni. «Entra pure, mamma, io esco un po', ho bisogno di prendere aria.»

Guardai zia Isabel.

«Continuiamo dopo» le dissi serio. «Io esco in giardino.»

Zia accennò un sì con la testa e lasciò che andassi via senza batter ciglio.

30

Quel pomeriggio la brezza marina era calda e sinuosa. Seduto sotto il gazebo di oleandri bianchi, pensavo a mio nonno, a ciò che zia mi aveva detto sul suo conto. E parte di me stentava ancora a crederci.

«È un demone!» aveva detto. «Ha tentato di distruggere la tua famiglia.»

Intanto Fiorenza si dava da fare con i fornelli. Dalla finestra della sua cucina mi giungevano aromi saturi di spezie orientali, essenze piacevoli. Chinai il capo portandomi le mani al viso e piansi.

Zia Isabel non tardò a raggiungermi. La vidi da lontano scendere le scale della veranda e attraversare il giardino per venire verso di me.

«Tua madre sta meglio, sai?» mi disse, il viso sereno, appagato.

«Che ti ha detto?» la guardai, curioso.

«Mi ha chiesto scusa...»

«Di cosa?»

«Beh, un po' per tutto. Vuoi che ti racconti l'altra parte della storia?»

«Sì» risposi secco.

Mia zia prese posto accanto a me, sulla panchina di marmo del gazebo.

«Cosa c'è ancora?» parlai di nuovo.

«Tutto il resto» zia sospirò, lo sguardo perso nel vuoto. «Ascoltami bene, ascoltami con attenzione, Vin, perché sarà la prima e l'ultima volta che te ne parlerò. È una storia vecchia questa, che deve essere dimenticata ora che tutto è finito. Mi capisci?»

Non attese da me una risposta, sapeva che non ero in grado di rispondere in alcun modo. Dissi solo: «Chi è Vincent Parelli?»

Con gli occhi fissi al prato di fronte, zia rispose cominciando da dove aveva interrotto.

«Tuo nonno Etienne aveva un fratello, Vincent, che con lui lavorava alla miniera di carbone. Spesso Vincent si fermava a pranzo da noi, i giorni di festa. Era solito regalare a me e a Delia, braccialetti e collanine colorate. A noi Vincent piaceva, a Delia soprattutto, lei ne era del tutto invaghita. Ne parlava in continuazione...» Prese fiato, quindi continuò: «È strano a volte il destino, certe cose spesso capitano perché devono capitare. Eppure sono certa che non fu così per noi. Il diavolo, o qualcun altro, ci mise il suo zampino. Vincent e mia madre erano soliti vedersi anche da soli, quando papà non c'era. Un giorno vidi lui uscire dalla camera dei miei tirandosi su le braghe. Mia madre si acconciava frettolosa il decolleté di pizzo e vidi le lenzuola del letto... sporche. Quanto è vero Iddio! Sporche di carbone!»

«È una storia così assurda!» feci, stordito, le mani a reggere la mia testa dolente.

«Sì, ma...» zia Isabel sospirò «essere tristi non ha più senso ormai, è passato tanto tempo, ma ovviamente ti capisco. Hai detto addio al tuo "paese delle meraviglie", ti senti sperduto. Ma non sei da solo, piccolo Vin, non lo sei.»

«Voglio che continui a raccontare, dimmi tutto, voglio sapere ogni cosa!»

Il mio tono suonò quasi scontroso, ma zia Isabel parve non dargli troppo peso e proseguì.

«Quando papà morì, Vincent venne a vivere con noi per un po' e sposò mia madre qualche anno dopo.»

Alzai il capo e restai ad ascoltare con attenzione, cercando di memorizzare e fissare nella mente tutto ciò che zia mi diceva. Era arrivato il tempo delle spiegazione e io ne avevo bisogno.

«L'idillio però durò poco. Una sera Vincent venne in camera mia e di Delia. Noi dormivamo, si avvicinò a me, mi svegliò e rimase lì a fissarmi aspettando che prendessi conoscenza. Mi chiese di andare con lui, di seguirlo in salotto per guardare insieme la TV. Così feci, in fondo era il fratello di mio padre e gli volevo bene.»

«Cosa accadde?»

«Vin, ora non piangerò, credimi, non piangerò per quello che sto per dirti perché questa storia non merita più le mie lacrime... Non piangerò capito?»

Si mise in piedi e mi diede le spalle raggiungendo una delle colonne del gazebo alla mia sinistra.

«Cosa accadde quella sera, zia?» domandai ancora.

Avevo capito, in fondo era come se sapessi già tutto, arrivato a quel punto sembrava tutto così prevedibile, ma volli sapere lo stesso. Capii allora che era arrivato il momento giusto per distruggere definitivamente i miei muri di buoni giudizi.

«"Mi vuoi bene Isabel, tu mi vuoi bene?" mi chiese. "Faresti una cosa per me?" Stupida incosciente! Stupida, stupida incosciente!

Ma una bambina di soli dieci anni che ne poteva sapere, cosa? Dimmelo! Dimmelo tu come poteva una bambina di soli dieci anni, che fino ad allora aveva sempre giocato con le bambole, sapere che certe cose non andavano fatte?»

«È assurdo!» esclamai.

«No» fece secca lei.«Non lo è affatto, è più reale della realtà stessa. È accaduto a me.»

«Sì, scusami» sussurrai dispiaciuto.

«Non devi scusarti, anzi, è anche fin troppo per te, ne sono consapevole, ma vedi, non si può vivere oscurando i motivi che ci hanno condotto fin qui. La tua storia, Vin, il solo fatto che tu esista è legato in modo del tutto diretto con quello che io e tua madre abbiamo passato. Il nostro passato appartiene anche a te e a tuo padre e a Dav e a chiunque altro significhi qualcosa per noi, per la nostra famiglia.»

Avevo ascoltato a fondo mia zia, fissando le sue spalle. E non avevo parlato. Lei si voltò e mi raggiunse nuovamente, per fermarsi di fronte a me e guardarmi negli occhi.

«Da quella sera cominciò a farlo molto più spesso. Mi svegliava nel cuore della notte e mi chiedeva di andare con lui in salotto. In cuor mio cominciai a pensare che fosse tutto sbagliato, che qualcun altro oltre a noi, avrebbe dovuto saperlo...» rise. «Così una mattina lo dissi a una mia compagna di scuola. Lei mi guardò sconvolta, mi disse che suo padre non le aveva mai chiesto di mettergli una mano nei pantaloni, che di solito i padri non lo fanno!» rise di nuovo. «E così lo dissi anche a mamma. Non volle credermi, ovviamente, eppure quella stessa sera sentii lei e Vincent litigare. Da allora dormii tranquilla.»

«E mamma? A lei lo dicesti?» chiesi, curioso.

«Oh, sì che lo feci! Delia l'ha sempre saputo, ma tua madre, Vin, ha sempre dato peso solo alle sue convinzioni. Delia viveva in un mondo tutto suo. Lei di Vincent era innamorata!»

«Cosa?» mi stupii. «Innamorata?»

Zia Isabel si sedette di nuovo al mio fianco.

«Innamorata» ripeté. «Qualche anno dopo Vincent ricominciò e questa volta non svegliò più me...»

Nascose il viso tra le mani.

«Una notte mi accorsi che Delia non era nel suo letto, così abbandonai la stanza e raggiunsi il corridoio. Mi accorsi subito della luce blu della TV che illuminava il salotto. Pensai al peggio, immediatamente... Poi la vidi lì, seduta sulle sue ginocchia. Lui... lui la toccava...» prese fiato poi continuò «Gridai, ricordo che gridai! Lo feci così forte da farmi bruciare la gola! Loro si voltarono e Delia mi raggiunse. "Va tutto bene!" mi disse. "Torna a letto!" Fu allora che vidi il suo sguardo e capii... Delia era furiosa, furiosa con me, perché l'avevo scoperta, perché li avevo disturbati.»

Ricordo che aprii la bocca dallo stupore e restai immobile, osservando il viso di mia zia che non accennava a tradire nessuna emozione.

«Penso che sia troppo per me adesso!» dissi e mi misi in piedi.

«Fa' come vuoi!» zia mi diede nuovamente le spalle. «Io ci ho provato a dirti come stanno le cose, sta a te ora decidere se continuare ad ascoltarmi o andare via.»

«È davvero troppo per me!» ripetei. «Non posso...» alzai le braccia in segno di sconfitta. «Pretendi che creda a un mondo del tutto diverso. A fatti, personaggi, che non hanno niente a che vedere con me e con tutto ciò che ho vissuto fino a ora. È... è da pazzi, zia Isabel, e io, almeno per ora, non voglio impazzire!»

«Allora va' via... cosa aspetti?» cominciò a fissarmi. «Quello che è certo è che non aprirò più questa ferita per nessuna cosa al mondo! Non chiedermelo più, intesi?»

«Sì» risposi, poi chinai il capo e andai via.

31

Papà era sulla veranda, fermo, a contemplare il mare di fronte. Mi affrettai a raggiungerlo e gli sorrisi, forzato.

«C'è un bel tramonto, non credi?» mi fece. Poi, sempre continuando «E una bella aria. Sai? Se ti concentri a fondo riesci quasi a sentire il canto delle sirene.»

«Ci sentiamo romantici...» insinuai sarcastico.

Lui sorrise.

«Eri con tua zia?»

«Sì» risposi.

«Cosa ti ha detto?»

«Non voglio parlarne.»

Chinai il capo e feci per entrare in casa, ma papà mi afferrò una spalla e mi costrinse a voltarmi e a guardarlo negli occhi.

«Dalle retta!» esclamò. «Isabel non è certamente venuta per alimentare inutili pettegolezzi.»

«Tu cosa sai?» chiesi curioso.

«Cosa vuoi sapere?»

«Non lo so. Forse niente, forse tutto...»

«Se hai un po' di tempo ti dirò tutto.»

«Non sono convinto di voler sapere davvero come stanno le cose.»

Raggiunsi l'amaca e mi ci sedetti.

«E allora prendila adesso una decisione, non c'è tanto tempo. Le cose si stanno mettendo a posto, manchi solo tu...»

Alzai gli occhi e guardai mio padre.

«Per anni» lo accusai «mi avete tenuto all'oscuro di tutto, tu nella tua barchetta, mamma qui a lamentarsi... ho sempre dovuto cavarmela da solo e ora ve ne uscite tutti con questa smania latente di raccontarmi i fatti!»

«Scusaci figliolo» mi venne vicino. «Scusaci tutti, ma è successo ora. Si dice meglio tardi che mai, giusto?»

«Sì» sussurrai senza guardarlo.

«E allora?»

«Racconta, finiamola.»

Papà mi si sedette di fonte, su una delle sedie di vimini della veranda, e cominciò la sua storia.

«Ho amato tua madre, Vin» disse serio, gli occhi fissi su di me. «E l'amo ancora. Ma, vedi, ci sono cose destinate a non poter continuare, le stesse cose che ti accadono perché devono accadere, quelle cose che ti rendono difficile l'esistenza, che ti fanno desiderare di troncare tutto pur di non doverle sopportare. Bene o male si presentano a tutti. Servono a farti crescere, a farti capire come va il mondo, a disilluderti trascinandoti fuori da quei mondi fittizi che tu stesso ti crei. Beh, tua madre, Vin, per me è stata una di quelle cose, per questo l'ho amata e per questo l'amo.»

Chinai il capo per evitare di fissarlo, poi parlai.

«L'hai sempre saputo, vero?» presi fiato. «Hai sempre saputo di nonno Vincent e tutto il resto… e l'hai accettato.»

«Sì» sentii solo.

«Perché?»

Papà rimase in silenzio per qualche secondo, poi parlò, la voce ridotta a un rantolo sordo, singhiozzando.

«Perché non avevo scelta!» tirò su col naso. «All'inizio accettai la condizione da eroe… Credevo di riuscire a sciogliere l'incantesimo che teneva prigioniera Delia. Pensavo di interpretare la parte del valoroso guerriero, o dello Stregatto. Ricordi Alice? Le indicò la strada giusta per il castello della regina di cuori» prese fiato. «Ma non c'ho messo tanto a capire che in realtà, nonostante anche Delia mi volesse bene, il suo cuore era prigioniero di una forza più grande di me. Come Edipo con sua madre o Fedra con Ippolito. Tuo nonno l'aveva trasformata nel mostro che lui stesso era, le aveva messo delle gambe di carne quando la sua natura era sempre stata quella di nuotare con una coda di pesce, come le sirene.»

Tacque.

«Non piangere.» Gli cinsi le spalle con un braccio. «Ti voglio bene papà.»

«Non sono stato un vigliacco, figliolo, credimi» nascose il viso nelle mani. «Ho cercato di fare il possibile, ma un amore non del tutto ricambiato è come un cuore senza battiti... morto.»

«Come conoscesti mamma?» domandai dopo.

Papà si asciugò le lacrime.

«A una festa. Una volta sul molo organizzavano delle fiere. La gente del vicinato si riuniva e barattava la propria roba. Si ballava e si mangiava tanto. Tua madre quella sera aveva un vestito rosa con le maniche a sbuffo e i merletti. L'avevo già vista in giro. Tutti compreso me conoscevano le dicerie sulla sua strana famiglia. Sua madre era morta da poco, c'è chi disse di crepacuore, chi pensava che si fosse suicidata. Ciò che è certo è che tutti pensavano che con la morte di quella donna Delia e Isabel potessero respirare un po' d'aria pulita. Le chiamavano "le ragazze tristi". E lo erano davvero.»

«Era da sola?»

«No, c'era anche Isabel, ma in quel periodo si vedeva con un tipo, un certo Marcel Sartine, un francese di Bordeaux. Per tutta la sera non fecero altro che amoreggiare sul molo... Poi c'era Vincent, si teneva a debita distanza da Delia, ma la sorvegliava... Oh, certo che la sorvegliava!»

«Cosa accadde?» chiesi curioso.

«Mi avvicinai a lei e le chiesi di ballare. C'era una allegra sinfonia di Mozart che un carillon intonava da un angolo nascosto.» Tacque ancora e riprese subito dopo. «Arrossì e mi diede dello sfrontato, poi però accettò il mio invito.»

«E ballaste?»

«Oh sì, certo che ballammo! Lo facemmo per ore e parlammo molto anche» riprese fiato. «Capii di amare Delia da quel momento. E da quel giorno in poi diventammo inseparabili.»

«Lei ti amava?»

«A modo suo sì. Vincent era sempre presente, al paese tutti mi dicevano che avrei fatto meglio a trovarmi un'altra ragazza, che Delia mi avrebbe solo portato guai ma, vedi, a un cuore innamorato non puoi chiedere di non battere, a degli occhi invaghiti non puoi imporre di chiudersi per sempre. Delia era in me, in ogni mio movimento, in ogni parte del mio corpo, era l'aria che respiravo, il sole che vedevo sorgere al mattino e morire la sera, dietro i monti. Delia era me...»

Il sole stava scomparendo, presto l'imbrunire avrebbe preso il sopravvento e le stelle avrebbero illuminato la notte... Ci sarebbero state stelle?

Immaginai mia madre danzare con mio padre alla fiera del paese, la musica del carillon che suonava e la gente che banchettava e applaudiva divertita.

«Perché mamma accettò di sposarti?» chiesi poi.

«Eh...» sorrise. «Spesso si dice che siamo noi padroni del nostro destino, delle nostre scelte, in parte è così, io ci credo. Ma quando abiti in una piccola cittadina dove bene o male si conoscono tutti, gli sguardi pungenti della gente ti feriscono» guardava di fonte il mare calmo. «Li senti bisbigliare alle spalle, ti senti dare del triste, dell'infelice, e allora capisci che sono loro ad averla vinta, tu non puoi farci nulla» tacque. Poi riprese «Ecco perché tua madre decise di sposarmi ed ecco perché io decisi di sposare lei.»

«E nonno Vincent?»

«Un uomo indegno di vivere. Tua nonna Ines sapeva tutto, lo sapeva dal primo giorno. Per questo odiava tua madre, lei era giovane, bella, e l'uomo che amava amava le ragazzine... Per questo anche lui accettò che sposassi Delia.»

«E il resto?»

«Cosa?»

«Tutto quello che accadde dopo.»

«Non ricordo più nulla, ho rimosso ogni cosa... grazie a Dav. Certi ricordi fanno male, per questo è meglio voltare pagina a volte e ricominciare dall'inizio. Quella di averti abbandonato è l'unica colpa che ho, ma in fondo non si è umani se non si è un po' egoisti.»

«Ho vissuto nella menzogna, papà, tu lo sapevi e non mi hai mai detto nulla, è questa la tua vera colpa.»

«Beh, è la colpa un po' di tutti, di me, di Dav, di tua madre, di tua zia Isabel. Scomunicaci pure, fa' quello che vuoi, ora che sai le cose come stanno, ora che sei grande abbastanza da cavartela da solo.»

«Non ho intenzione di abbandonare nessuno di voi, siete tutto ciò che ho, la mia famiglia. Forse avrò solo bisogno di un po' di tempo per fare chiarezza su tutto quello che ho sentito oggi.»

Papà guardò verso il giardino. Zia Isabel se ne stava sola, a pensare, con le braccia incrociate.

«Va' da tua zia, forse ha altro da dirti, io ho terminato.»

«Le ho appena detto che non volevo ascoltare più nulla.»

Mi sentii in colpa.

«Dille che ti sei ricreduto, capirà, in fondo è venuta anche per questo, per fare chiarezza nella tua vita.»

32

Scesi gli scalini del pianerottolo e mi avviai verso il gazebo.

«Come andò il resto?» gridai.

Mia zia mi guardò accigliata.

«Ti avevo detto che se andavi via non ti avrei raccontato più nulla, era un patto!» parlò, venendomi incontro. Le braccia sempre incrociate al petto.

«Lo so, ma ho parlato con papà e ora ci tengo a sapere il resto.»

«Non c'è più nulla da dire.»

«Perché andasti via anche tu?» insistetti.

«Tu cosa credi?»

«Non lo so... Egoismo? Semplice voglia di evasione?»

«Egoismo?» zia Isabel alzò le spalle. «Non puoi parlare di egoismo, non con quel tono accusatorio. Non sono un'egoista né tanto meno lo sono stata in passato.»

«E allora perché?»

«Perché?» sorrise. «Se tuo padre ti ha aperto gli occhi puoi capirlo da solo.»

«Preferisco sentirlo dalla tua bocca.»

Mi raggiunse, rimase un istante in silenzio e si accostò a me invitandomi a passeggiarle a fianco.

«Era triste tuo padre, veniva da me a volte, di pomeriggio, e piangeva. Gli dicevo di lasciar stare, che Delia non lo meritava ch non meritava tutto il suo amore, ma lui insisteva, diceva di amarla più di se stesso, ma che non poteva andare avanti così. Raramente potevano stare da soli, Vincent era sempre lì... Suona strano, vero? eppure la notte Delia abbandonava tuo padre e correva da Vincent» riprese fiato. «Poi arrivò Dav, tuo padre perse il lavoro ma alla fine trovò uno spiraglio di luce. Dav riuscì a dare a Cris ciò che tua madre non seppe mai dargli, l'amore che aveva sempre desiderato» si fermò e sorrise. «Che strano, vero? Dico, che strano a volte il destino! Tuo padre sposò tua madre per mettere a tacere le chiacchiere della gente, ma con l'arrivo di Dav passò lui dalla parte del perverso.» Prese posto nuovamente su una delle panche del gazebo. «Diventarono due eremiti, lì al porto, e le cose si aggravarono con la morte dei genitori di Dav, ma quando c'è l'amore anche gli ostacoli più insormontabili ci appaiono facili da varcare. Sai? Ero io a istigare tuo padre, i primi giorni, a frequentare Dav. Ricordo che a volte venivano da me, tutti e due. Oh, quanto erano belli! Davo loro le chiavi della stanza degli ospiti e rimanevano lì, tutto il giorno, chiusi fino a tardi. Da sotto li sentivo ridere, quando c'era silenzio nell'aria potevo ascoltare anche i loro respiri mentre dormivano. Sì, si può dire che sono stata una sorta di cupido. Li ho amati e li amo come mai nessuno» tacque. «Sono in parte opera mia!» scherzò.

«Ricordo che una volta mamma si chiuse nel bagno e si riempì di pillole… In quel periodo lei e papà litigavano parecchio» dissi.

«Già, lo ricordo, Delia vide crollare il suo mondo di carta velina. Mi incolpò di essere stata perfida, di aver voluto la sua separazione. E io che potevo dirle? Capii che almeno su di lei non avevo alcun potere di persuasione. Provai a parlarle, a dirle che avrebbe fatto meglio a scappare via, allontanarsi da quel demone maligno che le stava rubando la vita ma lei disse che non esistevano demoni, che non ero più sua sorella dal momento in cui avrei deciso di andare via per sempre.»

Per un attimo ricordi offuscati d'infanzia mi giunsero alla mente come sprazzi di luce improvvisa, flash abbaglianti. Ricordai l'accesa discussione di mia zia e mia madre. Ricordai di averle spiate.

«E andasti via, non è così?» chiesi. «Lo facesti lo stesso.»

«Lo feci lo stesso, certo» riprese fiato. «Prima ti dicevo che c'è gente che sceglie come finire, e con chi. Tua madre cadde nella stessa trappola di tua nonna. Vincent le avvolse entrambe nella sua tela di ragno. Ines morì di crepacuore, tua madre rischiava di fare la stessa fine se non si fosse decisa a...» Si interruppe, chinò il capo ed esitò.

«A fare cosa?» la incitai a parlare.

«Lo sai, vero? È stata lei... è stata tua madre a ucciderlo.»

«Sì» feci solo.

«Nella lettera c'era tutto, mi ha scritto ogni dettaglio. Le servivano soldi per il funerale e qualcuno che la sorreggesse e l'appoggiasse se qualche persona avesse avuto da ridire sulla sua morte improvvisa. Ma non serve, per tutti adesso la sorte delle "sorelle tristi" non è più segnata. E tutti bene o male sanno. Vincent è morto di cancro, come tuo nonno, è tutta colpa delle miniere di carbone.»

* * *

E fu così che svanì l'intera mia innocenza.

Entrai in un nuovo mondo e tutti i ricordi, gli istanti di vita passati con la mia famiglia fin a quel momento, mi apparvero nella loro reale veste. Bugiardi, ipocriti. Falsi.

33

Quando entrai in casa, l'atmosfera chiusa mi costrinse quasi ad arretrare. Le finestre sbarrate non facevano trapelare nessun barlume di luce, tutto era immerso in una spettrale e insolita penombra dentro la quale mi erano chiare solo le sagome dei mobili e quella di qualcuno seduto a capotavola, al centro della cucina.

Quel qualcuno parlò.

«È valso a qualcosa aver vissuto certi momenti?» prese fiato. «Stento a credere che siano davvero andate così le cose...»

«Mamma!» esclamai, affrettandomi a raggiungere l'interruttore della luce. Lo pigiai. Il neon mi abbagliò all'istante. Guardai mia madre fissare il niente davanti a sé, il viso sconvolto. Continuò col tono triste e amareggiato.

«Quando si alludeva al male dell'anima o al mare... è pure finzione il bisogno d'amare?»

«Bisogno d'amare?» feci, poi la raggiunsi e mi sedetti al suo fianco. «Come puoi parlare d'amore?»

«Come dici?» si voltò verso di me e mi fissò a lungo.

«So tutto adesso. Non c'è alcun tipo d'amore. Quello a cui tu alludi è ben altro... la tua è semplice ossessione!»

«Sai tutto?» si stupì, mi carezzò una guancia .«Che altro posso dirti allora se non chiederti scusa. Che altro, figlio mio? Ma tu, parli di ossessione quando poi l'amore è suo compagno. Ossessione, passività, passione... egoismo!»

«Egoismo?» sussurrai.

«Certo! Lo siamo stati un po' tutti. Tra di noi e con te soprattutto. Egoisti! Mi odi adesso?» Mamma chinò il capo.

«Non lo so, forse sì... forse vi odio un po' tutti. Ma papà dice che non si è umani se non si è un po' egoisti e molto probabilmente lo sono stato anche io col fatto di non voler sapere come stavano veramente le cose, legato ai miei stereotipi di "mondo perfetto".

Qualche giorno fa Pan ha gettato via i suoi libri di favole e svuotato le sue mensole, io non ne avrei mai avuto il coraggio. Come voi sono egoista, il mio egoismo è l'essere ancora troppo poco maturo, il mio egoismo è la paura di cambiare...»

«Ho ucciso l'uomo che mi ha ridotta in questo stato, lo sai vero?»

«Sì.»

«Sono un mostro!»

«Hai fatto ciò che era giusto fare! Prima o poi qualcun altro l'avrebbe fatto al tuo posto, se non la morte stessa.»

Mamma pianse, mi strinse le mani e parlò.

«Sei un uomo, Vin, sei il mio piccolo grande uomo!»

Sorrisi.

Quello stesso giorno presi tutte le foto di nonno Vincent e le bruciai. Consumai una scatola di fiammiferi e vidi i piccoli istanti della mia finta vita passata svanire tramutandosi in cenere, assieme ai sorrisi fittizi e alle smorfie che un tempo mi avrebbero fatto tanto ridere.

34

Quando calarono giù la bara e il prete la benedì, nessuno pianse a parte me. Piansi per rabbia, per tutta la rabbia che avevo accumulato, che mi era rimasta dentro per tanto tempo.

C'erano tutti, li potevo vedere benissimo: mamma accanto a zia Isabel, papà e Dav, la signora Fiorenza col vestito nero lungo, Pan al mio fianco con sua madre e Ivan, sceso da poco in città.

Quel giorno il mio amico mi rivolse a stento la parola. Con una mano mi serrava la vita per darmi forza, quasi come un dovere, nulla di più. Mi dispiacque ma non glielo feci notare.

Gemma diede le cordiali condoglianze ai miei, lo stesso fece Ivan, poi, a capo chino andarono via senza altre chiacchiere.

Capii che qualcosa non andava, capii che forse non tutto era finito.

Pan raggiunse i suoi mantenendo le distanze, quasi come fosse stato complice di un reato grave e imperdonabile.

Lo chiamai.

«Pan, Pan!»

Si voltò.

«Devo andare» mi disse.

«Qualcosa non va?» chiesi.

«Nulla.»

Lo vidi scomparire zoppicando in prossimità di un dosso, dietro le lapidi di marmo.

Tutto il resto accadde quella notte.

Sapevo che era un sogno ma non volevo svegliarmi.

Non c'era più il vasto prato di papaveri. Ero, invece, nel quadro di Dav, dall'alto vedevo la donna galleggiare a pancia sotto sul pelo dell'acqua stagnante e la scia di coleotteri mi ronzava sulla testa come il rumore fastidioso delle trebbiatrici.

«È morta per amore!» sentii dire a qualcuno.

«Passione!» obiettò qualcun altro.

«Perversione!» sentii ancora.

Voci cupe, lontane, quasi sussurri nella notte fitta e buia.

Rimasi ad ascoltare, io, librandomi nell'aria, dall'alto della mia visione.

E vidi mio padre e Dav e Pan.

Sì, vidi Pan.

Mosse le labbra per dire qualcosa e io riuscii a leggergli il labiale nonostante non uscisse alcun suono dalla sua bocca.

«Mi sono perso» disse.

35

Per la prima volta dopo tanto tempo sentii squillare il telefono nel cuore della notte. Sussultai, per il sogno e per il suono insistente.

Restai qualche istante ad ansimare sudato, sotto le coperte sottili, poi mi decisi e raggiunsi il corridoio.

Il telefono continuava imperterrito. Sembrava che solo io me ne fossi accorto. Tutta la casa era immersa in un sonno profondo.

Dalle finestre di fronte, ora aperte, filtrava il blu rilassante della notte piena di stelle luminose. Le potevo vedere benissimo.

Risposi premendo forte la cornetta all'orecchio.

«Beet!» fece una voce all'altro capo.

«Pan!» lo riconobbi. «Che ore sono?»

«È tardi, è davvero troppo tardi» la voce tremante mi fece allarmare. «Ma ho bisogno di te, ho paura...»

«Vengo subito, il tempo di vestirmi!» esclamai.

«Bene» fece lui. «Non tardare.»

Riagganciai e per un attimo, stralunato, mi sentii preda di un attacco d'ansia. La testa cominciò a pesarmi e vidi il corridoio farsi più lungo davanti ai miei occhi.

A stento riuscii a raggiungere la mia stanza con il cuore che mi batteva a mille. Immaginai per un istante i coleotteri della mia camera uscire fuori dalle loro celle di vetro e assalirmi il viso. Mi rivestii e lo feci in fretta ripetendomi in continuazione che era solo la mia immaginazione, che avrei fatto meglio a calmarmi. Ma i battiti del cuore difficilmente possono essere quietati. Quel giorno non ci riuscii.

Uscii di casa di fretta e neanche il vento leggero che giungeva dal mare riuscì a tranquillizzarmi. Passai per i campi di grano falciati, per raggiungere casa di Pan. L'insegna del ristorante *Chela di granchio* spenta, il mare calmo, il rumore della risacca, tutto dormiva, tutto tranne il mio cuore, tranne me, tranne tutto ciò che mi attendeva.

36

Entrai in casa di Pan senza bussare, girando il pomello della porta d'ingresso e rendendomi conto che era già aperta.

Anche lì regnava la penombra, riuscivo a malapena a distinguere le sagome dei mobili ma non ci misero molto i miei occhi ad adattarsi. E vidi il mio amico, seduto a terra, nell'atrio, accanto al mobile dove era posto il telefono. La schiena poggiata alla parete, il capo piegato sulla spalla.

«Pan!» esclamai.

«Grazie Beet, grazie per essere passato.»

«Cos'è successo?»

Gli occhi lucidi di Pan luccicavano nella perenne tenebra, li vedevo benissimo. Fu allora che mi raccontò tutto.

«Ho assaggiato il frutto del peccato, Beet» tacque, poi riprese subito dopo. «Ho dimenticato come si gioca, ho scordato i miei anni e fatto cose che non avrei dovuto, non ora almeno e non con lei... Non con lei, capisci?»

La voce vibrante tradiva un pianto represso.

«Dici cose strane!» feci. «Non ti seguo, Pan.»

«L'avevi detto tu» rispose. «Ricordi? Un giorno mi chiedesti se avevo segreti e se era giusto che te li dicessi.»

«Sì, e con questo?»

«Ti dissi che non era il caso, che certe cose spesso è meglio che rimangano segreti altrimenti verrebbe la... fine del mondo.»

«Sì, ricordo.»

«Ecco, la fine è vicina, Beet. Ora puoi sapere tutto anche tu.»

Non parlai, aspettai che fosse lui a continuare.

«Spingendomi oltre il possibile ho fatto in modo che non ci fosse più alcuna logica...»

«Continuo a non capire.»

«Eppure è così semplice... Gemma non poteva avere figli perché Ivan è sterile!»

«Dio!» mi portai una mano alla bocca, in quella minuscola frazione di secondo un nuovo muro della mia decadente innocenza crollò.

«Lo sapevano, per questo mi hanno adottato. Ivan lo sapeva, sapeva che sarebbe andata a finire così. Così come Fedra e il suo Ippolito. Lui avrebbe recitato la parte di Teseo...»

Rimasi ancora in silenzio, allibito dalle parole del mio amico.

«Non amo Gemma, ma lei ama me. Questo pomeriggio lei e Ivan hanno litigato, Ivan ha cambiato idea, non vuole più il bambino, non vuole più mio figlio... e forse non lo voglio nemmeno io. È l'unica vera vittima di questa storia, quella creatura!»

«Dove sono adesso?»

«Ivan è andato via, ha detto che qui non ci tornerà più» rise. «Che strano, non credi? Gemma mi disse che l'idea era stata sua. Avrebbe adottato un ragazzo, una macchina fecondatrice, un oggetto di piacere per quella donna sempre sola a cui lui non poteva provvedere» riprese fiato. Poi continuò «Ma recitare la parte dell'incosciente non gli calzava più. Pensare a sua moglie scopata da suo figlio non gli andava più bene. Mi hanno rubato l'innocenza, Beet, mi hanno distrutto.»

«Gemma dov'è?»

«Non lo so, è scappata via. Non mi importa.»

«Dobbiamo trovarla, non può andare in giro nelle sue condizioni!»

«Dammi una mano ad alzarmi, Beet, portami al mare.»

Portai Pan in spiaggia, trascinandomi a stento. Ci gettammo sulla sabbia a peso morto, sfiniti, e rimanemmo in silenzio, fin quando non mi decisi a parlare.

«Tu dove credi sia andata?»
Pensai a Gemma sola, nel buio della notte.
«Non lo so, non mi importa...»
«Sei crudele!»
«No!» fece. «Sono stanco!»
Si mise seduto e guardò il mare di fronte.
La risacca suonava dolce, soave, ma non bastava a placare l'irrequietezza dei nostri animi.
«Guarda dritto, innanzi a te» fece poi. «Ci sono i pesci, saltano! Li vedi?»
«Sì» confermai.
Quasi prede di una danza incantata, alcuni pesci sgusciavano dai flutti e, piroettando nell'aria, si rituffavano divertiti.
«Ho sonno.»
Il mio amico poggiò la testa sulla mia spalla.
«Cosa pensi di fare adesso?» gli chiesi.
«Non lo so, posso venire a stare da te? Se ti va...»
«Certo» sussurrai.
E a quel punto la vidi.
Una luce in lontananza, nell'acqua, farsi sempre più vicina. Come una lucciola, si avvicinò sempre di più. Illuminò il pelo dell'acqua e i dorsi squamosi dei pesci salterini.
D'improvviso mi ricordai di papà, di Dav e del loro progetto di compiere un viaggio in barca, una volta aggiustato il peschereccio.
Ed eccolo, quasi come un vascello venuto da chissà dove per salvare eroi naufraghi, il peschereccio raggiunse il bagnasciuga e si fermò a pochi passi da noi.
Vidi Papà e Dav scendere.
Mi misi in piedi e lasciai che Pan crollasse sfinito sulla sabbia.
«Cosa fate in giro a quest'ora della notte?» Papà mi scosse.
«È per Pan, voleva venire al mare. È rimasto da solo, papà... Ivan e Gemma l'hanno abbandonato.»

«Povero ragazzo» esclamò Dav, si avviò verso Pan e lo prese tra le braccia.

«Venite con noi in barca» papà mi aiutò a salire. «Tra un po' ripartiamo, avevo dimenticato di avvertirti. Volevo invitarti con noi, un po' di aria buona ti farà bene.»

«Grazie» feci.

Papà l'aveva proprio aggiustato bene il peschereccio. Sul fondo non c'erano più incrostazioni e il ponte era ben levigato quasi fosse nuovo.

Ci sistemarono di sotto, nel letto grande. Ringraziai per l'ennesima volta mio padre e vidi Dav carezzare la fronte di Pan.

Mi addormentai.

Rimasi a dormire per un paio di ore, credo, non di più, perché quando mi svegliai c'era l'alba e il cielo non era ancora del tutto chiaro. Pan non era al mio fianco. Al suo posto la sagoma della sua testa sul cuscino umido.

Sentii delle voci.

«È lei!» fece papà.

«Avvicinala!» disse Dav.

Provenivano dal ponte. Stordito, uscii e mi guardai attorno.

Pan era lì, seduto a terra in un angolo, le ginocchia al petto, il viso fisso nel nulla.

«Pan?» lo chiamai. «Come ti senti?»

Mi guardò.

«Non lo so» fece. «Mi sono perso...»

Dav si voltò verso di me.

«Vin, non guardare!»

Mi raggiunse e mi costrinse a non avvicinarmi di più a papà che era intento a pescare con un'asta, qualcosa in acqua.

«Cosa c'è?» chiesi.

Dav mi abbracciò senza rispondere.

«Cosa c'è?» ripetei, gridando, stavolta.

«È lei, l'hanno trovata...» sentii dire a Pan.

Riuscii a staccarmi da Dav e raggiunsi papà.

«Non guardare, Vin!» ripeté lui ma non volli ascoltarlo.

E la vidi.

Vidi Gemma galleggiare sul pelo dell'acqua. La pelle pallida, gli occhi chiusi. Dormiva... Un sonno profondo.

«No!» gridai. «Fate qualcosa, tiratela su!»

«È tardi» papà parlò. «È troppo tardi figliolo...»

«No!» piansi disperatamente.

Fu allora che, come se avesse ascoltato le mie grida, uno sciame di coleotteri raggiunse il peschereccio in aperto mare.

Li vidi arrivare da lontano, con le elitre spianate, mentre il loro ronzio si faceva sempre più insistente.

Volarono sui nostri capi, un lungo volo ad arco. E rimasi a guardarli per tanto, tanto tempo. Finché li vidi scomparire nell'alba rosa del primo mattino.

Quando le cavallette vennero in città

Dal fumo uscirono cavallette che si sparsero sulla terra e fu dato loro un potere pari a quello degli scorpioni della terra. E fu detto loro di non danneggiare né erba, né arbusti, né alberi, ma soltanto gli uomini che non avessero il sigillo di Dio sulla fronte. Però non fu concesso loro di ucciderli, ma di tormentarli per cinque mesi, e il tormento è come il tormento dello scorpione quando punge un uomo. In quei giorni gli uomini cercheranno la morte, ma non la troveranno; brameranno morire, ma la morte li fuggirà.

Apocalisse di San Giovanni Apostolo – IX

1

Nella sala grande, dove abbiamo la TV, c'è una grande finestra che affaccia sul vialetto di fronte.

Accanto alla finestra c'è una mensola, ricordo bene il giorno in cui mia madre decise di fissarla proprio lì. Diceva che c'era una luce particolare.

Su quella mensola c'è una cornice di bambù che stona un po' con l'arredamento un tantino formale della casa, ma è lì da così tanto tempo che stonerebbe di più se non ci fosse.

Racchiusa nella cornice c'è una foto un po' vecchiotta in cui siamo immortalati mia madre, mia nonna Colette, mia zia Luisa e io. Eravamo al *parco delle farfalle blu*, a qualche chilometro dalla città in cui vivo.

Da piccolo mia madre mi ci portava spesso. A quel tempo credevo che per arrivarci bastasse girare l'angolo di casa con l'auto, e insistevo tanto per farmici portare proprio perché non mi rendevo conto di quanto in realtà fosse lontano.

A me piaceva molto, c'erano le farfalle che si poggiavano in testa. Di solito nonna mi comprava un gelato e restavamo ore sdraiati sotto i cipressi. Io, col capo sulle sue gambe, lasciavo che mamma mi carezzasse i capelli, mentre mia nonna leggeva un libro e mia zia Luisa guardava nel vuoto con lo sguardo perso.

Ecco, in quella foto ci siamo proprio noi quattro: io cruccio lo sguardo, accecato dal sole; mia madre sorride; mia nonna ha un'espressione seria, assorta; mia zia si sistema i capelli cotonati. Troppo tardi per mettersi in posa. Lo scatto automatico aveva già immortalato l'istante.

Click.

Come le foto intrappolano i momenti, li congelano, li immobilizzano, così la vita fa l'esatto contrario: prende quei momenti e li accartoccia, come si fa con un pezzo di carta vecchia, li brucia, li consuma e li trasforma in piccoli granelli di cenere scura, li rende irriconoscibili, così tanto da far paura.

2

All'inizio ci fu il rosso. In seguito sarebbero sopraggiunti altri colori, ma penso che tutto ebbe inizio proprio col rosso.

Ricordo che era dappertutto: ricopriva per gran parte lo zerbino della doccia e il pavimento di mattonelle bianche; le ditate di rosso erano sulla tendina, sul vetro dello specchio, sul lavello di ceramica bianca.

Il rosso ha un odore. Lo scoprii quel giorno che, nascosto tra la porta del bagno e il muro, guardavo la scena di mia madre e mia nonna intente a pulire. Col capo chino, sfregavano le spugne sulle macchie difficili da cancellare.

Ma il rosso ha un odore simile a quello della ruggine sulle ringhiere dei balconi in terrazza o alla medicina che si prende quando si è anemici, ma la cosa più fastidiosa è che il rosso non va più via. Anche se ci sfreghi mille volte con una spugna, lui rimane, lasciando quell'alone di ricordo, quella macchia permanente.

Quando mia zia Luisa decise di morire nel suo rosso, io avevo solo sette anni.

3

Nessuno seppe dirmi molto. Zia era tornata a casa dopo il lavoro, come sempre. Era una decoratrice alle prime armi, la pagavano una miseria, ma a lei sembrava andar bene.

Quel giorno, come sempre, aveva poggiato la borsa sul tavolo della cucina e, dopo avermi salutato distrattamente, era entrata in bagno. Io intanto guardavo la TV.

Si era spogliata e aveva riempito la vasca con l'acqua calda.

Quello che accadde dopo mi è sempre stato difficile da credere. Non riuscivo a immaginare mia zia che entrava nella vasca e incideva con una lama due tagli verticali su entrambi i polsi, aspettando che il sangue cominciasse a sporcare l'acqua e che questa trasbordasse fin sotto lo spiraglio della porta.

Quel giorno ero in casa da solo, quindi fui il primo ad accorgermi che qualcosa non andava. Ma quando cominciai a gridare il nome di mia zia e a tentare invano di forzare la porta chiusa, ormai era già troppo tardi.

4

Fu da quel giorno, credo, che cominciai a fare domande su mio padre. Non ne sentivo la mancanza, perché mio padre morì quando ero appena un piccolo feto informe nella pancia di mia madre.

Cominciai a chiedere di lui perché in quasi tutte le foto che mi avevano mostrato appariva con un maglioncino rosso, uno di quelli doppi, di lana, che coprono il collo per intero.

Il rosso mi ha sempre ricordato mio padre per questo motivo. Per un po' di tempo, anche dopo il funerale di zia Luisa, sfogliando gli album di famiglia avevo ritrovato quel maglione che aveva lo stesso colore delle mattonelle del bagno.

Non mi manca mio padre, non credo ti possa mancare una persona che non hai mai conosciuto, ma a volte penso che sia stato meglio così. Sono convinto che le attenzioni di mia madre e di mia nonna siano state fin troppe e un ulteriore elemento avrebbe solo provocato altri danni.

Mio padre è morto in strada. La sua Multipla fu investita da un tir che trasportava grossi tronchi di legno per una fabbrica di bastoncini per lo zucchero filato.

5

Il giorno del funerale di zia Luisa avevo indosso il vestito buono, quello che puzzava ancora di naftalina. Lo detestavo perché la camicia mi dava una specie di fastidioso prurito.

In chiesa non venne tanta gente, c'eravamo: io, mia madre, nonna, qualche vecchio amico di zia e in fondo, nelle ultime file, avevo visto Rosi Testadimorto assistere all'intera funzione restando immobile, senza battere ciglio.

Testadimorto la si vedeva spesso in giro con mia zia, avevano pressappoco la stessa età.

Vestiva perennemente di nero e portava sempre al collo un ciondolo d'argento a forma di teschio.

Rosi era strana forte. In paese era additata un po' da tutti, ma non era solo per il suo modo di vestire, né per il suo teschio al collo. C'era qualcosa sul suo conto che faceva abbassare la voce alla gente quando si parlava di lei, perché non si voleva che i bambini ascoltassero.

Mia madre e mia nonna erano tra quelle persone.

6

Ecco. Fu dal giorno del funerale che le cose cominciarono a cambiare e non dopo l'episodio del rosso delle mattonelle.

Lo ricordo bene.

Dopo il funerale mia nonna si ritirò in camera e ne uscì solo qualche giorno dopo per mangiare qualcosa.

«Lei è ancora qui,» disse «è intrappolata negli specchi.»

Da giovane mia nonna leggeva i tarocchi e i fondi del caffè. Era una cosa che le aveva tramandato sua madre, che a sua volta aveva imparato da sua madre.

Il giorno che mia nonna si decise a uscire dalla sua stanza, ne venne fuori con un mazzo di carte e, appunto, l'idea che mia zia fosse intrappolata negli specchi di casa.

Qualche settimana dopo aveva affisso un grosso cartello fuori al cancello, su cui aveva scritto con la tempera a grandi caratteri neri irregolari: "Da Colette, Consulti di cartomanzia".

Fu così che le cose cambiarono.

Palma Belcappello

Palma *Belcappello* era una delle più importanti clienti di mia nonna.

"Belcappello" era un nomignolo stupido che le avevo affibbiato io da piccolo per la mania che aveva di portare cappelli dalle forme più assurde.

Palma aveva sposato Roi Santogorgo, un jazzista girovago, un donnaiolo di quelli vecchio stampo che non era mai in casa e bighellonava a destra e manca. Sua moglie era convinta che qualche bel cappello e le previsioni di mia nonna l'avrebbero riportato da lei come ai vecchi tempi, ma la realtà era ben altra.

Palma Belcappello era brutta da far spavento; le borse sotto gli occhi, il naso aquilino e le labbra piccole e secche, che quando parlava stringeva a mo' di becco di gallina, avrebbero inorridito anche l'uomo meno esigente.

In verità il marito aveva ben pensato di garantirsi un futuro sicuro, una volta capito che fare soldi jazzando nei casinò e in vecchi bordelli fuori mano non era poi l'ideona del secolo. Palma era figlia del vecchio Spadadiferro, proprietario di una delle più importanti fabbriche di cartone della città, e questo fu l'unico motivo per cui Roi volle portarla all'altare.

A Palma era morta una figlia, strozzata da un sassolino ingerito durante uno di quei pic-nic al lago. Credo sia stato questo uno dei motivi per cui si rivolse a mia nonna, se non quello principale che la spinse a varcare per la prima volta il cancelletto di casa nostra e bussare alla porta.

A dirla tutta, Palma Belcappello era una donna triste, così triste che farsi prosciugare il portafogli da mia nonna era diventata, ormai da qualche tempo, la sua unica ragione di vita.

7

«Le racconta un cumulo di sciocchezze... dovrebbe arrendersi all'evidenza, signora Palma!»

Azzannai una mela e attesi l'espressione contrariata sul volto di mia nonna che non tardò ad arrivare.

La signora Belcappello non badò molto a me, in compenso continuò a fissare gli arcani maggiori distribuiti a semicerchio sul tavolo tondo del salotto.

«Faresti meglio a uscire fuori, giovanotto. C'è un bel sole, potresti scattare qualche foto.»

Nonna mi fulminò con lo sguardo, poi tornò alle carte.

«La Spada dell'Angelo verrà per proteggerti, Palma» disse.

«A sì?» si sorprese la donna.

«Ci sarà un altro amore, arriverà da lontano.»

«E mio marito? Dimmi qualcosa di Roi, Colette.»

«Se la starà spassando con qualche ballerina!» mi intromisi. Gettai il torsolo di mela nel lavello, afferrai lo zaino con la mia Nikon e infilai la porta, dando l'ultimo sguardo a mia nonna infuriata e all'espressione stupita di Palma Belcappello.

«Più tardi faremo i conti, giovanotto!» sentii nonna gridare alle mie spalle, ma ero già uscito e mi dirigevo verso il cimitero dietro casa.

L-u-c-e

C'è una luce particolare al vecchio cimitero, dopo le quattro di pomeriggio. Il sole lo si scorge attraverso le lapidi alte e gli alberi di frassino. Scorgo gli angoli scheggiati di pietra e le lettere di bronzo lucenti. Ne ho scattate parecchie di foto.

Credo che non ci sia cosa più importante della luce: in quei giorni di primo ottobre, colora di rosso le foglie morte e dà all'acqua delle pozzanghere dei riflessi sanguigni. Avete mai provato a sollevare la mano all'altezza degli occhi per schermarli dal sole? I raggi sono così forti che penetrano attraverso la carne e tra gli spazi delle dita. È lì che leggo la parola *luce*, o l-u-c-e, scandendo bene vocali e consonanti su tutte e quattro le dita, tranne che sul pollice che è rimasto in basso.

L-u-c-e. Poggiato con la schiena a una lapide di gesso e con lo sguardo fisso alla mia mano, lo vidi arrivare attraverso lo spazio tra l'indice e il medio. Anzi, li vidi. Vidi due figure scure camminare, col capo chino, sulla viuzza non asfaltata che attraversa la collina e arrivava fin su, alla casa di Testadimorto.

Ed era proprio lei, Rosi, con la lunga casacca nera e il pendolo al collo luccicante, accompagnata da qualcuno che inizialmente non distinsi bene. Ma poi misi a fuoco.

Rosi era con un ragazzo che tempo dopo seppi che si chiamava Blu Sand e che fosse suo figlio. Aveva qualche anno meno di me.

Mi affrettai a prendere la mia Nikon dallo zaino.

Scattai una foto.

Ed eccole: due figure, una donna e un ragazzo, gli sguardi tristi, vestite di nero, immobili tra lo spacco del mio indice e il mio anulare.

8

«È suo figlio» disse mamma mettendo in tavola la purea di patate. «Era in collegio, l'hanno espulso per chi sa quale ragione. Ho sentito che Gianna Dasse lo diceva alla tipa della manicure oggi al centro per l'impiego.»

«Sei stata al centro?» intervenne nonna sviando la conversazione.

«Sì, ma nulla, mi hanno detto di ritornare il prossimo martedì.»

«È una fottuta merda!» Nonna infilzò un broccolo con la forchetta e se lo portò alla bocca.

«Vivrà con sua madre?» volli sapere.

«Chi?» Mamma non capì.

«Il figlio di Testadimorto.»

«Cavolo, Andrés! Ma perché t'interessa così tanto?» Mamma scosse il capo e chinò lo sguardo sul suo piatto di spezzatino e cavolo.

«Beh, l'idea di farmi qualche amico non mi dispiace.»

«Almeno così la finirai di importunare le mie clienti!» Nonna incupì lo sguardo, quindi proseguì «Ma il mondo è pieno di ragazzi della tua età e non sarà certo Blu Sand...»

«Cavolo! L'hai rifatto, Andy?» Mamma mi guardò accigliata.

«Sì» rispose nonna. «E sai chi c'era? Palma Santogorgo, una pazzia bella e buona, una delle mie migliori clienti!»

«Sono delusa, Andy, davvero!»

«Sai come la penso, quella donna ha perso sua figlia, mamma, non merita quello che le fate.»

«Sei un ingrato, Andrés» Nonna si pulì la bocca con un bordo del tovagliolo bianco, poi si mise in piedi. «Mi è passata la fame!» E abbandonò la sala.

Guardai mia madre che era rimasta in silenzio.

«Non puoi forzarmi ad accettare le sue pazzie, mamma. Vuoi dirmelo tu, quindi?»

«Cosa?»

«Perché non potrei frequentare il figlio di Testadimorto.»

«Perché è così che vanno le cose» rispose. «Ora finisci la tua cena e vai in camera tua, per piacere.»

9

Ancor prima di potergli parlare, sapevo che sarei diventato amico di Blu Sand, o almeno di quella sagoma ancora indistinta che avevo visto camminare lungo la viuzza che costeggiava il cimitero.

Dalla finestra della mia stanza potevo vedere la casa di Rosi. Distinguevo le finestre scrostate e alcuni vetri rotti al piano di sopra, il cancelletto di ferro battuto arrugginito e un giardino composto interamente da erbacce.

Una volta, da piccolo, mamma mi aveva detto che nemmeno più il postino ci arrivava fin lassù, per paura che Testadimorto si affacciasse da una delle finestre e, per chi sa che assurda ragione, cominciasse a lanciare maledizioni ai quattro venti.

Non mi ha fatto mai paura Rosi Testadimorto, anche perché, da quello che mi ricordo, era amica di mia zia e lei ne aveva sempre parlato bene.

Abbandonai la finestra, raggiunsi il letto e mi coricai.

Poi cercai di chiudere gli occhi.

10

Una volta, qualche giorno dopo il funerale di mia zia, assistetti a una strana telefonata fra mia nonna e uno sconosciuto all'altro capo del filo.

«Se è tutto quello che vuoi, sarà fatto, ma non voglio più che il tuo sporco culo scorrazzi fuori casa mia, intesi?» sentii dire a nonna.

Il tizio all'altro capo del filo disse qualcosa che non potei sentire, poi mia nonna parlò di nuovo.

«Vorrei solo che facessi una cosa per me.»

Silenzio.

«Vorrei...»

Silenzio.

«Mi distrugge il cuore, ma non metterci il nome. Solo tu sai che è lì.»

Silenzio.

Poi il ricordo si fa più vago. Credo che vidi nonna mettere giù e stendersi sul divano del soggiorno. La sentii piangere, fin quando non arrivò mia madre. Non so per certo se è esattamente quello che accadde. Il tempo ha il potere di attenuare i ricordi, trasformarli, a volte cambiarli del tutto. Spesso capita che cose che credi di aver sentito in realtà le hai solo immaginate e viceversa.

Eppure nonostante tutto, di qualunque natura sia il ricordo di quella telefonata, ho sempre pensato che forse avrei fatto meglio a non assistervi.

11

Blu Sand aveva un bell'odore. Lo scoprii quel mattino al boschetto di sequoie mentre, tra uno scatto e l'altro della mia Nikon, lì, a qualche foglia sul terriccio, mi accorsi delle sue Converse grigie e strappate. Seguivano un paio di jeans neri consumati in punti dove si poteva intravedere la pelle pallida delle gambe, un maglioncino dello stesso colore di almeno una taglia più grande con maniche così lunghe da nascondergli quasi completamente le mani; la bocca sottile, il naso piccolo e gli occhi scuri, grandi. Aveva un buon odore, un misto di colonia, tabacco e menta.

«Eri al cimitero ieri sul tardi, vero?» chiese.

La sua voce, così roca e profonda, tradì il suo aspetto glabro, da adolescente qual era.

«Sì» risposi e mi misi in piedi.

«Tu sei il figlio di Testadi...» mi fermai «Di Rosi» ripresi.

Il ragazzo mi guardò interrogativo.

«Com'è che hai detto, scusa?»

«No, nulla, non farci caso.» Abbassai il capo cercando di non incontrare il suo sguardo, convinto di aver fatto una figuraccia.

«No, dimmi, com'è che stavi chiamando mia madre?»

«Testadi...» esitai «Rosi» dissi poi «Rosi Testadimorto, è così che la chiamano tutti qui.»

«Non lo sapevo.»

«Capisco.»

«Beh,» continuò lui «in realtà so così poco di mia madre.»

«È un tipo strano!» esclamai.

«Tu pensi?» Sorrise appena.

«Per lo meno sembra.»

«E tu invece?» mi chiese. «Chi sei tu?»

«Ah già, scusami.» Sorrisi impacciato, mi pulii la mano destra sul jeans e gliela porsi.

«Andy Lasso, vivo proprio accanto al cimitero, quella grande casa bianca, hai presente?»

«Sì, ho visto il cartello per il consulto di cartomanzia.»

«Mia nonna» dissi impacciato, poi chinai di nuovo lo sguardo.

Il ragazzo afferrò la mia mano.

«Blu Sand» disse. «Ma credo che sapessi anche questo.»

«Già.» Risi. «È la realtà dei piccoli centri, le voci corrono... sai com'è.»

«Che altro sai?» Rovistò nelle tasche dei suoi jeans e ne estrasse un pacchetto di sigarette e una scatola di fiammiferi. Si accese una sigaretta e prese posto su una roccia, le gambe semi divaricate, i gomiti alle ginocchia, aspettando che accennassi qualcosa.

«Nulla di più,» dissi «a parte che eri in collegio.»

«E sai anche il perché mi hanno espulso?»

«No.»

«Ho spaccato la testa a uno di quei preti del cazzo, hai presente?»

Non mi scomposi, non ne valeva la pena, c'era qualcosa che mi diceva che Blu Sand non era affatto pericoloso.

«Avrai avuto i tuoi buoni motivi» dissi solo.

«Certo che ne ho avuti.» Mi strizzò l'occhio e sorrise.

12

Mamma sorseggiò il suo tè dalla tazzona rossa e per un attimo mi lanciò occhiate sperando che dicessi qualcosa, ma non parlai.

Fu lei quindi a rompere il silenzio.

«Nicole Granne ti ha visto con quel ragazzo oggi pomeriggio. Sei sicuro che non hai nulla da dirmi?»

Mi voltai verso di lei e la fissai a lungo.

La vidi sollevare la tazzona e portarsela alle labbra.

«Nicole Granne è una vecchia triste che farebbe meglio a smetterla di fumare e pensare alla sua salute, invece di andare in giro impicciandosi di cose che non la riguardano!» parlai tutto d'un fiato. Poi mi fermai un istante e ripresi «Eh sì, ero con Blu Sand, abbiamo scambiato quattro chiacchiere. Non ci trovo nulla di male, sembra a posto.»

«Hai intenzione di continuare a frequentare quel ragazzo?»

«Non vedo perché no.»

Mamma raggiunse il lavello della cucina, poggiò al suo interno la tazza vuota e rimase lì, con le mani incrociate sul petto per nascondere il decolleté che si intravedeva dalla maglia di pizzo rosa.

«Non so proprio più come fare con te, Andy Lasso» disse scuotendo la testa. «A volte mi ricordi tuo padre.»

Mi tuffai sul divano del soggiorno e cominciai a guardare il soffitto, le mani dietro la nuca.

«Sarà. Sono pur sempre suo figlio!» dissi sarcastico.

Lei mi raggiunse, si sedette accanto a me sul divano e tentò di adottare un tono più cordiale.

«Senti,» continuò «so bene che alcuni rapporti non si scelgono, nascono e basta; accade così, come un fulmine a ciel sereno, ma certi fulmini possono solo danneggiarti, Andy, tienilo ben a mente.»

«Blu Sand è a posto!» esclamai continuando a guardare il soffitto e concentrandomi su alcune crepe di pittura che si incontravano a mo' di raggiera negli angoli.

«Ci sono cose che non sai su sua madre che potrebbero farti ricredere.»

«Di qualunque cosa si tratti, non mi importa, non sono amico di sua madre.»

«È comunque suo figlio.»

«E con questo?»

«Loro sono fatti della stessa pasta e in ogni caso il sangue rimane lo stesso.»

«Mamma, sei ridicola.» Mi misi seduto aiutandomi con le braccia. «E dimmi, cosa avrebbe fatto di così grave Rosi Sand da segnare così radicalmente anche la vita di suo figlio?»

Mamma tacque, impresse i suoi occhi nei miei, scrutandomi a fondo.

Vidi le sue iridi verde acqua, le rughe attorno alle palpebre.

Poi il mio sguardo scese alle labbra piccole, segnate da un sottile velo di rossetto marrone.

E le sue labbra parlarono: «Tentò di ucciderci tutti.»

13

Se c'era una casa inquietante in città, era di sicuro quella di Rosi Testadimorto.

Era enorme; la vernice grigia scrostata faceva pensare a quanto avesse bisogno di una ripassata di colore. Le finestre rotte ai piani di sopra erano la prova di quanti ragazzini avessero lanciato pietre per importunare la *strega*.

Il giardino, mal tenuto, nascondeva un serpentino sentiero di ciottoli che arrivava fino alle scale d'ingresso.

Ai lati degli scalini, le statue di due angeli, scheggiate e inverdite dal muschio: le punte delle ali erano spezzate come anche le dita delle mani unite a mo' di preghiera.

Dell'edera si arrampicava su tutto il perimetro della grondaia, attorno agli infissi delle finestre e al tetto scuro.

Rimasi immobile qualche secondo, prima di decidermi a entrare.

Blu aveva già oltrepassato il cancelletto arrugginito di ferro battuto e aveva raggiunto l'ingresso, ma si era fermato ad aspettarmi.

«Hai intenzione di muoverti o di restare lì per il resto della giornata?» mi domandò.

Entrai con passi cauti, erbacce e ortiche scricchiolavano sotto le mie scarpe da ginnastica

«Sei certo che lei non sia in casa?» chiesi.

«Sì,» rispose Blu «è in paese, non tornerà prima del tramonto.» Scosse la testa in segno di sconforto. «Non capisco perché ti spaventi così tanto mia madre.»

«Non mi spaventa» dissi io poco convinto, poi mi affrettai a raggiungerlo sul pianerottolo d'ingresso.

«Come no!» Blu strizzò l'occhio e aprì la porta inserendo nella toppa una chiave grossa quanto un temperino a serramanico.

«Benvenuto a casa mia» disse.

Quindi entrai e, quando la porta si richiuse alle nostre spalle, il buio totale ci inghiottì.

14

La stanza di Blu Sand ha una finestra che affaccia sul giardino di fronte, dove ci sono i grossi cipressi e i cespugli di agrifogli.

Le pareti sono bianche, la pittura in alcuni punti è scrostata e lascia intravedere il muro grigio sottostante.

Ci sono pochi mobili: un letto accostato alla parete sul lato sinistro; la scrivania, ricavata da un vecchio tavolino da picnic, nel lato opposto. Su di essa, una lampada, una di quelle che fanno la luce colorata, a forma di grosso insetto con grosse antenne e un'enorme bocca sorridente. Alcuni quaderni e un pacchetto di tabacco sfuso. C'è un piccolo armadio accanto alla porta, non è nemmeno la metà del mio, ma Blu riesce a conservarci tutto il suo mondo.

«Mettiti pure comodo» mi disse. «Ti va del tè?»

«Ok» risposi, poi lui sorrise e abbandonò la stanza, chiudendosi la porta alle spalle.

Rimasi da solo, gli occhi rivolti alla finestra aperta e priva di tende, che lasciava entrare i deboli raggi del sole di primo pomeriggio.

Poi raggiunsi la scrivania. Il pacchetto di tabacco sfuso era per metà aperto e i grani scuri erano sparsi un po' ovunque sulla superficie di legno lucida. Mi concentrai sui quaderni. Erano accatastati in una pila accanto al portamatite stracolmo, ricavato da una mezza lattina di Pepsi. Presi il primo quaderno dalla pila, uno dalla copertina scura e sgualcita, e lo esaminai. Aprendolo a metà mi sentii nell'immediato assalire dall'odore della carta vecchia e ingiallita. Un misto di polvere e qualcos'altro che non riuscivo mai bene a individuare, come tutte le volte che mi recavo in soffitta per sfogliare i vecchi album dei ricordi che mia madre custodiva in grossi cartoni ammuffiti.

«Cavallette!»

Fu la prima cosa che pensai, mettendo a fuoco le immagini sulla carta.

Sfogliando in fretta, mi resi conto che su tutte le pagine qualcuno aveva disegnato, con tratto marcato e nervoso, utilizzando una matita a carboncino, centinaia e centinaia di cavallette dalle dimensioni più varie, rappresentate in sciami danzanti o solo con sagome singole e scure dove erano ben visibili le zampette robuste e le elitre membranose.

Una figura in particolare colpì la mia attenzione.

Sfogliando il quaderno, mi soffermai sul disegno di un viso: grandi occhi, ottenuti con lo stesso tratto marcato ma con scrupolosa minuziosità nel riprodurre pupille brillanti, di un turchese appena accennato, l'unica tinta tra il nero e il bianco dominanti.

Attorno a quegli occhi, uno sciame di cavallette si esibiva in una danza disordinata, nascondendo parte del volto, come tanti riccioli scompigliati.

Sotto la figura c'era scritto qualcosa, con una grafia irregolare, lettere piccole, quasi irriconoscibili.

"Dal fumo uscirono cavallette che si sparsero sulla terra e fu dato loro un potere pari a quello degli scorpioni della terra. E fu detto loro di non danneggiare né erba, né arbusti, né alberi, ma soltanto gli uomini che non avessero il sigillo di Dio sulla fronte. Però non fu concesso loro di ucciderli, ma di tormentarli per cinque mesi, e il tormento è come il tormento dello scorpione quando punge un uomo. In quei giorni gli uomini cercheranno la morte, ma non la troveranno; brameranno morire, ma la morte li fuggirà."

Sentii la porta aprirsi alle mie spalle. Mi voltai.

Blu era lì, ancora sulla soglia. Si muoveva lentamente, facendo ben attenzione a non far versare il tè dalle grosse tazze poste sul vassoio che reggeva con entrambe le mani.

«Vieni a darmi una mano» disse.

Gli andai vicino e presi una delle tazze, lui poggiò il vassoio sulla scrivania e si soffermò sul taccuino che avevo ancora stretto nella mano destra.

«Questo è di mia madre» ammonì, poi lo prese e lo ripose sulla pila.

«Scusa se mi sono impicciato.»

«Non preoccuparti, è che non so nemmeno io se ho il permesso di sbirciare nelle sue cose, ma sono ancora tutte qui.»

«Capisco.»

«Bevi il tuo tè,» mi disse «altrimenti si raffredda.»

Nicole Granne

Nicole Granne aveva il cancro.

Beh, c'era da immaginarselo con tutte le sigarette che si faceva fuori e l'abitudine di scolarsi litri di vodka prima di coricarsi. Glielo sentii dire durante un consulto da mia nonna, ma in realtà non era poi tanto un segreto. Tutti bene o male conoscevano la sorte della povera Anne Nicole Granne, figlia del vecchio sindaco, quello che aveva rubato i soldi per costruire il ponte che avrebbe dovuto unire la mia città al resto del mondo per evitare che qualche altro malcapitato passasse per la ferrovia e la sua auto si fermasse proprio nel bel mezzo dei binari mentre un treno sfrecciava a tutta velocità. Sorte cui era costata la vita ai figli di Gennie Gallo quel sabato del 1994, quando tornavano belli sbronzi dalla spiaggia.

Ecco, tutti conoscevano Nicole Granne e sfortunatamente a nessuno importava nulla di lei, fatta eccezione per i soldi che suo padre aveva fregato e aveva pensato bene di investire in una grossa casa vittoriana a pochi passi dalla stazione, dove un ponte non c'era ancora.

Nicole Granne aveva un cancro, di quelli maligni che ti consumano un po' alla volta e crescono a dismisura di anno in anno, nonostante le cure dolorose e altre cavolate simili.

L'ultima volta che assistetti a un consulto, Nicole confessò a nonna che dalle ultime lastre fatte i suoi polmoni le erano sembrati come due spugne raggrinzite, e che i medici le avevano dato al massimo altri sei, sette mesi di vita.

A cinquantasette anni, Nicole aveva sentito qualcuno dirle che sarebbe morta da lì a breve e la cosa non sembrava toccarla più di tanto. Forse, dopo anni di inutili battaglie, è anche lecito arrendersi e pensare che non valga più la pena di vivere, a meno che non credi nei miracoli e tutte quelle stronzate sulla reincarnazione e via discorrendo.

Credo che se qualcuno venisse da me e mi rivelasse quanto tempo ancora mi resti da vivere, mi comporterei allo stesso modo.

O forse no.

15

Nicole Granne trangugiò il suo tè scuro bollente poggiando le labbra a becco d'uccello sul bordo della tazza scura, poi la riposò sul tavolo e continuò a concentrarsi sugli arcani posti a semicerchio sul tavolo tondo della cucina.

Gli occhi piccoli e sferici incorniciati da occhiaie violacee non nascondevano il numero infinito di notti insonni e l'avanzare della malattia.

Nicole tossì più volte prima di decidersi a parlare.

Ero appena entrato in sala quando mi disse: «Era Blu Sand quel ragazzo con cui ti ho sorpreso la volta scorsa, vero?»

Stupito andai verso il cesto della frutta accanto alla dispensa con le marmellate di nonna e afferrai una mela.

Le diedi un morso e attesi che mi venisse qualcosa in mente per ribattere.

«E con questo?» Presi posto sul divano e mi distesi.

«Niente,» tossì lei «è solo che...»

«Concentrati sulle carte, Nicole, lascia perdere il ragazzo!» intervenne nonna.

«Sì, già, si concentri sulle carte» ribadii.

Nicole si accigliò, cercò di ritornare al suo consulto, ma non ci riuscì.

«È solo che...» riprese, poi si rivolse a nonna «beh, Colette, devo dirlo: da un po' in paese non si fa altro che parlare di questo.»

«E cos'è che dicono?» Scattai in piedi reprimendo il desiderio di lanciarle in faccia la mela che stringevo nella mano sinistra.

«Ecco,» proseguì «a parte tutto quello che già conosciamo sul conto della madre, beh...» Tacque e tossì ancora, prima di riprendere. «Credo che tu sappia il motivo per cui è stato espulso dal collegio, non è così?»

«Ha quasi spaccato la testa a un prete» rivelai.

«E sai anche il perché?» Bevve un altro po' del suo tè.

«Penso che può bastare così per oggi, Nicole.» Nonna intervenne nuovamente per interrompere la conversazione, poi si alzò sperando che Nicole la seguisse alla porta, ma quella rimase immobile.

«A quanto vedo, lei è più informata di me, signora Granne. Allora bene, me lo dica lei, perché mai Blu l'avrebbe fatto?»

Nicole si leccò le labbra raggrinzite, tossì, ma questa volta per schiarirsi la voce, e continuò «Si dice che un prete l'abbia sorpreso in bagno con un altro compagno.» Attese una mia risposta che non arrivò, quindi riprese «In atti osceni, non so se mi hai capito.»

«Oh sì, certo, signora Granne, e ora che si aspetta che le dica?» domandai. «Ottimo, signora Granne? Senza il suo aiuto sicuramente avrei continuato a frequentare quel deviato? Mi spiace ma tutto il suo accanimento mi dà solo il voltastomaco.»

Nicole Granne si mise in piedi e raggiunse mia nonna camminando goffamente su dei tacchi troppo alti per lei.

«Posso pagarti giovedì, Colette?» chiese.

«Certo» rispose nonna. «Riguardati Nicole.»

Quella uscì sul vialetto e mi lanciò un'ultima occhiata sbigottita; nonna richiuse la porta alle sue spalle.

16

Un giorno d'autunno, quando avevo sette anni, mia madre arrivò scossa nella mia classe, il viso bagnato dalle lacrime.

Aveva interrotto la signora Lando, che era intenta a cominciare un discorso sulla fotosintesi, e aveva bussato ripetutamente alla porta dell'aula prima di entrare e cercare con gli occhi il mio volto tra i banchi, per poi fiondarsi a parlare con la maestra. Le disse qualcosa sottovoce che non capii, e vidi la signora Lando mettersi in piedi.

«Continuate la lettura, io devo assentarmi un attimo.»

Le vidi entrambe infilare la porta e scomparire dietro di essa. Qualche minuto dopo la signora Lando mi chiamò.

«Andrés, vieni per favore e prendi le tue cose. Vai a casa con tua madre.»

Era capitato più volte che mia madre avesse chiesto che uscissi prima da scuola durante quei bei giorni di primavera per andare al parco delle farfalle blu.

Ma quella volta era diverso, quella volta mia madre aveva pianto.

Ricordo che raccattai le mie cose sotto lo sguardo stupito dei compagni e abbandonai l'aula salutando tutti distrattamente.

Fuori, mia madre e la signora Lando mi accolsero con un sorriso che sapeva di finto, ma non vi diedi tanta importanza.

«Dobbiamo andare un attimo a casa a prendere le cose di tua nonna» mi disse mamma quando salii in macchina.

Fu solo quando entrò con l'auto nel vialetto di casa e mi accorsi della veranda annerita dal fumo, delle finestre rotte e delle assi di legno del balcone carbonizzate, che chiesi dove si trovasse nonna.

«È in ospedale!» mi rivelò. «La casa è andata a fuoco.»

17

La soffitta di casa è uno dei miei luoghi preferiti o forse il mio luogo preferito in assoluto.

Mi ci intrufolo in quelle giornate di pioggia quando la luce del sole è fin troppo debole per scattare foto o quando sono così triste che non mi va di vedere nessuno.

Sfogliare vecchi album di famiglia, che mia madre tiene ben custoditi in scatole polverose, è un passatempo che mi tiene occupato per ore e ore durante le quali mi isolo completamente da tutto: da mia nonna che sfoglia il suo mazzo di tarocchi in cucina, da mamma e il suo lavoro introvabile, e un po' da me stesso, sempre così maledettamente furioso per come spesso mi vanno le cose e per come mi senta così dannatamente solo, a volte.

Le foto mi aiutano a pensare e spesso a illudermi che per qualcuno, almeno in passato, io abbia contato davvero qualcosa. Dico prima che mia zia decidesse di tagliarsi le vene e farla finita; prima, molto prima, quando tutto era più semplice e si andava insieme al parco delle farfalle blu.

Sono nato la notte del 26 Novembre del 1982.

Mia madre mi ha sempre raccontato che ci fu un temporale che quasi sradicò i tetti delle case. Mi racconta spesso di un albero, nel giardinetto della clinica dove era ricoverata, che fu colpito da un fulmine e diviso in ben due parti. Mi racconta che ci furono i vigili del fuoco e volanti dappertutto. Poi mi racconta anche che fu quel botto, il rumore che provocò il fulmine colpendo l'albero, a farmi venire al mondo.

Non ci credo.

Tendiamo sempre a inventarci cose che non sono mai accadute per rendere la nostra vita un po' meno piatta e scontata di quello che è in realtà, e alla fine finiamo per crederci sul serio. Sono convinto che mia madre creda davvero che fu quel fulmine a farmi nascere, e non ho nulla contro mia nonna che tenta di trovarci qualcosa di mistico, ma sono anche convinto che non sia accaduto niente di tutto questo, perché non è così che vanno le cose, non a noi comuni mortali.

Nonostante tutto, l'album di foto dalla copertina blu e la targhetta bianca che riporta "1982-1983" è quello che sfoglio con più piacere. Ci sono io, rosso come un pomodoro, piccolo quanto due pugni e senza nemmeno un capello. In alcune foto mia madre è ancora nel lettone della clinica, la vestaglia bianca, il viso stanco e quel sorriso debole ma tanto sincero. Anche nonna sorride e zia Luisa in alcune immagini mi tiene in braccio serena, gli occhi blu grandi e commossi.

Nella seconda parte dell'album ci sono ancora io, un anno dopo.

Io che vengo allattato al seno di mia madre, io che gioco con un pupazzo di pezza blu, io gattoni sul pavimento, io completamente nudo e con un sorriso grande e senza denti. Io che guardo fisso l'obiettivo.

In una delle ultime foto c'è ancora mia zia Luisa. Non è da sola. C'è un ragazzo con lei: i capelli neri lasciati lunghi sulle spalle, gli occhiali da sole scuri e grandi, come erano soliti portare molti ragazzi in quegli anni, che gli coprivano quasi interamente il viso; questo era sfigurato da solchi nervosi sulla carta, come se qualcuno avesse voluto cancellarlo di proposito. Dietro di loro, un bel panorama, una serie di montagne verdi e un cielo azzurro privo di nuvole.

Staccai la foto dall'album e la misi in tasca, facendo attenzione a non stropicciarla.

18

Aprii l'album del 1977 dove c'erano foto di mia madre e solo alcune di mio padre: il sorriso spento, lo stesso maglione rosso.

Non so molto di mio padre, eppure più volte mia madre ha tentato di raccontarmi qualcosa sul suo conto. Ho sempre preferito che non andasse oltre il loro primo incontro, per il semplice fatto che non ha senso conoscere una persona che non farà mai parte della tua vita.

So che si conobbero fuori a un cinema alla prima di *Flash dance*. Mia madre aveva pressappoco vent'anni, lo stesso mio padre. Beh, il fatto fu che pioveva e lei e una sua amica erano senza ombrello. Lui passò di lì per caso e si propose di accompagnarle con la sua auto.

Tutto qui. Il resto bene o male si sa: ci si conosce, ci si piace, si fa del sesso e nasce un bambino. Poi un bel giorno una birra di troppo ti fa andare fuori strada e ti ritrovi schiacciato sul parabrezza di un camion pieno di bastoncini per lo zucchero filato.

Non mi è mai piaciuto tanto lo zucchero filato, pensate un po'.

Mio padre nelle foto non sorride o, meglio, lui tenta ma è come se non ci riuscisse.

Ha un che negli occhi, come una patina che gli nasconde ogni sentimento.

Sembra quasi che mia madre abbia ritagliato una sagoma di cartone e questo spiegherebbe perché lui indossi sempre lo stesso maglione in tutte le foto.

Su un altro album c'era scritto "1985".

Lo aprii.

Altre foto nostre. Io a tre anni, o giù di lì, che piango su un triciclo, col viso rosso e contrariato. Dall'alto, mia nonna se la ride.

Di nuovo io e mia mamma, in un giorno di sole, nel parco delle farfalle blu. Siamo sdraiati sul prato; io reggo un fiorellino tra il pollice e l'indice.

Non c'era mia zia Luisa.

Non c'era in tutto l'album.

C'eravamo noi e non c'era lei.

Sfogliai l'album più volte cercando di scorgere il suo viso tra quello delle facce di alcuni sconosciuti presenti nelle foto, ma non la vedevo.

Chiusi il 1985 e ne aprii un altro.

"1986-1987". Eccola mia zia che ride, mia zia che spegne con me le candeline della torta a uno dei miei compleanni, mia zia che mi culla per farmi dormire.

Presi l'ultimo album di quegli anni: la copertina gialla e sbiadita riportava la targhetta "1988-1989".

Non andai oltre, stavolta ero certo che lei non ci sarebbe stata.

Allora mi ricordai di nuovo il rosso e quell'odore ferroso che tanto restava incollato ai vestiti.

19

La casa di Blu Sand ha un'imponenza spettrale vista dal basso.

Gli angeli di marmo all'ingesso sembrano scheletri anneriti, alla luce del primo pomeriggio; i filamenti d'edera sulle mura e attorno alle finestre scrostate catturano l'enorme costruzione come farebbe la tela di un gigantesco ragno.

L'erba incolta del giardino, inoltre, rende quasi impossibile accedervi, come se volesse preservare la casa e le persone che la abitano da possibili pericoli esterni.

«Andy!» Qualcuno mi chiamò dall'alto.

Alzai lo sguardo e mi accorsi di Blu in piedi sul tetto, proprio sopra la finestra della sua stanza.

«Blu!» gridai, il cuore in gola dallo spavento. «Scendi immediatamente!»

Blu rise, fece per muoversi ma quasi perse l'equilibrio.

«Blu!» strillai di nuovo e avanzai di qualche passo verso la casa.

Il ragazzo rise nuovamente e si chinò per poi sedersi sul bordo della grondaia, le gambe penzoloni in prossimità della sua finestra.

«Da qui si può vedere anche la chiesa!» disse e indicò col dito un punto astratto in direzione del suo sguardo, oltre il cancello di ferro battuto.

Stavo per gridare ancora, cercando di trovare qualcosa da dire per convincere Blu a scendere dal tetto una volta per tutte, quando una voce dietro di me mi fece sussultare.

«Blu Sand!» sentii, un tono austero, rigido. «Scendi adesso e senza fare storie!»

Notai dapprima il viso del mio amico incupirsi, il sorriso scomparve per far posto a un broncio deluso; poi mi voltai e la vidi per la prima volta così prossima a me.

Rosi Testadimorto incombeva alle mie spalle, lo scialle nero a coprirle interamente il petto, il suo ciondolo luccicante attorno al collo.

Deglutii.

20

«Andy Lasso,» disse Rosi poggiando sul tavolo le due tazze di tè bollente «a volte la vita prende delle pieghe talmente strane!» scosse il capo e raggiunse il frigo.

Guardai il mio amico seduto di fronte a me e mi decisi a portare alla bocca la tazza di tè scuro e a berne un sorso.

Blu sorrideva e ogni tanto lanciava brevi occhiate a sua madre intenta ad aprire una bottiglia di latte.

Poco dopo ci raggiunse anche lei e prese posto a capo tavola, tra me e il mio amico, con la tazza salda in entrambe le mani.

«E Rachele come sta?» domandò, il tono rigido e fermo di poc'anzi. Ci misi qualche secondo prima di capire che stava parlando di mia madre, poi risposi «Bene, insomma, in cerca di lavoro. Da tempo le cose vanno un po' così.»

«Capisco.»

«Com'è che vi siete conosciuti, voi due?» ci chiese, guardando un po' me e un po' Blu.

«Giù al boschetto accanto al cimitero» disse Blu. «Andy faceva delle foto.»

«Davvero?» Adesso gli occhi scuri di Rosi erano fissi su di me.

«Già!» confermai io e mostrai la Nikon che mi pendeva al collo. «Studio fotografia.»

«Un artista allora» Rosi bevve un altro po' del suo tè.

«Mi piace.»

«Già!» ripetei. «E lei invece di che si occupa?» Bevvi anch'io un po' del mio tè, ma già non ne avevo più tanta voglia.

Nessuno mi aveva mai parlato bene di Rosi Testadimorto, i racconti di chi sapeva qualcosa sul suo conto si concentravano soprattutto su come fosse strana e sulle sue possibili parentele col diavolo.

Eppure quel giorno, osservando i suoi occhi grandi e scuri e le labbra ben disegnate, indugiando sui suoi gesti, sui capelli nerissimi che lasciava lunghi, capii che non era tanto diversa da mia nonna, con le sue assurde manie chiromantiche, o da mia madre, con quel suo non avere mai tempo per nulla e l'esigenza di un lavoro introvabile.

Rosi Testadimorto quel giorno era Rosi Sand, una donna come le altre, né più né meno.

«Puoi darmi del tu, Andy, non mi offendo mica!» Abbozzò un sorriso, poi riprese «Vediamo. Io sono come te, Andy: un'artista!» esclamò. «Faccio illustrazioni per libri d'infanzia.» Si mise in piedi. «Aspetta, ti mostro qualcosa.»

Raggiunse un mobile accanto al frigo. Ne aprì un'anta e rovistò al suo interno. Qualche istante dopo ritornò con un taccuino dalla copertina rigida, simile a quello che avevo visto in camera di Blu giorni prima.

«Posso?» chiesi.

«Certo, sfoglialo pure.»

I disegni che vidi parlavano di occhi, sorrisi, strani animaletti, insetti. Il tratto marcato a carboncino non mi era nuovo.

Ricordai le cavallette che avevo visto nell'altro quaderno e di come mi fosse sembrata una cosa insolita.

«Mi piacciono molto!» esclamai e restituii il taccuino.

«Eh sì, lei è molto brava!» intervenne Blu.

«Ruffiano!» parlò Rosi. «Guarda che io e te faremo i conti per l'episodio del tetto!»

«Ma non ci trovo nulla di male, mamma.»

«Questa casa non è nelle migliori condizioni, è da pazzi quello che hai fatto, potevi spaccarti la testa. Sei stato davvero incosciente.»

Blu non parlò, mi lanciò un' occhiata e io alzai le spalle non sapendo cosa dire.

«Scusa mio figlio, Andy,» disse lei «il collegio non gli è servito granché.»

«Almeno so tenermi alla larga dai preti adesso» rise di gusto lui.

Rosi fece spallucce, poi si alzò per rimettere a posto il quaderno.

«Io vado di sopra, mi raggiungi?» Blu si alzò e mi parlò.

«Sì, arrivo» dissi e lo vidi infilare la porta del soggiorno e fiondarsi verso le scale.

«Rosi?» la chiamai.

La donna si voltò. «Si?»

«Eri molto amica di mia zia Luisa, non è così?»

L'espressione serena nei suoi occhi cambiò. Lo sguardo si perse e fu come se non mi vedesse più.

«Volevo molto bene a tua zia, è vero,» disse «ma ci sono cose che non le ho mai perdonato. Ho imparato a convivere con l'ingiustizia della perdita, sai? L'uomo deve dipendere solo da se stesso per riuscire a essere forte, lasciando perdere le malinconie e le altre debolezze.»

21

Blu si era appena rollato una sigaretta raccattando le poche briciole di tabacco secco rimaste sulla sua scrivania, poi l'aveva accesa e mi aveva offerto un tiro.

«No grazie, non ne sono capace» ammisi arrossendo.

«Dai!» mi spronò lui e indugiai solo un altro po' prima di decidermi ad accettare.

Portai la sigaretta alla bocca e aspirai.

Un pizzicore cominciò a invadermi la gola, simile a quello che provi d'estate alla schiena quando il sole è troppo forte e ti scotti. Restituii la sigaretta e tossii più e più volte, reprimendo un forte conato di vomito.

«Calma» disse lui dandomi piccole pacche sulla spalla, ma non servirono a molto.

Deglutii e avvertii la sensazione di bruciore attenuarsi.

Blu prese posto sul letto e restò lì a fumare, la testa sul cuscino, un braccio dietro la nuca.

Io mi avvicinai alla finestra. Scrutando in basso, mi accorsi della fitta vegetazione incolta e degli arbusti spinosi agli angoli dei muri di cinta.

I cipressi alti e i bossi presenti lungo tutto il perimetro del giardino avevano bisogno di una potata e pensai che fosse tutto molto triste, era come se quell'enorme casa non avesse più un cuore e si fosse stancata di vivere. Poi la vidi, lì, nascosta tra il tronco di un cipresso e un cespuglio di vischio rosso: una lapide, piccola e marmorea. La superficie era rivestita da uno spesso strato di muschio.

«Blu» lo chiamai.

«Sì?»

«Vieni a dare un'occhiata» gli dissi.

Lo sentii mettersi in piedi e raggiungermi alle spalle.

Rimase lì, dietro di me, potevo avvertire il suo fiato sul collo.

«C'è qualcuno sepolto nel tuo giardino?» domandai senza distogliere gli occhi dalla lapide fra gli alberi.

«Ah, quella» disse il mio amico dopo qualche istante. «Mamma mi ha detto che non sa nulla, che quando i suoi comprarono questa casa era già lì... non so, sinceramente non è che mi importi più di tanto.» Poi tacque.

Ci fu un istante di silenzio colmato solo dal cinguettio di qualche uccello e dal click della mia Nikon che avevo portato all'altezza degli occhi per immortalare l'immagine, e avvertii la dolce umida sensazione di un bacio sulla nuca.

Il cuore mi morì in gola.

Deglutii ma non mi irrigidii.

Le labbra di Blu salirono al mio lobo sinistro e indugiarono, poi cominciò a giocare con la punta della lingua.

«Te lo aspettavi?» mi sussurrò lui.

«Forse sì.» Le mie parole furono un lieve suono appena percettibile, quindi mi voltai.

Gli occhi nerissimi di Blu nei miei.

Il suo odore così buono.

Ci baciammo.

22

Blu odorava di menta mista al tabacco secco delle sue sigarette fai-da-te, e a me piaceva.

Sul ventre magro erano ben definiti gli addominali. Rimasi qualche istante in silenzio, dopo che tutto finì, a osservare ogni singolo dettaglio del suo corpo, cercando di individuarne le differenze e i difetti.

Il pene ora morbido, addormentato sul suo ventre bagnato di sudore. L'ombelico sporgente, le spalle piccole ma ben fatte, i tre nei all'altezza della vena giugulare.

Blu aprì gli occhi e allungò una mano per accarezzarmi il viso.

«Mi parli di te?» gli chiesi.

«Cos'è che vuoi sapere?»

«Dimmi la verità, solo quella.»

«Sai già tutto, Andy, cosa vuoi che ti dica.»

«Raccontami come è andata davvero al collegio.»

«Vuoi davvero saperlo?»

«Sì, lo voglio davvero.»

«Bene. Sarà tutto poco gradevole, ma è giusto che tu sappia.»

Fuori, il fischio di un treno in lontananza e l'abbaiare di qualche cane.

Padre Tomás

Al collegio Adrian Fabienne i bambini dovevano andare a letto alle nove e mezza di sera, svegliarsi alle sei del mattino per la preghiera e poi raggiungere la mensa per la colazione verso le sette e mezza.

Un'ora dopo cominciavano le lezioni, che terminavano poco prima della cena. Era sempre così e a Blu andava bene, o almeno, aveva cominciato, col tempo, ad apprezzarne le piccole sfumature, come quei brevi istanti in cui amava sbirciare i tetti delle case aldilà del vetro della finestra dell'aula di latino, o quelle ore trascorse in cortile a fumare di nascosto, dietro i bidoni dell'immondizia della mensa.

Blu ricordava tutto, ogni particolare, come gli effluvi disgustosi della spazzatura misti a quelli agrodolci provenienti dalla cucina della mensa. Ma ricordava soprattutto di quella volta, quando aveva appena tredici anni, che Padre Tomás venne a svegliarlo nel cuore della notte, ripetendogli in continuazione quanto si somigliassero, e di come scoprì che il pene di un bambino di tredici anni fosse così piccolo messo a confronto con quello di un prete di trenta; della sensazione d'umido che provava ogni qual volta il prete si avvicinava ad accarezzare con la punta della lingua i suoi testicoli glabri, piccoli come biglie; dello strano senso di impotenza che provava tutte le volte che l'uomo gli chiedeva di toccare il suo sesso e di fare lo stesso con la sua di lingua.

Gli avrebbe risparmiato le preghiere della mattina, avrebbe potuto dormire una mezz'ora in più, e l'avrebbe coperto se avesse saltato qualche lezione di latino o di matematica.

A diciott'anni Blu Sand avrebbe dovuto abbandonare il collegio, ed è per questo che ciò che accadde dopo non lo scosse più di tanto, nonostante influì molto sul suo giudizio di condotta. A diciott'anni ci si innamora e non si è più bambini. Blu e Diego, un ragazzo dai capelli rossi, anch'egli dell'ultimo anno, si scoprirono per la prima volta negli spogliatoi della palestra e col tempo i loro incontri cominciarono a farsi sempre più frequenti.

Si incontravano spesso anche sul tetto, al lato del refettorio, dove di sicuro nessuno li avrebbe mai sorpresi.

A Blu stare sul tetto piaceva. Era come se da lì riuscisse ad avere tutto sotto controllo: i preti che si riunivano in cortile per le preghiere, il campo di calcio e la cappellina vicino al pioppeto, dove c'era la statua di Gesù Cristo.

Ma fu in bagno che furono scoperti, proprio da Padre Tomás che da un po' aveva cominciato a essere meno cordiale. Blu scoprì che anche il cuore di un prete non conosce la misericordia, a differenza di quello che si crede.

Padre Tomás minacciò Blu di raccontare tutto ai superiori se non avesse smesso di frequentare Diego, e Blu fece lo stesso, minacciando di raccontare a tutti quello che c'era stato tra di loro.

Ma rimase da solo.

Diego, spaventato, aveva rinnegato ogni cosa, nonostante l'evidenza, e aveva implorato Blu di fare altrettanto. Ma lui non volle farlo.

Un giorno Padre Tomás ricevette il ragazzo in privato nel suo studio, gli porse le sue scuse e tentò di abbracciarlo.

Blu si ritrasse spingendo da parte il prete che inciampò e cadde battendo il capo contro lo spigolo di una statua di San Giorgio posta su una colonnina di marmo.

Fu così che Blu fu espulso. Il prete raccontò tutto ciò che aveva visto nei bagni e Blu dovette dire la sua e raccontare di come più volte Padre Tomás avesse preso in bocca il suo uccello e di come gli avesse chiesto di fare lo stesso.

Ma tutti sembravano molto più preoccupati per le condizioni di salute del prete e a nessuno importò più di tanto la versione di Blu.

Ecco, così andarono le cose.

23

Quando Blu terminò il suo racconto, già non mi guardava più. Si era messo seduto, con lo sguardo rivolto alla finestra di fronte, quella che affacciava sul giardino, e a intervalli regolari dava tiri alla sua sigaretta. Io, disteso con le mani dietro la nuca, potevo vedergli la schiena nuda e liscia punteggiata da piccoli nei in prossimità delle spalle e anche più giù, appena dopo la fine della spina dorsale e l'inizio delle natiche.

«È già il tramonto» lo sentii parlare. «Tua madre comincerà a preoccuparsi.»

«Sì» dissi solo, abbandonai il letto e mi affrettai a raccogliere i vestiti sul pavimento.

Quando afferrai i pantaloni sgualciti, la foto di mia zia, che avevo lasciato in tasca, volò via e finì a terra accanto alla finestra.

Blu scattò in piedi. Potevo vedergli le natiche bianche e piccole e le gambe magre ma ben proporzionate.

Raccolse la foto da terra e la esaminò.

«Chi sono loro?» mi chiese.

«È una foto che ho trovato in soffitta. È mia zia Luisa, lui non so chi sia in realtà, avevo intenzione di chiederlo a mia madre.»

Blu la osservò per bene, e io vidi un sorriso sul suo viso.

Lo raggiunsi allacciandomi la cinta dei pantaloni.

«Dov'è tua zia?» mi chiese poi, stiracchiandosi.

«Un giorno ha deciso che non valeva più la pena e si è tagliata le vene» dissi.

Blu non si scompose e mi restituì la foto.

«Avrà avuto le sue ragioni.»

«Tu credi?» chiesi dubbioso. «Credi davvero che ci siano buone ragioni per togliersi la vita?»

«Sì!» rispose secco lui. «Credo che quando la vita comincia a starti troppo stretta, qualche decisione bisogna pur prenderla. Nessuno di noi ha chiesto di venire a questo mondo, Andy, nasciamo per volere di qualcun altro. Almeno la morte è un qualcosa che possiamo concederci.»

Guardai il mio amico titubante, faticavo a credere a ciò che gli avevo appena sentito dire.

«Sei strano forte tu» aggiunsi.

«È al cimitero?» cambiò discorso.

«No» guardai ancora la foto. Mia zia sembrava serena, la classica espressione di chi non ha assolutamente nessuna intenzione di farla finita; eppure solo qualche anno dopo tutto quel rosso aveva sporcato le piastrelle del bagno e l'aria si era impregnata dell'odore del ferro.

«Non è al cimitero. Andarono a spargere le sue ceneri al parco delle farfalle blu, almeno così mi hanno sempre detto.»

«Dov'è che si trova?»

«A qualche chilometro da qui. È un giardino enorme pieno di farfalle. Da piccolo era il mio posto preferito.»

«Mi ci porteresti un giorno?» Blu mi venne vicino e mi baciò sulla fronte.

«Certo.» Sorrisi.

24

D'improvviso una voce in lontananza ruppe quel momento di apparente idillio.

«Andy!» sentii urlare. «Andy!»

Blu si sporse dalla finestra per scrutare oltre il giardino.

«È tua madre quella?» mi chiese.

Mi sporsi anch'io e la vidi oltre il cancelletto di ferro battuto. Aveva parcheggiato la macchina proprio lì, e ora se ne stava in attesa che qualcosa accadesse, gridando il mio nome e aspettando di vedermi comparire da un momento all'altro.

«Cazzo!» esclamai. Mi vestii di corsa e scesi in fretta le scale, Blu dietro di me.

Passai per l'ingresso scuro dove Rosi reggeva una cesta di panni sporchi per la lavanderia.

«Cosa c'è Andy?» mi chiese, ma io mi limitai a scuotere la testa.

«È sua madre!» sentii Blu dire alle mie spalle. «Sembra infuriata.»

Aprii la porta d'ingresso e mi ritrovai sul ballatoio con gli angeli.

Mia madre era oltre il cancello, agitata, impacciata.

«Andy!» gridò di nuovo appena mi vide. «Vieni subito via di lì!»

«Cosa succede qui?» chiese Rosi dietro di me.

Mi voltai, la vidi assieme a Blu, le sue mani a toccare le spalle del mio amico, quasi a proteggerlo.

«Non devi impicciarti tu, Rosi, sono cose che non ti riguardano!»

Mia madre sembrava decisa.

«Mamma, piantala per favore, non sono più un bambino» cercai di difendermi.

«Senza fare storie, Andy, allontanati subito da questa casa!»

«No!» risposi secco.

«Ha detto di no, lui resta qui con me» intervenne Blu.

Per una frazione di secondo mia madre sembrò rinsavirsi. Guardò a lungo Blu prima di decidersi a parlare di nuovo.

«Blu Sand,» proseguì, il tono tremante e nervoso, «sei una brutta compagnia.»

«Mamma, adesso esageri!» esclamai. Poi mi rivolsi a Rosi e Blu e alzai le braccia in segno di rassegnazione «Sarà meglio che vada.»

«Forse è meglio» disse Rosi scuotendo la testa.

«Chiamami» aggiunse Blu.

«Sì, ti chiamo e ti spiego tutto, appena le acque si calmano.»

«Bene.»

Così abbandonai la casa di Blu attraversando il giardino di erbacce e dando una rapida occhiata alla lapide nascosta dietro i cespugli a sinistra del muro di cinta.

«L'hai fatta grossa!» dissi a mia madre una volta chiuso il cancello alle mie spalle.

Lei non mi rispose, si limitò ad aprirmi la portiera dell'auto e a montare su.

«Puoi pure non rivolgermi la parola per il resto della tua vita, ma sei mio figlio e il dovere di una madre è quello di proteggere i propri figli» parlò poi, lo sguardo fisso alla strada di fronte, le mani salde al volante.

«Ho venticinque fottuti anni mamma! Saprò pure cosa è giusto e cosa è sbagliato?» ammonii, con tono secco e scontroso.

«No che non lo sai, non sai un bel niente, Andy Lasso!»

«Sai che ci ritornerò, vero?»

Stavolta lei non parlò.

25

«L'ho trovata in soffitta!» esclamai.

Posai la foto sul tavolo, affinché mia nonna e mia madre potessero vederla bene.

«E con questo?» Mia nonna distolse lo sguardo dai suoi tarocchi e mi guardò.

«Chi è il ragazzo della foto?» chiesi secco. Pensai che il mio tono fosse risultato prepotente, ma non me ne preoccupai più di tanto.

Ero ancora furioso con mia madre per quello che era successo a casa di Blu e per questo quella notte non ero riuscito a chiudere occhio.

Avevo dormito a malapena anche per via dell'odore di Blu ancora sulla mia pelle. Era come se ne fossi impregnato, lo sentivo sotto il naso, sulle spalle, sulla mia bocca.

In dormiveglia, immaginavo che il ragazzo della foto con zia non era poi tanto diverso dal mio Blu, e sembrava quasi volermi convincere a salire con lui sul monte che c'era dietro, perché così avremmo visto le cose sotto un'altra ottica, avrei tenuto tutto sotto controllo e avrei scoperto perché mia zia avesse voluto togliersi la vita.

«Perché ti interessa così tanto?» Mamma poggiò sulla tavola la frutta per la colazione e nemmeno guardò la foto. «Sarà uno dei tanti amici di tua zia.»

«È Angel» sentii dire a mia nonna.

La vidi esaminare la foto con attenzione.

Mia madre allora lasciò stare le sue faccende e raggiunse nonna.

«Beh, sì» disse. «È proprio lui. Dov'è che l'hai trovata?»

«Era in mezzo a un album in soffitta, era sull'ultima pagina, come se qualcuno avesse voluto nasconderla.»

«Che assurdità!» esclamò nonna. «Se era in un album di fotografie certamente nessuno voleva nasconderla.»

«Semmai proteggerla» aggiunse mamma.

«Come?» Non capii.

«Il ragazzo della foto era il fidanzato di Luisa sin dai tempi del liceo.» Tacque per schiarirsi la voce, poi riprese «Quando si lasciarono, non fu molto piacevole. In realtà non sappiamo come andarono le cose ma...»

«Tua zia volle bruciare tutte le foto in cui c'era anche lui» aggiunse nonna, con gli occhi lucidi guardava un punto astratto alle mie spalle.

«E perché ha voluto tenere proprio questa?» Ripresi la foto e la esaminai per l'ennesima volta.

«Luisa era così, Andy. Tua zia era imprevedibile, non sapevamo mai cosa le frullasse per la testa.» Mamma alzò le spalle e tornò ai fornelli.

«E dove si trova adesso questo Angel?»

«Non vive più qui da parecchi anni ormai» continuò mamma. «Ma non credi sia un po' inopportuno parlare di cose così vecchie?»

«Vorrei solo capirci di più.» Rimisi in tasca la foto.

«Lascia riposare i morti, Andy» aggiunse nonna e ritornò alle sue carte.

Quel pomeriggio avevo invitato Blu a raggiungermi a casa, approfittando del fatto che mia nonna e mia madre fossero fuori per alcune commissioni. Gli avevo spiegato per sommi capi tutta la situazione, almeno quel poco che sapevo sul perché non volevano che fossimo amici.

«Tua madre ha tentato di ucciderci tutti» gli avevo detto e lui era scoppiato a ridere, ma non aveva chiesto altro.

26

«È pieno di roba qui!» esclamò Blu e diede un calcio a una lattina vuota di Coca Cola che avevo lasciato io qualche giorno fa.

«Beh, la mamma e la nonna ci conservano tutto quello che non serve più.»

«Una sorta di cimitero» aggiunse, e si avvicinò a una lampada da terra stile anni Settanta, sistemata tra la vecchia libreria di faggio e un divano tarlato che avevamo acquistato anni prima a un mercatino dell'usato.

«Già» dissi solo, poi mi misi a cercare qualcosa tra le scartoffie, stando seduto sul pavimento di legno polveroso.

«Cos'è che cerchi di preciso?» mi chiese allora Blu, prendendo posto accanto a me tra i fogli e le vecchie foto.

«Non lo so con certezza» confessai. «Qualche altra foto di mia zia e quel tipo con gli occhiali da sole.»

«Ma perché ti interessa così tanto?» Blu mi interrogò e attese che rispondessi.

Per un istante indugiai, non sapendo con precisione cosa dire, ma dopo fu come se le parole mi uscissero spontaneamente, senza nessuno sforzo particolare.

«Ho visto molte foto sue, sai? In molte è lei che mi tiene in braccio ed è sempre così sorridente, così felice. Capisci? Credo che quando si sia così felici, togliersi la vita è un pensiero che nemmeno ti sfiora.»

«Non credi che tua zia si sia suicidata?»

«No» dissi. «Io ero lì quel giorno, lo ricordo benissimo, anche se ero molto piccolo, ero lì e so che lei l'ha fatto: sì, lei si è tagliata le vene.»

«E allora?»

«Nulla, è che credo che qualcuno l'abbia indotta a farlo.»

«Qualcuno del tipo?»

«Un amore forse, qualcuno che le ha dato una grande delusione.»

Guardai per l'ennesima volta la foto di mia zia e il ragazzo dagli occhiali scuri.

«Credi che lui c'entri qualcosa?» Blu mi guardò accigliato. «Ma è una follia, Andy, è solamente una foto, hai trovato una foto in un album e ora stai solo vaneggiando.»

«Non è così semplice Blu» spiegai «So per certo che le foto ti parlano. Questa non l'ho trovata per caso, ho la sensazione che fosse destinata a me.»

Ma stavolta il mio amico non mi stava più prestando attenzione.

Con lo sguardo rivolto a un angolo della stanza, restava immobile a bocca aperta, quasi avesse visto un fantasma.

«Cos'è che guardi?» gli chiesi.

«C'è una donna in quello specchio lì che ci osserva.»

27

C'era mia zia nello specchio.

Sì, era lei, non ne avevo nessun dubbio. Era lei che ci osservava, il sorriso appena accennato, lo sguardo fisso.

Deglutii sentendo il cuore battermi in gola, ma non ci misi molto a mettere a fuoco la sagoma nello specchio e a capire che non fosse altro che un'immagine riflessa.

«È un disegno!» esclamai, poi mi misi in piedi e raggiunsi l'angolo dove era posto lo specchio alto, incastonato in una cornice di legno intagliato con ghirigori barocchi.

Ricordavo quello specchio. Quand'ero piccolo, mia madre l'aveva sistemato in veranda assieme a un grande vaso di porcellana stracolmo di fiori secchi. Tempo dopo aveva deciso che non andava più bene e al suo posto aveva preferito sistemare delle mensole.

Ma adesso era lì e rifletteva l'immagine di un dipinto poggiato a una grande cassapanca di legno.

Non ci avevo mai fatto caso, eppure era stato sempre lì. Quel giorno la luce del sole che filtrava dal finestrone grande aveva illuminato proprio quel punto esatto e, tra i granelli di polvere che volavano nell'aria catturati dai fasci di luce bianca, avevo visto il volto di mia zia.

Il dipinto era su una tela alta circa settanta centimetri e larga trenta, il celeste del fondo era sbiadito ma il volto era ben visibile.

E lo rividi.

Era lo stesso disegno che avevo visto abbozzato in quel quaderno nella stanza di Blu, l'unica differenza era che il viso adesso apparteneva a mia zia.

Il tratto non era marcato stavolta; i colori, probabilmente a olio, si amalgamavano bene tra di loro.

Mia zia mi guardava sorridente, ma i suoi occhi blu tradivano una velata tristezza.

Tante cavallette di un verde un po' ingiallito volavano attorno alla testa e al ridosso del collo scoperto.

In basso, uno scarabocchio in nero riportava delle iniziali e una data: R.S 1985.

«Rosi Sand» lessi a bassa voce. Poi parlai, rivolto a Blu che era rimasto seduto, ancora troppo spaventato, «È un dipinto di tua madre!»

«Davvero?» Si alzò e mi raggiunse.

Prese il quadro e lo esaminò.

«Eh già,» disse poi «è proprio la firma di mia madre.»

«Erano molto amiche, lei e mia zia.»

«Può darsi, so così poco su mia madre» disse e girò il quadro. «C'è una dedica» aggiunse.

Osservai anche io.

C'era una frase scritta a china sulla tela grezza.

Lessi in mente, poi a voce più alta.

«A te, che ci sei sempre stata.»

28

Mia madre si era lasciata cadere una delle buste della spesa. La bottiglia di vetro di succo d'arancia si spaccò in tanti piccoli pezzetti e il succo di frutta schizzò un po' ovunque.

Si erano rotte anche alcune uova e il giallo dei tuorli aveva sporcato le bottiglie di detersivo e le scatole di cereali.

«Che disastro!» esclamò portandosi le mano ai capelli.

«Potresti anche darci una mano, giovanotto!» Nonna entrò in casa e posò altri sacchi della spesa sul tavolo.

Mi affrettai ad aiutare mamma a dividere le cose intatte da quelle ormai da buttare, poi andai a prendere una scopa e uno straccio umido per lavare a terra.

«Ho l'impressione di aver visto il figlio di Rosi allontanarsi di corsa da casa nostra» Mamma parlò sfilandosi il cappotto di cachemire e lanciandolo sul divano.

«Gli ho anche detto di prendersela con calma, ma ha preferito scappare non appena ha sentito la vostra auto nel vialetto. Vedete che effetto fate alla gente?» Risi sotto i baffi.

«Il fatto che ti vieti di andare in quella casa non vuol dire che lui possa frequentare la nostra!»

Mamma sembrò alquanto irritata. Cominciò ad accelerare i movimenti e in men che non si dica sgombrò totalmente il pavimento.

«Tua madre ha ragione, Andy» le fece eco nonna.

«Cazzo!» esclamai allora. «Proprio non vi capisco, davvero... è assurdo.» Mi portai le mani ai capelli e arretrai di qualche passo.

«Quel ragazzo è il diavolo Andy, lo vuoi capire una buona volta?» Mamma diede una sbirciata fulminea fuori dalla finestra. Da lì si poteva vedere la casa di Rosi sulla sommità del colle.

«Lui non è un bel niente, mamma, ed è ora che tu e la nonna la smettiate con tutto questo. Quello che ha fatto sua madre oramai è passato e non deve condizionare il mio presente. Io non lo permetterò!»

Non avevo gridato, ma ero sembrato deciso e credetti che avesse funzionato.

Mia madre mi fissò senza battere ciglio e mia nonna prese posto al tavolo, sorseggiando un caffè.

«E visto che ci siamo,» aggiunsi approfittando del silenzio «c'è un quadro di Rosi in soffitta e penso fosse un regalo per la zia.»

«Quel quadro sta bene in soffitta ed è lì che rimarrà» parlò nonna.

«È davvero un bel quadro» dissi.

«Falla finita, Andy!» esclamò secca mia madre.

«Davvero non vi capisco» aggiunsi scuotendo la testa. «Siete così maledettamente assurde.» Feci per abbandonare la stanza quando sentii nonna gridare qualcosa.

«È stata quella donna! Quella donna ha ucciso tua zia!»

29

Ricordo quella volta che le cavallette arrivarono in città.

Invasero i campi di granturco e distrussero gran parte dei raccolti.

Quel giorno mamma mi ordinò più volte di non avvicinarmi ai vetri delle finestre. Era pomeriggio, c'era poco sole eppure aveva già tirato giù le tende.

Le cavallette arrivarono in grossi sciami scuri e silenziosi, riuscivo ad avvertire lo sfregare delle zampette sui vetri. Avevo scostato le tende da una delle finestre del salotto, non curandomi della raccomandazione di mia madre, e le avevo viste.

Erano milioni e ricoprivano interamente la superficie del vetro. I dorsi verdastri, le elitre spianate.

Alla TV l'avevano detto, i contadini lo sapevano da settimane che sarebbero arrivate ma, nonostante tutto, non avevano fatto in tempo a proteggere il raccolto, anche se riuscirono a salvarne almeno il venti percento in più rispetto a sette anni prima, quando c'era stata un'altra invasione e nessuno ne era stato informato.

Nonna disse che erano venute per mia zia, per liberare il suo spirito intrappolato negli specchi.

Quando le cavallette abbandonarono la città era ormai notte e nonna disse che zia avrebbe potuto riposare in pace.

Gennie Gallo

Gennie Gallo ha perso due figli in un incidente alla vecchia ferrovia. Erano ubriachi, di ritorno da un rave su una spiaggia a pochi chilometri dal paese, e la loro macchina aveva forato proprio sulle rotaie del treno. Erano sbronzi ed era troppo buio per riuscire in tempo a piazzare la ruota di scorta.

Il treno li travolse in pieno e il giorno dopo c'erano pezzi di gemelli Gallo un po' ovunque. Io ero troppo piccolo ma ho sentito questa storia talmente tante volte che è come se avessi la scena davanti agli occhi: i gemelli sbronzi, la gomma forata, loro che tentano di mettere la ruota di scorta, il treno che fischia in lontananza, i gemelli che non fanno in tempo a rendersi conto di cosa sta per accadere, il treno che li travolge, fine.

Tutti in paese sapevano che Gennie Gallo non era più la stessa da quel giorno. Era convinta che non tutti i pezzi dei suoi figli fossero stati recuperati, anche se più volte le avevano spiegato che non vi era rimasto quasi nulla e che quel poco che c'era l'avevano già raccolto e portato all'obitorio.

Ma Gennie era convinta che vi fosse ancora qualcosa ed è per questo che, dopo la tragedia, qualcuno giurò di averla vista vagare per la ferrovia raccattando sassi, mozziconi di sigaretta e piccoli legnetti sostenendo fossero dita.

La prima volta che bussò alla porta di mia nonna erano ormai passati più di sette anni dalla morte dei gemelli ma, nonostante tutto, si rivolse a lei affinché le rivelasse che fine avessero fatto gli altri resti. E così fu per la prima e tutte le altre volte che tornò.

30

La signora Gallo aveva più volte chiesto informazioni sulla provenienza dei fiori secchi che nonna aveva sistemato come centrotavola. Ne sembrava quasi ossessionata e io, seduto sul divano del salotto, la osservavo incuriosito, concentrandomi sui suoi gesti rapidi e nervosi, le dita magre che a intervalli regolari di tempo portava alla bocca per masticare avidamente le unghie ormai inesistenti.

«Hanno un bell'odore» la sentii dire, ma nonna non si scompose, lo sguardo fisso alle carte poste sul tavolo rotondo della cucina.

«Nulla,» disse poi «nulla di diverso dalla volta scorsa, Gennie.»

«Controlla meglio» disse lei dondolandosi sulla sedia, impaziente. «Colette, io ne sono certa. Non è ancora stato trovato il piede del mio povero Pierre, nessuno ha voluto cercarlo, la polizia dice che non è importante ma, sai, questa volta sono stata lì per convincerli e mi sono pure messa a urlare, certo. Sì, ho urlato parecchio e sai loro che hanno fatto, Colette?» parlava, la voce tremante, colma di collera, le mani alla bocca, a masticarsi la punta delle dita. «Mi hanno sbattuta fuori, ecco cosa hanno fatto, con forza, con forza capisci?»

«Lo capisco bene, Gennie, ma cerca di non pensarci per ora, ne riparleremo la settimana prossima.» Nonna si mise in piedi e l'aiutò a raggiungere l'ingresso, accompagnandola con un braccio stretto attorno al fianco.

«Ci sono ancora delle ossa, capisci?»

«Lo capisco.»

«Promettimi che le ritroveremo, Colette.»

«Questo non te lo posso promettere, Gennie, ma faremo il possibile, questo sì.»

La donna si voltò verso di me e parlò per l'ultima volta prima di andare via.

«Perché, Andy sai, è importante ricongiungere tutti i pezzi.»

Mi osservò a lungo. Gli occhi tristi, grandi e lucidi tradivano la grande voglia che aveva di scoppiare in un pianto disperato.

«Solo così i fantasmi non potranno più tornare per tormentarci» concluse, poi la vidi allontanarsi lungo il vialetto.

31

Avevo preso il quadro in soffitta e l'avevo avvolto in uno spesso strato di carta da imballaggio marrone, ed ero scivolato via dalla porta sul retro, approfittando del fatto che mamma e nonna fossero intente a rassettare la cucina e il salotto.

Raggiunsi il cimitero e lo attraversai di corsa.

Il sole era una macchia rossa accesa, prossimo a scomparire al ridosso dei monti alti che si stagliavano incombenti oltre la vecchia ferrovia.

Sullo sfondo, un cielo lilla, quasi irreale.

Raggiunsi di corsa casa di Rosi e arrivai in prossimità del cancello che avevo il fiatone.

Lei era in giardino a raccogliere erbacce un po' lì e un po' qui. La osservai a fondo attraverso le sbarre del cancello senza battere ciglio. Con lo sguardo ancora chino, fu come se avesse avvertito la mia presenza.

«Non basterebbe una vita per ripulire tutto questo disastro» disse.

Faticai un po' per capire se l'avesse con me o se stesse parlando tra sé e sé, ma poi la vidi sollevare il capo e fissarmi sorridendo.

«Già» mi limitai a dire e sorrisi anche io.

«Tua madre sa che sei qui?»

«Mia madre non dovrebbe impedirmi di frequentare casa tua.»

«Avrà i suoi buoni motivi.»

«Tu credi?»

Rosi si avvicinò al cancello e continuò a fissarmi.

«Io credo di sì» disse poi, gli occhi lucidi adesso.

«Cos'hai fatto?» volli chiederle e il mio tono risultò quasi una supplica.

«Ti va di entrare per una tazza di tè? Blu dovrebbe arrivare da un momento all'altro.»

Strinsi al petto il quadro impacchettato.

«Sì» dissi solo.

32

«Hai mai fatto qualcosa di cui non sei andato fiero?» Rosi parlò, la vidi comparire dalla penombra della cucina, avanzare verso di me e poggiarmi davanti agli occhi una fumante tazza di tè, poi prese posto al tavolo di fronte a me, sorseggiando il liquido bollente.

La domanda mi aveva colto alla sprovvista. Rimasi un attimo in silenzio prima di riuscire a formulare qualcosa, e mi ricordai di mio padre e di come non mi importasse nulla di lui né della sua morte improvvisa.

«Mio padre morì prima che io nascessi» dissi. Presi fiato e continuai «Ecco, non vado mai fiero di come mi rapporti a lui, alla sua morte. Non vado fiero del fatto che non mi importi nulla, capisci? Eppure non mi importa davvero.»

La donna accennò un sorriso lieve.

«Sai,» cominciò poi «succede spesso che rifiutiamo di dare importanza alle cose per non rischiare di soffrire più di quanto già stiamo facendo.»

«Può darsi» risposi solo. Attesi che Rosi aggiungesse qualche altra cosa.

«Ma ciò a cui mi riferivo prima» riprese «è qualcosa di molto più grave, Andy, un'azione fatta che ti pesa più di un macigno del quale non puoi liberarti, anche se ne parli con qualcuno.»

«A cosa ti riferisci?»

Rosi sorseggiò un po' del suo tè, poi chinò il capo e, senza guardarmi negli occhi, parlò «Tempo fa, quando tu eri ancora molto piccolo, io tentai di dare fuoco alla tua casa.»

33

Avvertii un nodo alla gola, di quelli che a stento ti permettono di respirare.

Annaspai cercando di prendere boccate d'aria, ma quasi senza risultato.

«C'era mia nonna in casa quel giorno!» saltai in piedi e arretrai di qualche passo dal tavolo. «Hai quasi ucciso mia nonna, lo sai questo?»

Rosi sollevò il capo e mi guardò.

Aveva uno sguardo sinceramente dispiaciuto quando cominciò a parlare: «Io ero già morta da un pezzo» disse, gli occhi lucidi, a fissare il vuoto, come se a un tratto si fosse materializzata una scena del suo passato.

«Mio piccolo Andy,» mi disse, la mano sinistra ad accarezzarsi una guancia, rievocando la carezza ormai perduta di qualcuno, «non hai proprio idea di quanto male tua nonna mi abbia fatto.» Rinsavì, fissò prima me, poi il quadro impacchettato che tenevo per il bordo della cornice. «Cos'hai lì, è per me?»

Per un attimo indugiai sul da farsi, il cuore a mille e un leggero formicolio alle mani, poi però le allungai il pacco e restai lì a osservarla mentre furtiva lo scartava.

Rimase ferma per qualche istante osservando il dipinto, gli occhi lucidi, le labbra tremanti.

«È lei, non è così?» parlai io.

«Sì» rispose lei e quando mi fissò mi resi conto di quanto dolore avesse celato nel brillio degli occhi grandi e scuri.

«Perché mia nonna lo teneva nascosto in soffitta?» chiesi secco ma non irritato.

Rosi era tornata a fissare il quadro, con una mano carezzava la superficie ruvida della tela e indugiava coi polpastrelli sui grumi di pittura in risalto.

«Vuoi che ti racconti una storia, Andy?» mi chiese, lo sguardo ancora basso. «Ma devi ascoltarmi senza battere ciglio. I commenti potrai farli dopo, quando avrò finito.»

«Ti ascolto» dissi e mi rimisi seduto.

34

Rosi riprese fiato, e stavolta guardava solo me, le sue pupille scure e lucide fisse nelle mie.

«Ho amato tua zia, Andy» confessò e rimase per un istante in attesa di una mia reazione.

Non mi scomposi affatto, incosciente di quanto stesse per rivelarmi, cercando di capire a che tipo di amore si riferisse.

«Io e Luisa eravamo una sola anima» continuò. «Si dice che gli amori nati tra i banchi di scuola siano quelli che poi restano, in un modo o nell'altro.»

«Mia zia si è tagliata le vene, Rosi!» Le parole mi uscirono improvvise, viscide come un serpente «Io ero lì e ho visto il sangue.»

«Credi sia stata colpa mia?» domandò di scatto, aggressiva. «Come puoi pensarlo, Andy.» Si portò una mano tra i capelli scuri e scostò, col palmo premuto sulla testa, una ciocca che lasciava sempre che le coprisse parte della fronte, mettendo in risalto una cicatrice bruna, lunga almeno sette centimetri, a ridosso dell'attaccatura dei capelli.

«Questo è quello che meritano quelle come me, Andy. Ecco a cosa tua nonna mi condannò!»

Fu in quel momento che i suoi occhi non riuscirono più a contenersi e le lacrime cominciarono a bagnarle il viso stanco.

«Ti senti dare della strega, del mostro, solo perché vesti sempre di nero e ti piacciono le donne. I bambini ti lanciano pietre alle finestre e le mamme giù in paese tappano loro gli occhi con le mani quando ti vedono passare. "*Non guardatela, è una strega, non parlatele né cercate di avvicinarvi*".» Il tono singhiozzante e stanco tradiva rancori vecchi quanto le mura di quella casa decadente.

«Una notte, dopo la morte di tua zia, tua nonna Colette si presentò sotto casa strillandomi le cose più cattive e impensabili. Mi lanciò un sasso che mi prese in pieno la fronte e mi disse che non avrei più dovuto avvicinarmi alla loro casa per nessuna ragione al mondo, che Luisa si era uccisa per colpa mia e che avrei fatto meglio a tornare all'inferno.»

Deglutii, la testa cominciò a girarmi come un vortice e volli sedermi per non perdere l'equilibrio.

«Così» continuò lei «lo feci d'impulso, come quelle idee che ti vengono di getto e devi per forza metterle in pratica altrimenti sai che scompariranno per sempre. Successe così: presi una latta di benzina che avevo in cantina e mi avviai il mattino seguente verso casa tua. Non volevo fare del male a nessuno, credimi Andy, a quell'ora del mattino sapevo che nessuno di voi era in casa. Non immaginavo che tua nonna fosse lì. Volevo solo spaventarla, tutto qui. Avrei dato fuoco al cancelletto di casa e, quando sarebbe rientrata, avrebbe capito il messaggio. È stato un gesto stupido e immaturo. Ma cosa potevo saperne io? Quando la rabbia e il rancore ti bruciano dentro, non è più la ragione a guidarti ma il dolore causato dall'ustione. Io stavo ardendo dentro, e come me avrei voluto che anche la casa di Colette andasse a fuoco, o almeno parte della casa.» Tacque e riprese fiato, poi ricominciò subito dopo. «Secondo i miei piani sarebbe dovuto andare a fuoco solo il cancelletto di legno, ma il vento era forte quel mattino. Quando vidi che le fiamme avevano invaso anche il pianerottolo, scappai via e mi barricai in casa aspettando di sentire da lontano la sirena dei vigili del fuoco. Tua nonna non mi ha mai denunciata per questo. Aveva capito il messaggio.»

35

Nell'aria c'era odore di polvere misto a qualcosa di salmastro che proveniva dalla finestra della cucina socchiusa.

Avevo ascoltato con molta attenzione le parole di Rosi, che mi erano risuonate a tratti irritanti, a tratti invece malinconiche e sincere, come quei giorni di fine estate quando c'è la luna piena e ti accorgi che tutto attorno a te è immerso in un blu nostalgico. Poi avevo infilato una mano nella tasca sinistra e ne avevo estratto la foto, quella di Angel e zia, con la montagna sul retro.

«Dimmi qualcosa di lui» avevo esordito lasciando scivolare la foto verso di lei, sulla superficie liscia del tavolo di marmo.

Rosi osservò per bene l'immagine. La vidi sgranare gli occhi dallo stupore, poi si passò la lingua tra le labbra secche per inumidirle.

«Non dovresti avere questa foto. Dove l'hai trovata?»

«Era in soffitta, in un album, non so perché l'ho presa, mi è sembrato giusto. Era come se qualcuno avesse voluto nasconderla.»

«Nasconderla?» Rosi sembrò contrariata. «Se era lì, non credo che l'intenzione fosse quella di nasconderla. Magari il contrario.»

«Chi è lui? Parlami di lui» esortai ancora. Guardai per un istante il tè scurissimo e ormai freddo nella tazza sul tavolo, e rimasi così, in attesa.

«Luisa volle bruciare tutte le sue foto, ricordo che lo facemmo insieme, la cenere volò via come tante mosche impazzite. Non avrebbe dovuto esserci più traccia di Angel.»

«Probabilmente non era pronta per dimenticarlo del tutto» dissi, lo sguardo ancora fisso alla brodaglia scura nella tazza.

«Non si è mai pronti per quello» disse lei, la voce ridotta a un sussurro.

«Beh,» aggiunse «effettivamente non mi stupisco che ne abbia voluto conservare un pezzo. Tra l'altro Angel era stato il suo primo grande amore, o almeno era quello che lei pensava, fino a quando...» Si mise in piedi senza finire la frase. «Non lo bevi più?» mi chiese.

«Cosa?» la guardai, interrogativo.

«Il tuo tè» aggiunse lei, seria.

«Ah!» esclamai. «Sì, sì, puoi portarlo via.»

La vidi raggiungere il lavello e poggiare le due tazze da tè sul fondo.

«Non credere sia facile per me riaprire vecchie ferite, Andy» disse.

«Non lo credo» aggiunsi e attesi che lei parlasse ancora.

«Il fatto è che non scegliamo mai chi amare. E incappiamo in diavoli che sembrano angeli e finiamo per credere davvero che lo siano. Angeli intendo.»

Mi raggiunse a passi lenti, poi si sedette di nuovo di fronte a me, scostandosi con una mano i capelli lunghi che le coprivano la fronte.

«È stata colpa sua, non è così? È per questo ragazzo che la zia ha voluto farla finita.»

«Non credo tu sia ancora pronto per conoscere questa parte della storia, Andy,» disse «né penso io sia pronta per raccontarti il resto.»

«Perché non dovresti?»

«Perché anch'io ho le mie colpe.»

36

Poi sentimmo il cancello del giardino cigolare e rumore di passi calpestare le foglie secche del vialetto.

«È Blu» disse Rosi. «Sarebbe meglio finirla per oggi con questi discorsi.»

«Dov'era?» chiesi.

«Fuori, è arrivato un suo vecchio amico del collegio.»

Non feci in tempo a metabolizzare la risposta di Rosi, che sentii la porta dell'ingresso aprirsi e qualche istante dopo lo vidi comparire sulla soglia della porta della cucina.

Dietro di lui fece capolino un ragazzo, poco più basso di Blu, i capelli rossi scompigliati, un ciuffo spettinato a coprigli il viso puntellato da lentiggini.

«Ci stavamo preoccupando, giovanotto» disse Rosi. «Non ce lo presenti il tuo amico?»

Blu incrociò il mio sguardo, ma lo distolse all'istante. Notai il suo imbarazzo, ma non mi scomposi in alcun modo.

«Lui è Diego» disse, le mani nelle tasche, gli occhi a scrutare un punto qualunque della stanza. Poi si voltò verso il ragazzo che era rimasto fermo a pochi passi da lui e parlò di nuovo: «Loro sono mia madre Rosi e Andy, l'amico di cui ti parlavo.»

Diego sorrise, imbarazzato.

«Credo sia arrivata l'ora di andare per me,» intervenni a un tratto, rompendo quel fastidioso silenzio che si era venuto a creare appena dopo le presentazioni cortesi, «non vorrei che mia madre si mettesse a fare un'altra delle sue sfuriate.»

«Tua madre farebbe meglio a tenere la bocca chiusa ogni tanto» intervenne Rosi.

Feci spallucce e raggiunsi l'ingresso, passando di malavoglia davanti a Blu e il suo amico.

«Ti accompagno» disse Blu e mi raggiunse, chiudendosi alle spalle la porta e restando fermo sull'uscio, in veranda. Poi prese dalla tasca un pacchetto di sigarette e se ne portò una alla bocca, l'accese e cominciò a dare lunghe e copiose boccate nervose.

«È chi credo che sia?» chiesi, scendendo i primi gradini della veranda.

«È venuto per parlarmi di Padre Tomás, dice si sia tolto la vita qualche giorno fa.»

«Come ti senti tu?»

«Non saprei dirti.»

«Sollevato?»

«Ho solo un forte mal di testa.» Diede un altro tiro alla sigaretta.

«Non dovresti fumare allora.»

«Aiuta a calmarmi.»

«E lui, dimmi un po', lui ti piace ancora?»

Si allontanò dall'uscio e raggiunse la colonnina di gesso dov'era posto uno degli angeli grigi dalle ali spezzate.

«Non devi preoccuparti di lui, andrà via tra qualche ora.»

Lo raggiunsi.

Incollai il mio corpo al suo quel tanto da avvertire il suo tipico odore di menta e tabacco, poi lentamente poggiai le labbra al suo orecchio destro.

«Sei un angelo o un diavolo, Blu Sand?» gli sussurrai e gli stampai un bacio su una guancia, bianca e liscia come la pelle di un bambino.

Blu non rispose né si scompose in altri modi. E io lo lasciai lì.

37

La notte non tardò ad arrivare. Passai il pomeriggio affacciato alla finestra della soffitta, gli occhi fissi sulla casa di Blu.

Dopo il tramonto, quando la notte era ormai prossima ad adombrare il panorama, vidi lui e Diego uscire di casa e raggiungere il cimitero, due sagome nella tenue luce blu. Li osservai oltrepassare la prima collina e li vidi scomparire dietro di essa, in prossimità della ferrovia.

Tirai un sospiro di sollievo, per un attimo mi era balenata l'idea che Diego passasse la notte da Blu e la cosa mi aveva messo in agitazione.

Mi scoprii geloso e non mi piacque affatto. Era un sentimento che non conoscevo, che mi toglieva il respiro e mi torceva le viscere, che mi faceva sudare e mi seccava la bocca.

Quando poi, verso le dieci passate, sentii quel tonfo e i cani di Spada di Ferro abbaiare, capii che era successo qualcosa.

Restai in silenzio per qualche istante e mi sporsi di più, poggiando le mani sul davanzale di legno.

Poi ci fu un grido, e un altro subito dopo.

Sentii sbattere la porta della stanza di mia nonna e la udii scendere le scale frettolosa.

Uscii dalla soffitta e mi affrettai a raggiungere il soggiorno.

Nonna era già lì e presto ci raggiunse anche mamma, i capelli sconvolti e la faccia assonnata.

«Cos'è stato?» chiese grattandosi la nuca.

Nonna si legò per bene la vestaglia rosa attorno alla vita.

«Proveniva dalla casa di Nicole» disse, il viso serio.

«Oh Cielo!» Mamma si portò una mano alla bocca e raggiunse l'ingresso.

«Vado a vedere» aggiunse.

A quel punto sentimmo suonare al campanello, un suono insistente.

Ci guardammo un istante negli occhi io, mia nonna e mia madre, impacciati sul da farsi e spaventati dai latrati dei cani.

Mamma aprì la porta e si ritrovò faccia a faccia con Palma Belcappello, il viso sconvolto e senza trucco, la camicia da notte di pile rosa stretta in vita a esaltare i fianchi grossi.

«Nicole, si è buttata giù» disse solo, poi contorse le labbra in una smorfia grottesca ed eruppe in un pianto disperato.

«Andiamo» disse nonna raggiungendo Palma e mettendole una mano attorno alle spalle in segno di conforto.

Anche mamma fece per raggiungerle, ma prima si voltò verso di me. «E tu che fai?» chiese, vedendomi impalato.

«Tu vai avanti, prendo la Nikon e vi raggiungo.»

«Hai intenzione di fare delle foto?»

«Perché no?»

«Perché non mi sembra il caso» rispose, scosse la testa rassegnata e andò via.

38

Nicole Granne aveva la bocca aperta e la punta violacea della lingua di fuori. Una profonda spaccatura scura le divideva in due il cranio dove ancora era visibile qualche ciuffo di capelli chiari, gli ultimi rimasti a causa delle chemioterapie.

Nicole Granne aveva il cancro, per questo aveva voluto farla finita.

Portai la Nikon all'altezza degli occhi e misi a fuoco quelli vitrei di Nicole.

«Ha visto il Diavolo!» qualcuno disse, tra la marmaglia di persone che attorniavano il cadavere.

Mi decisi a scattare e poi lo feci ancora, e ancora.

«È proprio necessario, Andy?» sentii la voce di mamma dietro di me.

«Questo ragazzo non ha un minimo di decenza!» Mi apostrofò nonna.

Ma non mi importò.

Vidi Palma scambiare qualche parola con una donna grossa come una botte, accanto al cancelletto di ferro battuto che circondava il giardino di Nicole.

La donna aveva fatto un volo di quattro piani ed era atterrata sul marciapiede della via principale. Una morte alquanto spettacolare, degna di una vera star. Di certo se ne sarebbe parlato per molto tempo e forse era quello che la nostra Nicole desiderava, rifiutando la triste alternativa di un letto d'ospedale.

Era dalla morte di zia Luisa che in paese non accadeva nulla di simile. Anche se l'episodio aveva sconvolto non poco la tranquillità delle casalinghe represse e dei mariti segretamente impotenti, per un po' di tempo tutti avrebbero avuto qualcosa su cui spettegolare, riempendo così i pomeriggi vuoti di fine autunno e le tasche di mia nonna, se qualcuno avrebbe sostenuto di aver visto il fantasma di Nicole aggirarsi per le strade.

Quella notte, con l'obiettivo puntato sul viso pallido della donna riversa al suolo, sulle sue labbra violacee e gonfie, e sul sangue che a piccoli fiotti cominciava a fuoriuscire dall'orecchio sinistro, capii che Nicole aveva visto giusto ché, se avevi un cancro ai polmoni e sai che non hai scampo, lanciarti giù dalla finestra della soffitta può riscattarti, in qualche modo.

Alzai gli occhi al cielo, in direzione della finestra all'ultimo piano e la vidi spalancata, le tende rosa a svolazzare lievemente.

«Testadimorto» sussurrò qualcuno.

«È la strega.»

«Che faccia tosta a presentarsi.»

Circoscrissi la folla con lo sguardo: Rosi e Blu erano fermi, lontani da tutti, immobili a osservare in silenzio.

Salutai con la mano e un cenno del capo e feci per raggiungerli, quando vidi Rosi scuotere la testa invitandomi a rimanere dov'ero, poi guardai Blu e lo stesso fece lui.

«Da quando è arrivato quel ragazzo, le cose non vanno più come dovrebbero» sentii dire a nonna.

«Faresti meglio a tenere la bocca chiusa una buona volta» ammonii secco.

Nonna contorse il viso in una smorfia di rabbia.

«Hai superato ogni limite, Andy Lasso.»

Poi, in lontananza, udimmo il suono della sirena dell'ambulanza.

39

«Dimmi di te, cosa ti ricordi di quand'eri bambino.» Feci scorrere la mia mano tra i capelli di Blu lisci e scuri come le penne di un corvo, poi indugiai sulla guancia e ancora sul petto nudo e glabro.

Nell'aria, odore di sperma misto a quello del tabacco sparso sulla scrivania grande e a quello stagnante delle pozzanghere del giardino. Le tende bianche alla finestra semiaperta svolazzavano al flebile venticello del pomeriggio. Una luce chiara dava un che di candido alla stanza di Blu, mettendo in evidenza gli spazi vuoti tra un mobile e l'altro.

Blu mi aveva guardato un istante e aveva accennato un sorriso, mi aveva stampato un bacio sulla fronte e aveva alzato gli occhi al soffitto.

«Mi ricordo di due vecchi, un uomo e una donna» disse, quasi sussurrando.

«I tuoi nonni?»

«Più o meno sì, direi, i miei nonni. Mi ricordo di aver vissuto nella loro casa per un po', ogni tanto mia madre veniva a farmi visita. Poi un giorno i vecchi si sono ammalati, credo, e venni messo in collegio, penso che mia madre non abbia mai voluto prendersi le sue responsabilità.»

«Sei arrabbiato con lei?» Con la mano ero arrivato all'ombelico e avevo cominciato a giocherellare coi riccioli di peli a ridosso del sesso a riposo.

«No, non ne avrei il diritto. Lei semplicemente non ne era capace, credeva che fosse la cosa giusta.»

«E di Padre Tomás? Perché non le hai mai raccontato nulla?»

«Perché quando sei piccolo credi che i grandi siano sempre nel giusto, soprattutto chi indossa una tonaca.»

Guardai Blu per un istante, ma lui continuò a tenere gli occhi fissi sul soffitto.

«Pensi che un giorno le racconterai come sono andate le cose?»

«Può darsi, a meno che non lo immagini già.» A questo punto distolse lo sguardo dal soffitto e impresse i suoi occhi, grandi e neri, sui miei.

«Mi ci porti davvero al parco delle farfalle blu?» chiese.

Lo guardai immobile un istante, sorpreso dalla richiesta improvvisa e fuori luogo, ma poi sorrisi.

«Certo,» gli dissi «certo che ti ci porto.»

40

L'avevo lasciato dormire, bello e immobile, per metà coperto dal groviglio di lenzuola che avevano lo stesso colore latteo della sua pelle.

Blu era sereno.

Una mano sotto la nuca, l'altra sulla coscia nuda, gli occhi chiusi davano risalto alle ciglia nerissime come i capelli color penna di corvo.

Blu era un angelo, il più bello di tutti.

Seduto sul davanzale di marmo della finestra, mi ero sporto per perlustrare il giardino. Mi accorsi del piccolo stagno di ninfee, della statua del ragazzino di bronzo al centro, e più in là rividi la lapide marmorea nascosta tra i rovi spinosi e i cipressi.

«Mi distrugge il cuore, ma non metterci il nome. Solo tu sai che è lì.» Le parole di mia nonna a un tratto vivide nella mia mente.

«E se magari...?»

Mi vestii di corsa e abbandonai la stanza di Blu. Scesi gli scalini in fretta, il cuore a mille. Infilai la porta di ingresso e raggiunsi il giardino sul retro.

Calpestando le erbacce incolte, sorpassai lo stagno e raggiunsi la lapide. Entrai a fatica, aiutandomi con le braccia, nel groviglio di spine e rametti secchi.

Poi la vidi: niente più che una lapide di marmo scheggiata agli angoli, una croce incisa al centro.

«E se magari ci fosse lei qui sotto?»

Sentii il cancello cigolare e avvertii dei passi avvicinarsi a me. Nonostante tutto non mi mossi da dov'ero, i rovi e le spine a graffiarmi il viso.

«So cosa stai pensando» la voce di Rosi alle mie spalle.

Mi voltai e la sorpresi immobile, la borsa coi suoi taccuini a tracolla, il viso stanco.

Uscii dai cespugli, ma non parlai.

«Non credo sia giusto aprire vecchie ferite, poi cominciano a sanguinare e il sangue non va più via.»

«Quello c'è sempre stato, l'hai solo tenuto nascosto, Rosi» parlai.

«E se poi brucia?»

«Sapremo come curarci le ferite, non sei più da sola.»

Sorrisi. Lei ricambiò il sorriso.

«Luisa mi scrisse una lettera prima di morire,» mi confessò «l'ho tenuta per tutto questo tempo, ma credo sia arrivato il momento che la legga anche tu. Ti andrebbe un tè?»

«Con piacere.»

41

Rosi aveva appeso il quadro di mia zia a una delle pareti della cucina, tra l'armadio grande e il frigorifero.

Allungai una mano e toccai la superficie rugosa della tela. Avvertii, al tatto, i grumi di pittura in rilievo. Percorsi con le dita le linee sinuose del viso e mi addentrai nel groviglio di cavallette che le invadevano la chioma. Scesi agli occhi, gli occhi blu di mia zia Luisa.

«Raccontami la storia del quadro» dissi e mi voltai verso Rosi intenta ad armeggiare con l'infusiera per il tè.

Lei alzò lo sguardo nella mia direzione, sorrise lievemente e mi raggiunse asciugandosi le mani bagnate con uno strofinaccio.

«Fu a Fiumenero, dai miei genitori. Era il 1985. Restammo lì per un bel po', almeno il tempo che bastava.»

«Per cosa?»

Rosi mi fissò e intravidi nella sua espressione un'irrequietezza improvvisa. Non ci fu nessuna risposta, solo un sospiro a mandare via i pensieri.

Ritornai a osservare il quadro.

«Perché le cavallette?» chiesi poi.

«Successe qualche anno prima, credo che tu non fossi ancora nato. Ci fu un'invasione di cavallette nei campi. Distrussero tutto, i contadini persero più della metà del raccolto. Nel 1985 a Fiumenero se ne parlava ancora come un evento apocalittico. Luisa ne sembrava tanto affascinata. A un certo punto si convinse che un giorno le cavallette sarebbero tornate e lei sarebbe andata via con loro, in Africa magari.»

«E le cavallette tornarono. Io ero piccolo, lo ricordo bene.»

«Eh sì, tornarono, ma era già troppo tardi.»

«No, non lo era. Almeno è quello che ha sempre detto la nonna.»

«Cosa diceva?»

Impressi i miei occhi in quelli di mia zia, nel quadro, e restai a fissarla per un lungo istante prima di parlare.

«Che le cavallette liberarono il suo spirito intrappolato negli specchi.»

42

Rosi per un attimo non fiatò, le mani ai fianchi, l'espressione interrogativa; poi cacciò fuori uno sbuffo d'aria e ruppe il silenzio.

«Volevi leggere la lettera» disse.

Accennai un sì con la testa e la vidi abbandonare la cucina a passi rapidi e scomparire verso il lato sinistro del salone.

La sentii armeggiare con i cassetti di qualche credenza e un istante dopo la vidi comparire sulla soglia della cucina sventolando una busta bianca.

«Prima che tu la legga, vorrei che sapessi una cosa.»

«Dimmi» dissi.

«Vorrei sapessi, Andy, che qualunque cosa accadrà, da questo momento in poi la colpa è in parte anche la mia.»

«Cosa vuoi dire?»

«Voglio dire» sospirò e prese posto su una sedia del tavolo della cucina «che l'amore è così egoista a volte.» Sospirò di nuovo guardando nel vuoto di fronte a lei e passandosi una mano tra i capelli.

Poi mi guardò e mi allungò la lettera.

«Quel pomeriggio ero a lavoro» mi disse «e lei, approfittando del fatto che non fossi in casa, la infilò nella cassetta della posta.»

Rosi aveva gli occhi lucidi e rossi adesso. Capii che riusciva a stento a trattenere le lacrime.

«Risalivo la collinetta quando mi accorsi del gruppo di persone fuori casa tua. Poi vidi chiaramente l'ambulanza e due pattuglie della polizia.» Riprese fiato e si portò indietro un ciuffo di capelli che le era cascato sugli occhi. «Lo capii subito. Eh sì, in fondo un po' me lo aspettavo, nonostante l'avessi sempre amata più di qualunque altra cosa al mondo.»

«Più di tuo figlio?» La domanda mi sfuggì, incontrollata, e mi pentii subito di averla detta nel momento in cui vidi lo sguardo di Rosi incupirsi. Ma non rispose alla mia domanda, continuò il suo racconto, impaziente di concludere un capitolo troppo doloroso.

«Tua nonna mi vide tra la folla e si avventò contro di me. Mi diede della sgualdrina immonda! "*È lei la fottuta strega!*" gridò, "*Ti maledico Testadimorto*". Quando poi vidi la barella uscire dalla porta d'ingresso e le lenzuola bianche macchiate di rosso, capii che la mia vita era finita.»

A quel punto portai la busta bianca all'altezza degli occhi.

"*Per te che ci sei sempre stata*" vi era scritto con la grafia ferma e pulita di mia zia Luisa.

Poi aprii la busta ed estrassi la lettera.

La carta, ingiallita e ruvida, sapeva di polvere.

Ma i caratteri erano ben leggibili, il tratto marcato e chiaro.

Cominciai a leggere.

Luisa

"Ieri ho capito quanto sia difficile vivere, qui dico, in questo sputo di posto.

Palma Santogorgo mi ha dato della sgualdrina immonda, mi ha detto che dovrei vergognarmi, che sto recando un grande dolore alla mia famiglia, ha aggiunto che mia madre ci soffre tanto e che avrei fatto meglio a lasciarti stare, che ci avrebbero pensato lei e le altre a bruciare la casa sulla collina.

Credo si riferisca a quella volta che mi hai baciata al cimitero. Io le ho riso in faccia, le ho detto che avrebbe fatto meglio a pensare alle troiette che si scopa il marito e lei è stata zitta, ha contratto le labbra da rapace che si ritrova e ha sgambettato verso casa. È questo che cercavo di dirti ieri al telefono, ma eri occupata coi tuoi disegni e ho preferito lasciar stare.

Da quando siamo tornate da Fiumenero, le cose sono andate sempre peggio e a volte mi assale una voglia di piangere e dare di stomaco per quanto sto male, ma tengo tutto nascosto ben bene, perché poi darebbero a te la colpa.

Ma chiedo a te, Rosi, di essere forte. Perché appunto sarai tu al centro dell'attenzione per quello che sto per fare, ma non ne posso fare a meno, credimi. A volte l'amore non basta e spesso, per quanto mi piacciano, le carezze pungono e i baci bruciano… quando tutti ti ripetono che non è naturale, che è sbagliato.

Non credo alla vita dopo la morte e altre puttanate simili, quindi non lo faccio col pretesto di trovare qualcosa di meglio, è solo per chiudere gli occhi e riposare. Non farmene una colpa e cerca di perdonarmi.

Ho scritto anche a mia madre e mia sorella, le ho chiesto di essere sepolta nel tuo giardino, sotto i frassini. D'altronde adoro questa casa e l'odore dei fiori d'arancio d'estate, ed è qui che voglio stare.

Bacia Blu da parte mia, mai capirò se ho preso la giusta decisione con lui, ma forse hai ragione tu, è stato meglio così, non sarei mai stata una buona madre, tu sei più brava di me.

Un giorno sicuramente chiederà di suo padre, digli pure le cose come sono andate, magari quando penserai che sarà abbastanza grande da capire.

Non posso amare se non riesco ad amare me stessa, farei solo altri danni.

Ciao Rosi

Sempre tua
Luisa"

43

L'aria sembrò farsi opprimente, quasi pungente sulla pelle d'oca. Avevo letto tra me, e le parole di zia avevano preso vita attraverso i miei sussurri.

Poi avevo guardato Rosi con uno sguardo accusatorio e incredulo, e avevo stretto il foglio troppo forte, nella mano sudata.

«E questo?» chiesi. «Cosa vuol dire?»

Rosi non accennò a scomporsi minimamente, gli occhi fissi nei miei, austera, non tradendo alcuna emozione.

«Quello che hai appena letto» rispose.

«È suo figlio?» domandai, il tono tremante, il cuore in gola.

«Sì.»

Mi sentii mancare e repressi un conato di vomito.

Poi l'angoscia lasciò immediatamente spazio a una rabbia improvvisa.

«Perché, Rosi, perché dannazione!»

«È stato il suo volere, Andy!» disse. «Io l'ho solo assecondata. Blu è il figlio di Angel. Quando lei gli rivelò di essere incinta, lui le disse che non sarebbe dovuto succedere, che aveva altri progetti, ma la cosa più meschina fu quando le disse che non l'amava e che per questo non avrebbe potuto amare la creatura che portava in grembo. Proprio non ti immagini Andy come può sanguinare un cuore quando te lo calpestano in questo modo.»

Rosi riprese fiato, poi si portò una mano al petto, premendo il palmo sul cuore.

«Io» disse «ho cercato di starle vicina. "*Il bambino nascerà*" le dissi un giorno "*ce ne andremo a Fiumenero e nessuno saprà nulla*".»

Rosi prese posto su una delle sedie del tavolo di marmo e, con lo sguardo fisso al quadro di zia, continuò «Era il 1985 quando lasciammo la città per trasferirci nella casa di campagna dei miei, lì a Fiumenero. "*Il bambino è tuo Rosi*" mi ripeteva sempre "*Io non ne sarei capace, questo bambino è tuo*". Quando il bambino nacque, Luisa non volle prenderlo tra le braccia. Dopo il travaglio volle solo dormire e chiese a tutti di lasciarla sola. Per tre giorni vide solamente mia madre, che le cambiava le lenzuola e le portava il cibo che puntualmente si rifiutava di mangiare. Quando si decise a uscire dalla sua stanza, mi chiese che nome avessi pensato di dare al piccolo. Le dissi che mi avrebbe fatto piacere sceglierlo insieme. "*Blu*" disse "*Ti piace?*".»

«Come le farfalle del parco!» aggiunsi io, e le sorrisi.

Avevo ascoltato in silenzio Rosi parlare, l'avevo vista contemplare il quadro di zia che aveva appeso in cucina, avevo notato gli occhi lucidi e la voce rotta da un pianto smorzato.

«Perché hai fatto tutto questo?» avevo chiesto, ma subito la domanda mi parve alquanto banale.

Distolse lo sguardo dal quadro e impresse ancora una volta i suoi occhi nei miei.

«Perché? Penso ti sia chiaro, Andy Lasso, io amavo tua zia Luisa.»

«E lei? Ti amava lei?»

«A modo suo, sì. Sicuramente non di quell'amore che io avrei voluto, ma cominciò a bastarmi, o almeno me ne convinsi.»

Riprese fiato, si sistemò un ciuffo di capelli che le era sceso sulla fronte, a coprirle l'occhio sinistro, poi parlò ancora.

«Il fatto è che quando tornammo al paese per tutti diventammo delle streghe. Quando la gente non conosce la verità, comincia a inventare storie e quelle storie diventano la verità. Nel periodo in cui vivevamo a Fiumenero, Luisa si era sempre tenuta in contatto telefonico con tua nonna. Le diceva che aveva bisogno di staccare un po' la spina e respirare aria pulita, senza accennare mai al bambino. La tua famiglia non ha mai saputo nulla. Per Colette la colpa era mia e continuò a essere mia quando tornammo in paese. Per tutti ero stata io a plagiare Luisa, le avevo fatto un incantesimo o chissà quale altra assurdità. Perché ero una strega, perché vestivo sempre di nero, perché bene o male tutti sapevano che mi piacevano le donne.»

44

Avevo ascoltato, in silenzio e immobile, la lettera ancora stretta nella mia mano, col cuore che mi batteva in gola.

«Avresti dovuto dire a Blu come stavano le cose, Rosi, avresti dovuto» dissi secco e impassibile.

«Blu non ha mai chiesto, e io mi sono adattata al suo silenzio» rispose lei guardandomi seria.

«Era solo un bambino, maledizione! Non siete state in grado di assumervi le vostre responsabilità e l'avete abbandonato» dissi alzando il tono della voce.

«Non parlarmi in questo modo, non ne hai il diritto, Andy!»

«Credo di averne più di quanto pensi, Rosi. Se solo sapessi...»

«Cosa dovrei sapere?»

«Perché in diciotto anni non sei mai andata a fargli visita in collegio, o a conoscere i suoi insegnanti, o a prenderlo per portarlo a casa per le vacanze?»

Rosi non parlò. Perlustrò con lo sguardo la cucina alla ricerca di qualcuno o qualcosa che le suggerisse cosa dire, poi si decise, fissando per l'ennesima volta il quadro di zia, l'unico che sembrasse ispirarla.

«Perché mi sentivo in colpa.»

«In colpa?»

«Sì. In qualche modo mi sono sempre sentita responsabile. Sono stata io, Andy, a dirle che era meglio così, ma non perché ci credessi davvero, ma perché avevo paura di perderla. Avrei dovuto accontentarmi di un amore a metà, avrebbe amato Blu più di quanto amasse me. Sono responsabile di come sono andate le cose.» Tacque. Poi riprese «A volte penso che sarebbe stato diverso se Blu fosse rimasto con noi, forse Luisa non si sarebbe tolta la vita.» Aveva gli occhi lucidi e qualche lacrima già era scesa a solcarle il viso.

Attesi qualche secondo prima di parlare, approfittando di quel silenzio interrotto dal gocciolio del rubinetto; poi lo feci, la voce rotta dall'emozione.

«Blu non è stato allontanato dal collegio semplicemente per aver colpito un prete.»

Rosi mi guardò con aria interrogativa.

«Per anni un certo Padre Tomás ha abusato di lui, e ora non mi stupisco del perché tu non ne sappia nulla.»

Raggiunsi il tavolo e vi poggiai la lettera.

Ma stavolta Rosi non guardava più me, ma qualcuno alle mie spalle, e le tremavano gli occhi, colmi di stupore e terrore.

Così mi voltai.

Blu era dietro di me, sulla soglia della porta della cucina, coi capelli ancora scompigliati dal sonno, il viso stanco e mal riposato.

«Sapete?» disse, apparentemente calmo. «Il brutto delle case vecchie è che le mura non nascondono bene i segreti, e i bisbigli risuonano.» Poi si rivolse a me «Non avresti dovuto dirle tutto. Mi fidavo di te, Andy.»

«Blu» parlò Rosi dietro di me.

Blu allora alzò lo sguardo e la fissò.

«Allora è vero quello che si dice sul tuo conto. Sei tu la strega, una fottuta strega bugiarda!» disse.

Raggiunse di corsa l'ingresso e si fiondò fuori, oltrepassando il giardino e prendendo la strada che conduceva al cimitero.

45

Avevo guardato Rosi per un istante che mi parve infinito, cercando di capire cosa fosse giusto fare.

Ma dal suo sguardo interdetto capii che neanche lei lo sapeva.

Così mi decisi e corsi furori anche io, attraversai il giardino e seguii rapido la sagoma scura di Blu verso il cimitero.

Quando arrivai, avevo il fiatone, mi appoggiai a una lapide e mi piegai in avanti per riprendere fiato. Blu era di spalle, in parte nascosto da due angeli di marmo, col capo chino, immobile.

Sembrò a un tratto rendersi conto della mia presenza, perché cominciò a parlare.

«Non mi importa niente, sai? Voglio dire, che sia mia madre o che non lo sia.» Accarezzò la superficie liscia di una lapide di marmo. «Non la conosco, se non per qualche ricordo sfocato d'infanzia. Pensa che il ricordo più vivido che ho di lei fu quando qualche mese fa è venuta a prendermi alla stazione. Lei era lì, ferma al binario, una macchia nera indistinta, e mi sono detto "*Ecco, è lei mia madre, è lei quella che c'era ma che fingeva di non esserci*".»

«Da quanto ci ascoltavi?» chiesi, la voce tremante.

«Da abbastanza per capire chi è la mia vera madre e che io e te non potremo mai avere un futuro» rispose secco.

«Perché lo dici?»

Si voltò e potei notare all'istante gli occhi lucidi e gonfi, e il viso candido bagnato dalle lacrime.

«Perché sono il figlio di Luisa, ecco perché.»

Rimasi in silenzio finché non avvertii un calore improvviso e mi decisi a parlare, il cuore mi batteva rapido, quasi a voler squarciare la pelle del petto.

«Io ti amo, Blu» dissi.

Lo vidi spaesato, gli occhi lucidi e tremanti a scrutarmi a fondo, e quando parlò, quello che disse mi valse più di mille *Ti amo,* o *ti voglio bene* o *staremo per sempre insieme,* perché lo disse con sincerità, perché lo voleva davvero.

«Vieni con me a cercare mio padre, devo capire chi sono, voglio che tu stia con me.»

«Verrò con te» gli dissi.

Poi mi raggiunse e mi abbracciò forte. Restammo così, immobili per qualche secondo, e proprio quando le labbra di Blu si posarono dolci e salate sulle mie, dei passi alle nostre spalle ci fecero sussultare.

Ci voltammo e vedemmo giungere Rosi, respirava a fatica.

Quando fu al nostro cospetto, ingrossò il petto per riprendere aria.

«Credo sia troppo tardi, non è così?» parlò.

«È troppo tardi!» rispose Blu, poi mi prese la mano e la strinse nella sua.

46

La luce del tramonto filtrava tra le fenditure delle persiane abbassate, colorando di arancione la stanza e rendendo visibili i minuscoli granelli di polvere fluttuanti nell'aria.

Mia madre, accoccolata sul divano, le ginocchia ritratte a sé e piegate su di un lato, beveva del vino bianco in un calice. Sul tavolino basso accanto al divano, una bottiglia di chardonnay già vuota per metà e un portacenere di cristallo dove una sigaretta accesa fumava da sola prossima a spegnersi.

«Avevo comprato un po' di vino per festeggiare, ma sei mancato tutto il giorno. Forse non è stata una buona idea, comprare del vino intendo» disse rompendo il silenzio, poi rise nervosa sorseggiando un altro po' di vino.

«Perché?» chiesi stupito. «Cosa si festeggia?»

«Il mio nuovo lavoro» rispose. «Ma sembra che in questa casa non interessi a nessuno.»

«Certo!» esclamai allora io. «A me interessa. Sono davvero contento per te. Di che si tratta?»

La raggiunsi e mi sedetti al suo fianco sul divano.

«A quanto pare il mio diploma di maestra d'asilo è valso a qualcosa» disse. «E certamente non è stato merito del centro per l'impiego. Stamattina mi sono detta "*Rachele, datti una mossa!*". Così ho stampato un bel po' di curriculum e sono andata in giro con l'auto. Ora eccomi qui. Ho un lavoro in una scuola materna. Non che ci sappia fare tanto coi bambini, ma chissà che cavolo c'avranno visto in me. Di pazienza ne ho da vendere, quella sì.»

Afferrai la bottiglia di vino e me ne versai un po' in un calice che mamma aveva sistemato sul tavolino accanto al portacenere.

Il vino era caldo e mandai giù il primo sorso a fatica.

«La nonna dov'è?» chiesi poi.

«In camera sua» rispose mamma. «È ancora troppo scossa dalla morte di Nicole. Povera vecchia! Credo che buttarsi dalla finestra sia la cosa più giusta che abbia fatto in tutta la sua vita» sospirò, poi scoppiò a ridere.

«Sai?» aggiunse poi. «Penso di essere un po' ubriaca.»

Allora sorrisi. Lo feci perché era tanto che non vedevo mia madre ridere di gusto.

Pensai allora che avrei dovuto approfittare per chiederle delle cose sul conto di zia, di Rosi, di Angel, del perché mi avesse sempre tenuto nascosto il fatto che zia fosse sepolta nella casa sul colle, o se avesse anche lontanamente pensato che Blu potesse essere il figlio di Luisa. Ma quando parlai non mi uscì nulla di tutto questo.

«Rosi mi ha mostrato la lettera che la zia le scrisse prima di morire» dissi solo.

Mamma aveva la testa poggiata sulla testiera morbida del divano. Vidi il suo sorriso svanire all'istante e il suo sguardo incupirsi.

«Vedi Andy, tua zia negli ultimi tempi non sembrava poi tanto lucida» rispose, la voce ridotta a un sussurro. «Sembrava come sotto un incantesimo, capisci quello che intendo?»

«La zia scrisse una lettera anche alla nonna?» chiesi allora, secco e deciso.

«Sì!» rispose lei, versandosi dell'altro vino. «Ma non chiedermi che fine abbia fatto, probabilmente bruciò assieme alla veranda.»

«Beh,» parlai «allora è un vero peccato.»

«Già.»

Mandai giù lo chardonnay che era rimasto nel calice e deglutii tutto a fatica, poi mi misi in piedi, ma prima di abbandonare il salotto parlai ancora.

«E quel Angel? Il ragazzo della foto?»

«Cos'è che vuoi sapere di Angel?»

«La verità. Dov'è adesso?»

Mamma mi osservò qualche istante, prima di decidersi a parlare, poi disse «Angel scrisse una cartolina a tua zia quando lei era a Fiumenero, quattro righe.»

Si alzò, raccolse i capelli all'indietro e si sistemò la maglia che lasciò scivolare sui fianchi, poi raggiunse la mensola accanto alla finestra che affacciava sulla veranda. Dalla mensola prese una foto, quella nostra fatta al parco delle farfalle blu, la rigirò dapprima tra le mani, poi ne estrasse qualcosa dal retro: una cartolina incastrata tra i fermi di ottone della cornice.

Mi raggiunse e quando me la porse parlò ancora, gli occhi stanchi, la voce impastata.

«Cosa pensi di scoprire, Andy? I morti non ritornano mica in vita.»

La fissai per qualche secondo senza dire nulla, poi presi la cartolina e l'esaminai.

Montagne, le cime coperte di neve e tanto verde in primo piano, con una scritta gialla in corsivo che diceva *"Montefelice"*.

Sul retro Angel, con tratto deciso, aveva scritto un indirizzo e, a seguire, una frase.

"Se pensi sia il caso, raggiungimi, ti spiegherò tutto. A."

47

Il treno partì puntuale, una bella mattinata di inizio Novembre in cui stranamente non pioveva e il cielo era di un celeste intenso, come in quelle giornate di primavera che profumano di fiori.

Però non c'erano fiori e l'aria sapeva d'asfalto umido, per via delle piogge passate, e tutto era immerso in un silenzio ovattato, di quelli che ti stordiscono e che ti fanno desiderare di essere altrove.

Ma io avevo Blu, nonostante fosse così dannatamente silenzioso quel giorno, io avevo lui.

Stetti per quasi metà del viaggio con la fronte attaccata al vetro del finestrino del nostro scomparto, guardando la campagna e i monti dalle cime innevate che si susseguivano, come in quel gioco delle lanterne. L'altra metà invece la passai a osservare Blu dormire, la testa su di un lato, le braccia incrociate, soffermandomi sul suo respiro dolce, sulle labbra semiaperte e le palpebre chiuse che univano le ciglia nerissime e folte.

«Io ti amo, Blu Sand» sussurrai.

Il treno fischiò. Lentamente cominciò a rallentare in prossimità della prima stazione.

48

«Lo vedi quel monte lì in fondo, dopo il bosco?» Blu indicò un punto astratto, sopra il mio naso.

Alzai lo sguardo e osservai in direzione del suo dito.

«Lì c'è il mio collegio.»

«Come ti senti?»

«Che vuoi dire?» Scese dal treno e sistemò lo zaino sulle spalle.

Io feci lo stesso e mi strinsi nel cappotto pesante.

«Intendo con tutto. Dico, sei a pochi chilometri dal tuo collegio e tra un po' conoscerai tuo padre.»

«Non lo so» disse lui e alitò nelle mani, a mo' di coppa, per riscaldarle.

Il freddo era pungente, mi penetrava nelle narici e sotto il cappello di lana che mi copriva interamente la fronte.

Fuori la stazione, la nebbia fitta di primo mattino rendeva difficile mettere a fuoco le cose e offuscava le sagome degli alberi scheletrici del vialetto e le luci fioche e giallognole dei lampioni.

Camminammo lungo il sentiero di ciottoli che arrivava fino alla strada principale da dove aveva inizio il paesino, con le viuzze strette e tutte in salita, le case di tufo vecchio con le porte di legno e i balconcini dalle ringhiere in ferro battuto.

Montefelice dormiva; la neve sui camini, tra le tegole vecchie e ammucchiata ai bordi delle stradine.

Quando raggiungemmo le scale della piazza centrale, la nebbia era già andata via e il sole era alto e illuminava il cielo bianco e privo di nuvole. Scorgemmo una donna intenta a sistemare casse di frutta per il suo negozio; sulla sua testa, un'insegna a grandi e irregolari caratteri cubitali dipinti a mano diceva: Da Monica, frutta e verdura.

La donna era sulla settantina, zoppicante e curva, il viso scarno e rugoso e i capelli scuri lasciati sciolti sulle spalle.

«Ci scusi, sa per caso dove si trova questo posto?» le chiesi, e le porsi la cartolina di Angel. Lei ci guardò un attimo perplessa.

«Ci avrei giurato che non eravate di queste parti» disse, prima di esaminare la cartolina.

Aggrottò le sopracciglia come se stentasse a credere a quello che aveva appena letto, poi mi restituì la cartolina e ci osservò.

«Che ci andate a fare qui?» domandò.

«È dove abita mio padre» intervenne all'istante Blu.

La vecchia sembrò non afferrare, continuò allora a squadrarci con fare sospettoso.

«La conoscete la storia delle cavallette?» ci interrogò.

«Le cavallette?» domandò Blu.

Immagini confuse, rievocate dai racconti di Rosi, dal quadro di zia e dalla miriade di disegni sui taccuini, cominciarono ad assalirmi la mente come tanti ali di pipistrello.

«Distrussero i campi, qualche anno fa» dissi.

La vecchia ammiccò un sorriso.

«Li hanno portati con loro» aggiunse. «I fantasmi dico, sono andati via con loro. Erano milioni, distrussero tutto e portarono via una parte di noi. I nostri fantasmi.»

«Cosa c'entra questa storia con mio padre?» Blu sembrava irritato.

«Cosa pensi di trovare qui, ragazzo?» chiese allora la vecchia, bruscamente. «Lasciate in pace i morti» aggiunse. Poi si voltò e, dandoci le spalle, continuò ad accatastare in un angolo casse di melograni grossi come teste di neonato.

«Continuate diritto per questa strada» parlò all'improvviso. «C'è un vecchio casolare di mattoni rossi, è lì che siete diretti.»

«Grazie!» dissi solo, ma Blu non ringraziò a sua volta. Si incamminò senza aspettarmi, col capo chino, a passi rapidi.

49

La neve ammassata all'ingresso faceva pensare che non venisse spazzata da almeno una settimana, quindi che nessuno avesse varcato la porta di casa e attraversato il vialetto del giardino stopposo per raggiungere il paese.

Le finestre della casa erano chiuse, fatta eccezione per una piccola al piano di sopra.

Blu mi guardò esitante per una manciata di secondi.

«Io busso» disse poi e a passi lunghi e decisi raggiunse l'ingresso, stretto nel cappotto pesante, le mani in tasca.

Lo seguii e lo vidi pigiare l'interruttore del campanello. Un suono acuto, come il verso di un'oca.

Dall'interno un rumore brusco, simile a quello che farebbero dei barattoli di latta sul pavimento, e una voce roca e femminile: «Un attimo!»

Rumori di passi, una chiave che girava più volte nella serratura, lo scatto di alcuni chiavistelli e poi il cigolio della porta.

La donna che ci trovammo davanti poteva avere pressappoco l'età di mia nonna Colette: i capelli ingrigiti e spettinati lasciati sciolti sulle spalle come tanti vermi confusi, le occhiaie a circondare borse pesanti sotto gli occhi piccoli e lucidi, il viso stanco mal riposato, le labbra secche che nascondevano una dentatura annerita dalla nicotina.

«Cosa posso fare per voi ragazzi?»

«Cercavamo un certo Angel» rispose subito Blu. «È qui che abita?»

La vecchia sgranò gli occhietti sferici e ci squadrò per bene.

«Chi siete voi? Cosa volete da Angel?» Il tono era serio, ma non brusco.

«Io sono suo figlio» parlò ancora Blu.

Vidi la bocca della vecchia aprirsi a forma di grande O, stirando la pelle delle gote ossute, poi avanzò di qualche passo, instabile, e allungò le mani verso Blu.

«Sei tu!» disse poi, quasi in un sussurro. Carezzò il viso di Blu che, impacciato, rimase impietrito.

«Vi prego ragazzi, entrate. Entrate pure, vi preparo una tazza di tè.»

«Grazie!» dissi solo, poi ci affrettammo a entrare, e per un attimo restammo immobili sulla soglia dell'ingresso, in attesa che la donna ci guidasse.

«Da questa parte» aggiunse poi.

50

«Fu tutta colpa delle cavallette» disse la vecchia versandomi del tè bollente. Riempì anche la tazza di Blu, poi si sedette e sbuffò soddisfatta.

«È accaduto due volte a distanza di pochi anni. Il primo sciame arrivò all'improvviso, nessuno fu avvertito, e distrusse ogni cosa. Io ero lì. Io le vidi. Invasero le finestre, entrarono nelle case attraverso le crepe nei muri, ma non si potevano chiudere le finestre, sapete? C'era un caldo asfissiante, di quelli che ti tolgono il respiro. Quando andarono via, sentimmo dire che avevano raggiunto Fiumenero e che presto sarebbero scese ancora di più. Ecco, quando andarono via, tutti in un modo o nell'altro sapevamo che qualcosa era cambiato.» Si fermò e si mise in piedi abbandonando la sedia a dondolo di vimini dove era seduta.

Io fissai Blu perplesso. Il mio amico alzò le spalle anch'egli disorientato, ma non parlò.

Vedemmo la donna gobba, a passi irregolari, raggiungere una credenza.

Vi rovistò all'interno per qualche secondo e poco dopo ne estrasse un libro lungo e stretto dalla copertina scura; poi, sorridente e compiaciuta, ci raggiunse e prese di nuovo posto sulla sedia di vimini, poggiandosi il libro sulle ginocchia.

«L'anima, capite?» Proseguì «Rubarono le nostre anime, i campi furono sterminati e molte famiglie decisero di abbandonare Montefelice.» Tossì per schiarirsi la voce. «È stata una grande perdita per tutti noi. Era Dio che voleva punirci per qualcosa.»

A quel punto aprì il libro e capimmo che si trattava di un vecchio album pieno zeppo di polaroid sbiadite dal tempo. Mi furono subito chiare le immagini di Montefelice: le case, alcuni campi, le strade vuote, un vecchio con una pala che contemplava un campo di erbacce.

«Queste foto le scattò Angel, adorava le polaroid.»

La donna sorrise, poi si portò alle labbra la tazza di tè ancora fumante e ne bevve un sorso.

«Tutti i suoi amici erano andati via. Era rimasto solo il mio Angel. Passava giorni interi alla finestra della sua stanza a fissare i campi distrutti. Ma io l'avevo capito da subito che la sua anima era andata via con le cavallette. Il mio Angel non poteva più rimanere. Così mi abbandonò anche lui, come aveva fatto suo padre qualche anno prima. Angel voleva studiare arte e andò a farlo, in città. Io non mi opposi, non potevo. Nonostante tutto, mio figlio non fu più lo stesso.»

Vidi lo sguardo della donna rattristirsi e una serie di lacrime cominciarono a solcarle il viso.

«Dov'è mio padre ora?» fu a quel punto che intervenne Blu, impaziente.

La donna impresse i suoi piccoli occhi in quelli del mio amico.

«Non è così semplice ragazzo,» aggiunse poi «non lo è per niente. Lascia che ti racconti.»

Blu non parlò. Rimase immobile osservando la donna che continuò a sfogliare l'album.

Erano più che altro immagini di Angel da bambino: Angel che giocava in giardino, Angel che indicava sorridente l'obiettivo, Angel cavalcioni sulle spalle di un uomo.

«E tu com'è che ti chiami?» la vecchia si rivolse d'improvviso al mio amico.

«Mi chiamo Blu» rispose questi, titubante.

«Blu» ripeté la vecchia. «È stata Luisa a sceglierti il nome?»

«Non lo so» disse lui.

«Sì,» intervenni io «assieme a Rosi.»

«Rosi?»

«Rosi era un'amica di mia madre» concluse Blu.

51

«I nomi sono importanti, fanno le storie.» La vecchia scrutò il mio amico con attenzione. «Senza i nomi non siamo niente, non esisteremmo neppure» aggiunse, poi bevve un po' di tè e rimase con lo sguardo nel vuoto, continuando a passare le dita sui bordi delle polaroid incollate sulle pagine ingiallite dell'album, che sprigionava un forte odore di polvere.

«Luisa si chiamava» continuò, gli occhi a fissare un punto astratto nel nulla. «Me lo scrisse in una lettera, mi disse che l'aveva conosciuta al corso di pittura. Pensai subito che fosse un bel nome. Luisa. Eppure non credo che Angel ne fosse innamorato, no, non lo credo. Questo una madre lo sa. Tra me e mio figlio non ci sono mai stati segreti, o quasi.»

«E di me? Le ha mai parlato?» intervenne poi Blu, col tono impaziente di chi non ne poteva più di ascoltare.

«Certo!» rispose la vecchia. «Ma non sarebbe dovuto accadere. Angel non era fatto per amare le donne e tantomeno per avere un figlio. Ma come biasimare Luisa, mio figlio era così bello. Tu gli somigli, ora che ci penso, hai il suo stesso taglio degli occhi, la stessa bocca.» La vecchia sorrise ma era un sorriso spento, malato, per niente sincero.

«I figli si fanno in due» risposi allora io, secco.

La vecchia rinsavì e impresse i suoi occhietti sferici nei miei, stavolta.

«No, figliolo,» spiegò «non è affatto così semplice. Proprio non immagini quanto l'amore possa essere egoista, e Luisa lo è stata, con Angel, credendo che il bambino l'avrebbe avvicinato di più a lei. Ma non poteva essere così. Angel me lo diceva che non aveva il coraggio di lasciarla, che temeva che avrebbe commesso una follia. In qualche modo lui le voleva bene, ma non l'amava, non di quel tipo di amore che lei avrebbe voluto.»

«E lei come fa a saperlo? Come fa a sapere cosa avessero nel cuore?» parlai ancora e mi accorsi tardi del mio tono scontroso, quasi accusatorio.

«Io lo sapevo.» L'espressione della donna si fece seria. Si batté più volte la mano sul petto, poi continuò «Una mamma lo sa, sa tutto e sa anche quando il cuore del proprio figlio è destinato a non essere mai felice.» Aveva gli occhi lucidi, chinò lo sguardo sull'album e voltò pagina.

Altre foto.

Angel è un po' più grande, avrà avuto dieci o dodici anni, dà da mangiare a le galline in un pollaio recintato.

«Quando si decise a lasciare Luisa, tornò qui, sebbene non avesse terminato la scuola di pittura. Disse che voleva cominciare una vita nuova e io lo lasciai fare. Ma era tutto sbagliato, ogni cosa.»

La vecchia aveva cominciato a piangere.

«Non era fatto per amare le donne ma non doveva scoprirlo in quel modo, capite?» Voltò pagina ancora e questa volta lo vedemmo. Angel, trent'anni o poco meno, senza occhiali da sole seduto a un tavolo. Dietro di lui una finestra aperta sui monti.

«Entrò in seminario e divenne Padre Tomás, perché Tomás era il suo secondo nome e cominciò un'altra storia per lui» aggiunse la vecchia.

«Vedete adesso?» Si asciugò le lacrime. «Vedete perché i nomi sono così importanti?»

52

Avevo dato uno sguardo incredulo a Blu che, alla mia sinistra, era rimasto stranamente impassibile, ma notai le labbra tremanti e gli occhi, lucidi e traballanti, trattenere un pianto.

«Si trovò qualche anno a insegnare in collegio» disse la donna, quasi sussurrando. «È stato lì che il mio Angel si è smarrito, sapete?»

Ci osservò attentamente uno a uno.

«Ma chi sono io per giudicare l'amore?» aggiunse.

«A che tipo d'amore si riferisce?» chiesi allora io, con la voce impastata, la gola secca e il cuore che batteva all'impazzata.

«All'amore nero, figlio mio» rispose. «L'amore sbagliato, quello destinato a finire, l'amore che ti logora dentro e ti uccide lentamente.» Tacque, ma subito dopo riprese «Angel si era innamorato di un ragazzino.» Chinò il capo «Un ragazzino capite? Non mi diceva molto, era il suo piccolo segreto, e credo l'unico che non abbia mai condiviso con me. Non conoscevo il nome di questa creatura né sapevo quello che in realtà stava accadendo in collegio. Ricordo solo che un giorno mi chiamò e mi disse che aveva conosciuto questo ragazzino, che gli somigliava in modo incredibile e che gli aveva rapito il cuore.» Sorrise nervosa. «Il cuore, capite?» Carezzò l'immagine di Angel passando delicatamente i polpastrelli lungo i bordi bianchi della polaroid. «Ho tentato di dissuaderlo, ve lo giuro sulla cosa che ho più cara al mondo, ma non c'è stato verso. Quando l'amore è marcio, non c'è modo di estirparlo, ti invade il cuore come un cancro maligno e puoi solo restare a guardare e sperare che quel cuore cessi di battere, per sempre.»

«E lo fece, Angel è morto» conclusi io a voce bassa, quasi per timore di risvegliare i fantasmi.

La donna mi fissò, dura e fredda come un pezzo di ghiaccio.

«Lo sai che il sangue non va più via? Impregna le cose, i vestiti, e ti lascia addosso l'odore del dolore» parlò, gli occhi fissi nei miei.

«Lo so bene» dissi ripensando a molte altre cose, compreso il sorriso di mia zia, quel giorno prima di entrare in bagno e non uscire mai più.

«Ciao Andy.»

«Ciao.»

Un po' me ne ero pentito di non averle detto altro, ma forse non un po', forse più di un po', perché un "ciao" non bastava, quando poi lei non ci sarebbe più stata. Le avrei potuto dire "Ciao zia" oppure "Come ti è andato il lavoro?", ma non avevo fatto nulla di tutto questo.

Eppure conoscevo bene l'odore del dolore, perché anche io avevo visto il sangue sulle mattonelle del bagno, sullo zerbino, nel fondo della vasca.

«Si è tagliato le vene» riprese la vecchia. «Due tagli profondi sui polsi. Al collegio qualcuno aveva fatto la spia, era stato allontanato per questo.»

Guardai di nuovo Blu. Due lacrime lunghe e sinuose gli erano scese sul viso, due rivoli tortuosi che si univano sul mento lungo.

Ma non parlava ancora, lo sguardo fisso e le labbra ancora tremanti, pronte a esplodere in grida ai quattro venti.

Ma Blu non avrebbe gridato. Non lo avrebbe fatto.

53

«Scusate» disse solo, mi guardò, esitante, ma evitò di incontrare lo sguardo della vecchia. Raggiunse di corsa il corridoio e si fiondò fuori.

La donna scattò in piedi facendo cadere l'album sul pavimento. Alcune foto si staccarono e caddero: Angel al mare a dieci anni, Angel alla prima comunione, Angel nell'orto del giardino.

«Aspetta.»

La donna non capì, mi guardò perplessa attendendo che le dessi una spiegazione.

«Era lui quel ragazzino» confessai allora e vidi il suo viso contorcersi in un'orribile maschera di dolore, prima di lanciare un grido di disperazione.

Mi ricordò quello delle balene in mare aperto e quello dei gabbiani in volo sui cumuli di detriti delle discariche.

«Lui non lo sapeva! Lo posso garantire questo. Lui non l'avrebbe mai fatto se lo avesse saputo!» gridò la donna tra le lacrime, portandosi le mani alle tempie e imprigionando le ciocche di capelli crespi tra le dita, poi scattò anche lei verso il corridoio.

«Te lo giuro, lui non lo sapeva» ripeté e si trovò in giardino, e io dietro di lei.

Blu era lì, col capo chino, a dare di stomaco in un'aiuola; una mano alla parete della casa per sorreggersi.

Quando ci vide entrambi sulla soglia alzò lo sguardo, ma non disse nulla. Gli occhi rossi tradivano il pianto e la rabbia repressi.

«Non sapeva chi eri. Come avrebbe potuto» la donna parlò di nuovo.

Ma non c'era alcuna giustificazione e questo lei lo sapeva.

«Andiamo via» mi disse allora Blu. «Andiamo via, ti prego.»

«Sì» lo raggiunsi e, mettendogli una mano attorno a un fianco, lo condussi fuori dalla proprietà.

«Si riguardi signora» dissi poi dando un ultimo sguardo alla donna sulla soglia: la camicia da notte bianca, sporca di macchie d'unto all'altezza del seno, i capelli spettinati lasciati sciolti sulle spalle magre, gli occhi tristi e colmi di un grande dispiacere.

Lei rimase immobile, una statua di sale, quasi stesse aspettando che un vento improvviso la spazzasse via e con lei anche il dolore soffocante.

Noi andammo via così, e io capii che un cuore nero non ha giustificazioni.

Che l'amore marcio è come un tumore.

E che certe verità, a volte, è giusto che non vengano rivelate.

54

«Questa la tieni tu.»

Blu mi porse la lettera di Luisa che aveva tenuto con sé per tutto il viaggio. «Non saprei che altro farmene.»

Non parlai. Accettai la lettera e la misi in tasca.

«Non c'è nessun senso in questa storia, Andy. Solo amori imputriditi.»

Blu si appoggiò allo schienale morbido dello scomparto e cercò di riposare un po'.

Come all'andata, rimasi a osservarlo, mentre la luce giallognola dipingeva strani giochi d'ombra sul suo viso stanco.

Non c'era nessun senso, solo amori imputriditi.

Guardai fuori.

La luna era una falce appena visibile in un cielo privo di stelle.

Mentre il treno andava.

55

Era ormai mattina quando incontrammo Gennie Gallo.

Avevamo da poco abbandonato la stazione e ci stavamo incamminando lungo il sentiero che ci avrebbe condotti alla casa sulla collina.

Avevo chiesto a Blu se gli andava che restassi da lui, almeno per qualche ora, ma mi disse che non ce n'era bisogno, che avrebbe semplicemente dormito e che, almeno per ora, a Rosi non avrebbe detto nulla.

«Certo, è strano pensare che mia madre è sepolta nel mio giardino» disse poi, ammiccando un sorriso nervoso.

«Già,» aggiunsi io «è macabro, fa rabbrividire.»

«No!» mi apostrofò lui. «È rassicurante, in qualche modo.»

Lo guardai, non parlai più.

Poi la vedemmo.

Usciva dal boschetto di sequoie oltre la ferrovia, col passo furtivo, stringendo a sé una scatola di latta.

«Signora Gallo» dissi appena ci fu a qualche metro di distanza.

La vidi sorridente, gli occhi accesi, come se avesse appena fatto una scoperta clamorosa.

E l'aveva fatta, la sua scoperta.

«È tutto tornato al suo posto, Andy, puoi pure dirlo a tua nonna» mi disse, le mani a tamburellare nervose sul coperchio di latta della scatola.

«Cosa c'è lì?» chiesi curioso.

La donna mi sorrise, guardò prima me, poi Blu, poi ancora me.

«I pezzi che mancavano erano lì sotto ai miei occhi, come ho fatto a non rendermene conto prima?» Il tono era vivace, come quello dei bambini quando l'hanno vinta.

Infine aprì la scatola e potemmo vedere al suo interno.

Ossa.

Piccole falangi grigie e secche.

Ve ne erano cinque o sei, ammucchiate sul fondo del cofanetto.

«Ogni cosa ora è al suo posto!» disse di nuovo la donna e richiuse la scatola.

«Sì,» ammonii io «ogni cosa.» Le sorrisi.

Gennie poi guardò Blu, il suo sguardo si incupì e riconobbi la Gennie Gallo dei consulti di nonna.

«C'è qualcosa che non va, ragazzo?» chiese al mio amico.

«Crede davvero che tutto sia al suo posto? Crede davvero che basti recuperare delle ossa per mettere la parola fine al dolore?» Blu era irritato.

La donna strinse le labbra risentita.

«Queste non sono semplici ossa, ragazzo» spiegò. «Sono i miei figli. Non ti immagini quanto tempo abbia perso a rimettere insieme quello che la morte aveva disfatto. Le cose prima o poi ritornano al loro posto, se lo vuoi realmente.»

Blu chinò il capo e non parlò più, finché non si rivolse a me.

«Io vado a casa» mi disse solo, e lo vidi allontanarsi lungo il sentiero che conduceva alla collina.

56

Ritornai a casa che mi sentivo a pezzi. Tutto sembrava non avere più senso, qualcosa era finito per sempre e l'aria non aveva più lo stesso odore. Riesci ad accorgerti che le cose cambiano solo quando sono effettivamente cambiate. Prima di quel giorno non avevo mai fatto caso all'odore dell'aria, sebbene sapessi che ne avesse uno e che cambiasse a seconda delle stagioni. Ma quel giorno l'odore era intenso, sapeva di carta bruciata e di acqua stantia.

Era l'odore del dolore.

Entrai in casa silenziosamente, girando cauto la chiave nella toppa, e mi ritrovai nel salone, dove mi accorsi subito di non essere da solo.

C'era la signora Belcappello seduta al tavolo con mia nonna intenta in un consulto.

Alzarono lo sguardo e mi fissarono per un po', poi mia nonna si decise a parlare.

«Ti davamo per disperso, giovanotto.»

«Tra l'altro, con gli amici che si ritrova» mi apostrofò la signora Palma, stringendo le labbra a mo' di becco di gallina.

E a quel punto estrassi la lettera di mia zia dalla tasca.

«Questo è quanto Luisa ha scritto a Rosi Sand prima di farla finita» introdussi, dopo mi schiarii la voce per essere sicuro di avere la loro attenzione e cominciai a leggere.

Scandii bene le parole, fui duro parlando di Palma enfatizzando i suoni, dando risalto a ogni singolo lessema.

Mia zia rivisse attraverso me, e sebbene non avessi del tutto capito la natura del suo gesto, sebbene non avessi ancora accettato che lei l'avesse fatta finita, sebbene ancora mi dannavo per non averle detto più di un "ciao" quel giorno che guardavo la TV e lei entrò in bagno per non uscirne più. Sebbene tutto questo, quel giorno mi sentii parte di lei.

«Palma Santogorgo mi ha dato della sgualdrina immonda, mi ha detto che dovrei vergognarmi, che sto recando un grande dolore alla mia famiglia, ha aggiunto che mia madre ci soffre tanto, che avrei fatto meglio a lasciarti stare e che ci avrebbero pensato lei e le altre a bruciare la casa sulla collina.»

Nonna rimase impassibile, ma qualcosa nei suoi occhi, fissi su di me, mi fece capire che una coltellata le aveva trafitto il cuore.

Palma si irrigidì, lasciò stare le sue carte e si morse nervosa le labbra sottili.

«Bacia Blu da parte mia, mai capirò se ho preso la giusta decisione con lui, ma forse hai ragione tu, è stato meglio così, non sarei mai stata una buona madre, tu sei più brava di me.

Un giorno sicuramente chiederà di suo padre, digli pure le cose come sono andate, magari quando penserai che sarà abbastanza grande da capire. Non posso amare se non riesco ad amare me stessa, farei solo altri danni.»

Una serie incessante di lacrime scesero a bagnare il viso stanco di mia nonna.

Ma non parlò ancora. Immobile, seduta composta, guardava me e oltre me: un punto astratto, lontano chilometri e anni. Guardava sua figlia rincasare e poggiare la borsa coi pennelli sul tavolo della cucina, come era solita fare ogni giorno.

Guardava oltre, guardava Blu, perché non l'aveva mai visto crescere e pianse anche per lui, quel giorno.

«Sarà meglio che vada adesso» la signora Belcappello ruppe il silenzio e per un istante la odiai più di quanto non facessi già normalmente.

«Forse è meglio» rispose nonna seria, tirando su col naso.

Palma evitò di incontrare il mio sguardo, ma io la vidi bene raggiungere l'ingresso e mi accertai che andasse via sul serio.

«Quella donna non dovrebbe più metter piede in questa casa» dissi.

«Già» ammonì nonna, poi la vidi mettersi in piedi e raggiungere la credenza della sala.

Rovistò in qualche cassetto e un istante dopo venne da me con una busta da lettere.

«Ti propongo uno scambio» mi disse allungandomi la busta.

Senza nemmeno sapere cosa contenesse, concessi a nonna la mia lettera e presi la sua.

Riconobbi all'istante sulla busta la grafia di mia zia, caratteri chiari, decisi: "A voi tutti".

Lentamente estrassi il foglio che conteneva, lo portai all'altezza degli occhi e cominciai a leggere, sussurrando, per condividere quelle parole solo con me e basta.

"*Credo di doverlo fare, non penso di avere altra scelta. Vi chiedo soltanto di essere messa lì, nel giardino di Rosi, c'è un'aria splendida e d'estate si sente il forte l'odore dei fiori d'arancio. So anche che molte spiegazioni sono superflue, ci sarà qualcuno che vi spiegherà meglio come sono andate le cose. Dategli ascolto. Tra l'altro, se ve lo dicessi io, rischierei solo di fare altri danni. Non aggiungo altro. Ciao, Luisa*".

57

«Non c'è molto da aggiungere» disse nonna, chinando il capo, sconfitta.

«La mamma mi disse che la lettera era bruciata nell'incendio» confessai incredulo.

«Si dicono tante cose, quando non si sa che dire» rispose. «Vedi Andy, tua zia Luisa non è mai stata un tipo chiaro. Ma è la sorte dei cuori buoni questo, il non essere tanto normali intendo.»

«È così noioso essere normali, non lo pensi?» Accennai un sorriso.

«Lo penso.» Sorrise anche lei; mi parve sincera e mi piacque.

«È che spesso nessuno può immaginare quanto male può recare a una persona una parola detta o una presa di posizione.»

«Ti senti colpevole?» chiesi, la voce ancora ridotta a un sussurro appena percettibile.

«Non lo so, forse sì» rispose. «Ma Luisa l'avrebbe fatto comunque. È colpa dell'amore buio che diventa ossessione e ti fa marcire l'anima.»

«Già» acconsentì.

«E il ragazzo come sta?» volle sapere poi.

«Blu?» dissi. «Come credi che possa stare un'anima confusa?»

«Non bene immagino.»

«No, infatti.»

«Mi dispiace.» Chinò il capo e notai che piangeva di nuovo.

«Credi che abbia speranza di rimediare con lui?»

«Credo di sì» asserii. «Del resto, nulla è irrimediabile e Blu è vissuto per troppo tempo nella menzogna, lui ha bisogno di noi, e anche Rosi.»

Nonna alzò lo sguardo e mi fissò intensamente. Occhi belli, grandi e lucidi, come quelli di un cervo.

Non l'avevo mai sentita così vicina a me.

58

Quella notte, nella mia stanza, sdraiato sul letto, riguardai le foto. Feci scorrere le immagini una alla volta sul display della Nikon e mi parve di rivivere fotogrammi di un passato non troppo recente. Rividi Nicole Granne riversa al suolo, col cranio aperto in due, poi rividi le lapidi del vecchio cimitero, i giochi di luce dell'acqua delle pozzanghere, le foglie del boschetto di sequoie, le vecchie Converse di Blu.

E in fine rividi entrambi, Blu e Rosi, sagome scure e indistinte, camminare lungo il sentiero che conduceva alla casa sulla collina.

Era la prima foto che avevo scattato a Blu, e allora non potevo immaginare tutto quello che sarebbe successo dopo.

Come le foto intrappolano i momenti, li congelano, li immobilizzano, così la vita fa l'esatto contrario, prende quei momenti e li accartoccia, come si fa con un pezzo di carta vecchia, li brucia, li consuma e li trasforma in piccoli granelli di cenere scura, divengono irriconoscibili, così tanto da far paura.

Ma era davvero perfetto prima? Prima di tutto dico, quando non conoscevo ancora Blu, né il sapore delle sue labbra.

Idealizzavo.

E continuavo a farlo, per quanto le cose stessero ritornando al proprio posto, nei propri cassetti, come quando ordini la biancheria e la sistemi per colore e stagioni.

Una cosa era certa, in tutto quel groviglio di cuori neri e amori marci: io amavo davvero Blu e anche lui mi amava, di un amore limpido, chiaro, senza paure.

L'unico amore vero.

Bussarono alla porta della mia stanza.

«È permesso?» domandò mia madre senza attendere una risposta. Entrò cauta all'inizio, poi si richiuse la porta alle spalle e si fermò al centro della stanza.

«Tua nonna mi ha parlato della lettera e di tutto il resto.»

«Già» dissi e mi misi seduto sul letto. «Perché mi hai detto che la lettera era bruciata?»

Mamma si portò una mano alla fronte e fece scorrere le dita tra i capelli biondo cenere.

«Perché credevo che fosse giusto così» rispose.

«E ora? Cosa credi sia giusto ora?»

«Ora non lo so, non lo so proprio.»

«Sai?» continuai io, accortomi che era rimasta senza parole. «Nonostante mi sforzi, proprio non riesco a capire il motivo di tanto odio: i sassi alla finestra, l'incendio, gli insulti, i silenzi.»

Mia madre raggiunse la finestra della mia stanza e scrutò oltre il buio della notte.

«Spesso si odia quando non si capisce: odiare è più facile che comprendere. Non riuscirai mai a comprendere del tutto, ma riuscirai sempre a odiare qualcuno.»

Poi si zittì, attratta da qualcosa oltre il buio.

«Ci sono delle luci nel giardino di Rosi» disse. «C'è uno strano movimento, vieni a dare un'occhiata.»

Saltai in piedi e raggiunsi la finestra.

«C'è la polizia!» esclamai, mettendo a fuoco la volante accanto al cancello della villa.

59

L'aria della notte pungeva sulla pelle.

Avevo oltrepassato di corsa il giardino di casa e mi ero fiondato sulla strada che conduceva alla collina.

Le scarpe calpestavano rapide il terriccio ghiaioso e quella sensazione di inquietudine non mi abbandonava.

Col cuore a battermi forte nel petto, raggiunsi la collina e rallentai solo in prossimità della volante; la luce a lampeggiare a intermittenza.

Un gruppo di donne dal viso stanco e assonnato, tra cui distinsi le sagome di Palma Santogorgo e Gennie Gallo, si teneva a debita distanza; le mani al petto, bisbigliando qualcosa.

Un poliziotto era fermo al cancello, gli occhi rivolti verso l'alto. Individuai anche Rosi, nel giardino, con lo sguardo rivolto al tetto della villa.

Allora alzai gli occhi pure io e lo vidi.

Blu era in piedi sul lastricato di tegole del tetto, il viso imbronciato e triste.

«Ma cosa gli salta in mente!» dissi tra me e me, ma avevo parlato un po' troppo alto perché Rosi si accorse della mia presenza.

«Andy!» esclamò, sollevata. «Volevo chiamarti, lo giuro ma non sapevo come... è successo tutto all'improvviso!» Vidi gli occhi rossi, aveva pianto.

«Ti ha raccontato di Angel, vero?»

«Sì» sussurrò e le tremarono le labbra. «Ho insistito perché me lo dicesse, era così scosso. Pensi che abbia sbagliato?»

«Non è importante quello che penso io adesso.»

Alzai gli occhi e individuai Blu. Mi posizionai sotto la luce di uno dei lumi del giardino, così poteva vedermi meglio.

«Blu!» gridai, le mani a mo' di megafono affinché la mia voce gli arrivasse più nitida. «Non fare cavolate. Che ti salta in mente!?»

«Va' via Andy, non voglio che tu mi veda così, va via per favore!» sentii la sua voce flebile come un alito di vento, ma riuscii a distinguere ogni parola.

«Si butterà» avvertii la voce di Palma alle mie spalle seguita da altri mormorii sommessi.

«Andate via dannazione!» urlai allora al gruppo di donne alle mie spalle. «Non c'è nulla da vedere, ritornate alle vostre case a badare alle vostre vite!»

Altri mormorii, ma nessuno si mosse da dov'era. Immobili e bisbiglianti le donne in camicia da notte restarono a fissare come tante civette.

«Circolare!» ordinò il poliziotto. «Circolare signore!» ripeté. «La situazione è sotto controllo.»

«Per favore Blu, da' ascolto ad Andy, le cose prima o poi tornano al loro posto!» Rosi gridò per farsi sentire. «Sei tutto quello che ho!»

Vidi Blu mettersi seduto e rimase così, le mani a reggersi le ginocchia, fissando in basso, senza parlare.

E fu allora che una mano mi toccò una spalla e dietro di me la sentii, una voce familiare, rassicurante.

«Ci sono anche io!» disse la voce.

Mi voltai. E c'era nonna. Austera e ferma, i capelli grigi lasciati sciolti sulle spalle, gli occhi puntati al tetto.

«Ci siamo noi!» avvertii un'altra voce e mamma fece capolino dietro di lei.

Mi sentii sollevato.

Rosi fissò me incredulo, poi il suo sguardo si incrociò con quello di mamma e di nonna.

Si sorrisero.

Guardai Blu.
Adesso era sorpreso anche lui.
Fissava noi e forse si chiedeva cosa ci facessimo tutti lì.

60

Quando Blu si addormentò erano già andate via le donne civette e il poliziotto aveva deciso di chiudere un occhio, aggiungendo che erano cose che succedevano spesso, che da un po' di tempo in paese la gente non faceva altro che volare dalle finestre delle proprie case, per farla finita. E si ricordò di Nicole e di come il suo volo sarebbe passato alla storia. Lo trovai di cattivo gusto ma non potevo dargli tutti i torti. In fondo, da quando Nicole era morta, in paese non si parlava d'altro.

Il mattino dopo, mia madre e mia nonna erano di nuovo lì. Mi avevano svegliato le loro voci in giardino. Allora avevo lasciato Blu a dormire e mi ero sporto alla finestra per vedere meglio.

E le vidi con Rosi, intente a strappare erbacce attorno alla lapide di zia.

«Guarda chi ti ho portato, Luisa» disse Rosi.

«Potremmo inciderle il nome» seguì nonna.

«E magari una frase, una di quelle belle, come piacevano a lei» propose mamma. «Tu hai qualche idea Rosi?»

«A te,» disse allora lei, dopo un breve silenzio «perché ci sei sempre stata.»

Sorrisi compiaciuto, poi ritornai dentro e mi sedetti sul letto, accanto a Blu.

«Buongiorno» gli dissi quando vidi i suoi occhi aprirsi.

«Buongiorno Andy» rispose lui, stiracchiandosi.

«Ti va una gita?» gli proposi. «Si va al parco delle farfalle blu.»

Gli occhi di Blu sorrisero.

«Ti amo» mi disse poi.

«Ti amo» gli dissi anch'io.

61

Nella sala grande, dove abbiamo la TV, c'è una grande finestra che affaccia su vialetto di fronte.

Accanto alla finestra c'è una mensola, su quella mensola ci sono due foto.

In una delle foto ci siamo tutti noi al parco delle farfalle blu, in un tempo in cui non c'erano ancora le farfalle, ma a noi non importava.

Blu è seduto su un tronco e sorride all'obiettivo, mentre io da dietro gli cingo il collo con le braccia. Mia madre e Rosi, sulla sinistra, sorridono a mia nonna che tenta di aggiustarsi un ciuffo sbarazzino di capelli sulla fronte.

Troppo tardi per mettersi in posa.

Lo scatto automatico aveva già immortalato l'istante.

...*Click*.

Il tempo caldo delle mosche

Poi il Signore disse a Mosé: «Alzati di buon mattino e presentati al faraone. Egli uscirà per andare verso l'acqua. Tu gli dirai: "Così dice il Signore: Lascia andare il mio popolo, perché mi serva. Perché se non lasci andare il mio popolo, io manderò su di te, sui tuoi servitori, sul tuo popolo e nelle tue case, le mosche velenose. Le case degli Egiziani saranno piene di mosche velenose e il suolo su cui stanno ne sarà coperto. Ma in quel giorno io risparmierò la terra di Goscen, dove abita il mio popolo; lì non ci saranno mosche, affinché tu sappia che io, il Signore, sono in mezzo al paese. Io farò distinzione tra il mio popolo e il tuo popolo. Domani avverrà questo miracolo"» Il Signore fece così: vennero grandi sciami di mosche velenose in casa del faraone, nelle case dei suoi servitori e in tutto il paese d'Egitto. La terra fu devastata dalle mosche velenose.

Esodo 8,20-28

Prologo

Lei amava i gatti, quando arricciavano il muso, accoccolati sul davanzale. Si divertiva a vederli attraverso i vetri umidi di pioggia, quando le gocce erano ancora cariche e, grosse e pesanti come biglie di piombo, cadevano giù, seguite da una coda d'acqua, lasciando altre minuscole goccioline sul cristallo.

Eva era sempre la prima a svegliarsi. Pierre, invece, rimaneva a dormire sempre un altro po'. Le ciglia scure e folte gli disegnavano un arco perfetto sulle palpebre chiuse.

Quando apriva gli occhi, per Eva era sempre una nuova gioia. Portava a sé la coperta di flanella per coprirsi il seno, ma solo perché di mattino faceva sempre un po' più freddo. Il pudore, invece, già non c'era più. Era finito quel giorno in cui aveva imbrattato di rosso le lenzuola buone, mentre la carne di lui le era ancora dentro e bruciava, ma a lei piaceva comunque.

Pierre l'aveva baciata a bocca chiusa perché di mattino l'alito non era piacevole, ma a lei non importava e con la lingua aveva scavato tra le labbra in cerca di quella di lui, per sentire il suo sapore.

Di mattino Pierre sapeva di buono come le mele caramellate che vendevano alla Boulangerie. Ed era morbido come i gatti dei davanzali.

Si era messo in piedi, sfregandosi gli occhi con le mani, ed Eva gli aveva visto le natiche nude, lisce e chiare come la pelle di un bambino.

Lei restò nel letto, con le coperte di flanella tirate fin sopra al collo, osservandolo mentre raccattava la sua roba dal pavimento. Sapeva che sarebbe andato, ma non voleva pensarci ora, né dire nulla. Sperò ardentemente che nemmeno lui aggiungesse altro.

La sera prima erano stati chiari, sebbene la cena fosse stata buona e le candele e il vino per un attimo erano bastati a cancellare tutto il resto. Ma lei quel mattino voleva pensare solo ai gatti, alla pioggia e all'odore di mele caramellate, perché sarebbero state quelle cose a tenerle compagnia quando lui non ci sarebbe stato più.

In un angolo, il tavolo tondo mostrava gli avanzi della cena della sera prima. Nei piatti, qualche foglia di insalata e noccioli d'oliva. E, poi, i calici di vino sporchi e la bottiglia di chardonnay quasi vuota.

Pierre la salutò con un cenno del capo. Così si erano detti. Così andava bene.

Dopo anni insieme, si impara a dirsi addio anche in silenzio.

I convenevoli a Eva non erano mai piaciuti.

Quando lui abbandonò la stanza, lei pensò a sparecchiare: i bicchieri e i piatti nel lavello, e il resto della cena nella spazzatura. Non si voltò nemmeno verso la finestra dove ora il gatto non c'era più e Pierre, di spalle, attraverso il vetro, si avviava verso la fermata del bus, con il bagaglio grande caricato sulla schiena forte.

Quando Pierre morì, Eva non lo sapeva. Stava accoccolata col gatto, mangiando cioccolata.

Glielo disse la TV solo il giorno dopo: un accampamento militare francese a Beirut era saltato in aria. Una fuga di gas, nessun sopravvissuto.

Ma le cose brutte accadevano solo agli altri, Eva di questo ne era certa.

Non a Pierre, non a lui.

* * *

Eva non si spiegava i corvi.

Li vedeva appollaiati sulla grondaia e sul davanzale dove prima c'erano i gatti. Allora aveva capito che alcune cose cambiano, anche se altre restano ferme nel tempo come statue di gesso muschiate.

Il davanzale infatti era sempre lo stesso, ma i gatti non venivano più a farle visita. Si era chiesta più volte se avesse fatto la scelta giusta, se quei ragazzi, che si dichiaravano amici di Pierre, non le avessero fatto del male. Ma i corvi avevano cominciato a seguirla ovunque andasse: durante il tragitto in bici verso la scuola, quando si recava a piedi a fare spese al supermercato all'angolo, e poi gracchiavano di notte, mentre era in casa che cercava di addormentarsi.

Si era convinta che fosse una punizione, di quelle divine, perché aver chiesto l'aiuto di certa gente implicava anche questo.

Si era anche convinta che l'inferno non fosse quello che le avevano sempre raccontato e che, in verità, lo stesse vivendo tutti i giorni, dopo la morte di Pierre.

Quei soldi le servivano per questo; andare via, comprare quella casa lì in campagna, lontano da Perpignan, dai davanzali dove i gatti non c'erano più, e anche dai corvi.

Aveva portato con sé poche foto, perché di Pierre non ne aveva molte. In una di queste c'erano loro, con gli amici di Pierre e una Ford bianca sul fondo.

Eva amava tanto quell'immagine, perché era di poco tempo prima dell'addio, quando nessuno sapeva quello che sarebbe stato e allora i sorrisi erano colmi di aspettative, genuini, cristallini e si sentiva ancora l'odore delle mele caramellate che impregnava l'aria.

Lei, adesso, voleva andare via; perché sulle lenzuola c'era ancora l'odore di Pierre malgrado il tempo passato a sfregarci col sapone. Ma poi aveva capito che non erano le lenzuola il problema, quanto qualcosa che era nella sua testa e sotto al suo naso.

Aveva legato le banconote con un elastico e avvolto tutto nella busta di plastica del supermercato. Poi aveva nascosto il pacco sul fondo della valigia, coperto dalla biancheria.

Non sapeva se fosse legale passare la frontiera in quel modo e per un attimo si sentì come in quei film polizieschi dove la tizia assalta una banca con un passamontagna e una pistola giocattolo e riesce a farla franca passando la notte in motel squallidi e casinò fuori mano.

Ma poi il treno l'aveva preso lo stesso.

E i corvi, comunque, l'avevano seguita.

1

Le mosche erano un po' ovunque: le vedevo sul soffitto pieno di crepe, sulla bacinella di ceramica con l'acqua, sui mobili di mogano.

Sdraiato, con le mani dietro la nuca, ne osservavo una sulla punta dell'alluce nudo: gli occhi tondi e grandi, il dorso verde smeraldo, lucente sotto i raggi del sole forte.

Sfregò le zampette sottili, come per pregustare una vendetta, e immaginai un sorrisetto malizioso, sotto gli occhi grandi; ma poi mossi l'alluce e la mosca volò via, raggiungendo le due compagne in un angolo della parete gialla.

Mi misi in piedi, raggiunsi la bacinella di ceramica con l'acqua tiepida e mi sciacquai il viso, poi indossai in fretta i pantaloni che avevo lasciato ai piedi del letto e la maglietta sgualcita che aveva l'odore acre del tabacco messo a essiccare sotto le serre.

Ricordai la sera prima e la discussione che avevo avuto con papà per non essergli stato d'aiuto quando aveva dovuto caricare le zolle sul trattore. Per questo aveva chiesto aiuto a Caleb, che già stava riparando il tetto della stalla perché era piovuto tanto qualche giorno prima e l'acqua aveva fatto marcire il frumento e spaventato i cavalli.

Mi sporsi allora dalla finestra, incuriosito dalle voci che provenivano da sotto. Vidi mio padre e Caleb accanto al pozzo, intenti ad ammucchiare casse di frutta per gli animali.

Caleb aveva compiuto vent'anni da poco. Era arrivato alla fattoria qualche anno prima, bussando alla porta di casa mentre mamma aveva già messo in tavola i fagioli e papà aveva cominciato le preghiere. Ricordo che lui aveva sbuffato e che aveva anche esitato a fare entrare il ragazzo.

«Ha del lavoro per me, signore?» esordì quello. «Me la cavo a fare un po' di tutto.»

«Non ho bisogno di te, giovanotto!» obiettò papà, ma in seguito mia madre era comparsa alle sue spalle, asciugandosi le mani col lembo del grembiule, e aveva invitato il ragazzo a occupare un posto con noi a tavola.

«Effettivamente un aiuto servirebbe, Marcus» continuò lei, mettendo un piatto fumante di zuppa di fagioli sotto il naso di Caleb, che ringraziò timidamente.

«Da solo non ce la potrai mai fare. E ora, col raccolto e tutto il resto, sarà più difficile» disse, sorridendo al ragazzo. «Ci sai fare con i cavalli?»

«Sissignora!» aveva risposto lui, azzannando un pezzo di pane. «Ho lavorato nella fattoria dei *Figli dei Signore*, davo da mangiare agli animali e mi occupavo dell'orto.»

«Parli dell'orfanotrofio? Proprio quei Figli del Signore?»

«Proprio loro!»

Mamma sorrise di nuovo. «Prendi pure altro pane» disse poi, passandogli la cesta.

Fu così che Caleb entrò nella nostra vita.

Mio padre dovette presto arrendersi all'evidenza che un aiuto gli serviva davvero poiché io, col mio fisico gracile e le continue allergie, sarei stato solo d'intralcio.

Quel mattino Caleb e papà guardarono verso di me.

«Ci sono altre casse da scaricare!» gridò papà. «Datti una mossa!»

2

Caleb aveva delle cicatrici profonde sul braccio sinistro. Un giorno mi disse che se le era procurate cadendo in una buca per volpi. Erano visibili sulla pelle abbronzata, in particolare quando sforzava il muscolo.

Quel mattino mi limitai a rimettere nelle cassette di legno le mele che erano cadute sul fondo del rimorchio, mentre osservavo papà e Caleb accatastare le casse accanto al pozzo, focalizzando l'attenzione sui bozzi di muscolo che si contraevano spasmodici sotto la loro pelle scurita.

Da lontano mi giungeva l'eco dei canti della chiesa evangelica, qualcosa che aveva a che fare con un angelo e la luce divina. Mi era capitato più volte di andare ai raduni evangelici con mia madre e mi ero sempre sentito come un pesce fuor d'acqua. Ci limitavamo a leggere dei passi del Vangelo e del Piccolo Catechismo di Lutero. Dal canto mio, sapevo che Lutero era stato il primo grande esponente della riforma e autore del *Piccolo Catechismo,* che aveva lo scopo di evangelizzare le classi povere e analfabete con un linguaggio elementare. «*Come se stesse parlando a un bambino.*» Io mi chiamo come lui, Martin, perché mamma ha voluto così.

«Con certe persone devi parlare come ai bambini, perché non capiscono» mi aveva detto mamma un giorno in cui il pastore ci aveva spiegato il significato del *Padre Nostro.* Quella volta Amalia Farro, la moglie di Igor Bruttomuso, il meccanico del paese, si era stretta nel cappotto di pelliccia storcendo le labbra in una smorfia di disappunto e aveva cominciato a chiedere questo e quello; il pastore ne aveva avuta di pazienza, ma poi alla donna era tornato il sorriso e dopo aveva pure cantato con gli altri, sempre quella canzone degli angeli e della luce divina.

Gli angeli intonano il canto del Signore e la luce divina scenderà sull'umanità tutta...

Avevo finito con le mele e papà era rimasto a fissarmi per qualche secondo, poi si era passato una mano sulla fronte, nel tentativo di liberarsi dal sudore che gli colava sugli occhi.

«Va' dentro a prendere una brocca d'acqua fredda,» mi ordinò «abbiamo una sete tremenda.»

Accennai un sì con la testa, con papà dovevi fare così: ubbidire, come i cani quando gli lanci un bastone, e a me non andava per niente di ricevere ordini in quel modo, ma me le avrebbe suonate di santa ragione se avessi obiettato, e non mi andava neanche quello. Allora, senza farmelo ripetere due volte, scesi dal rimorchio e mi avviai verso casa. Il sole aveva cominciato a battere più forte e già le mosche avevano preso d'assalto la frutta marcia che papà aveva sistemato più in là, accanto alla mangiatoia dei maiali.

L'odore acre delle mele marce aveva cominciato a impregnare l'aria asfissiante e me lo sentivo sui vestiti.

«Bisognerebbe chiudere il pozzo una volta per tutte» gli sentii dire alle mie spalle, mentre mi avviavo verso la veranda, «potrebbe essere pericoloso.»

Gli angeli intonano il canto del Signore e la luce divina scenderà sull'umanità tutta...

Ancora il coro della chiesa.

Ecco, sì, dovevo prendere la brocca d'acqua per papà.

3

Avevo visto mamma in piedi, alla finestra, annaffiare le piantine di basilico. Era di spalle e non si accorse subito di me; poi però si voltò e accennò un sorriso, prima di parlare.

«Hai aiutato tuo padre e Caleb?»

«Ho fatto quel che ho potuto» risposi secco. Raggiunsi la credenza, afferrai una delle tre giare di vetro poste su una delle mensole di mogano e mi avviai al lavello.

«C'è ancora il tabacco da stendere sotto le serre» aggiunse lei, sempre di spalle.

«Lo so» ammonii, aprii il rubinetto dell'acqua e aspettai un po' che si raffreddasse, prima di riempire la brocca.

Mamma mi raggiunse, reggendo tra le mani un panno chiaro sul quale aveva sistemato alcune foglie di basilico, poi lo poggiò sul mobile di fianco al lavello.

«Hai preso le medicine?» mi chiese. Il tono era dolce ma, nella voce, la solita nota di rimprovero.

Feci di sì con la testa. Per quanto mi sforzassi di ubbidire agli ordini di mia madre e di mio padre, le mie braccia troppo ossute e le continue allergie mi impedivano di essere di grande aiuto. Per questo ero dipendente dalle fiale di ferro per l'anemia, il cortisone per le eruzioni cutanee e un inalatore per l'asma, nei casi estremi, quando l'aria mi veniva meno e la vista cominciava a offuscarsi.

Una volta sentii papà dire a mamma che una delle ragioni per cui non avrebbe voluto un altro figlio era quella che potesse nascere con le mie stesse insufficienze.

«Un altro così non lo voglio mica» aveva detto prima di spegnere la luce dell'abat-jour e coricarsi, ma io avevo sentito tutto, mentre passavo in corridoio, diretto in bagno.

* * *

«Io sto per andare al raduno, ma non farò tardi» disse lei.

Presi la brocca con entrambe le mani e il vetro, piacevolmente freddo al tatto, mi diede sollievo.

Qualche mosca ronzò intorno alla mia testa e tentai di scacciarla con un soffio.

«Ok» dissi solo e infilai la porta.

Gli angeli intonano il canto del Signore e la luce divina scenderà sull'umanità tutta...

4

Il giorno del mio sedicesimo compleanno papà mi aveva preso a cinghiate. Me le aveva date così forti che i segni a ridosso delle costole e sulla pelle liscia delle scapole avevano impiegato più di un mese intero per scomparire completamente.

Mi era scivolata dalle mani una bottiglia di latte. Solo questo.

Mi disse che ero un buon a nulla, che mamma non poteva rinunciare ai raduni evangelici del sabato mattina per badare a me.

Tra un colpo e l'altro, mentre invano cercavo di sfuggire alla morsa della sua mano grossa stretta intorno al mio braccio ossuto, mi ripeteva che avrebbe tanto voluto un vero maschio, che l'ostetrica avrebbe dovuto strozzarmi col cordone ombelicale, che quando gli dissero delle mie deficienze avrebbe voluto che non fossi mai nato.

Sentii l'alcool nel suo alito e pensai che non l'avrebbe finita facilmente. A denti stretti affrontai le cinghiate, contando i secondi che avrebbe impiegato per sferrare la successiva. E non erano mai gli stessi, gli intervalli non erano per niente regolari, e perdevo facilmente il conto.

Quel giorno capii che se ti becchi una cinghiata sullo stesso punto almeno cinque volte di seguito, dopo un po' il dolore non lo senti nemmeno più, diventa mera assuefazione.

Stringendo gli occhi e i denti, pensai al crocefisso di legno che i miei genitori avevano sulla spalliera del letto, alle ferite che erano intagliate sul torace di Gesù Cristo, e mi chiesi se anche lui a un certo punto si fosse assuefatto al dolore.

Quando Caleb bussò alla porta, chiedendo permesso per entrare, papà smise di colpirmi e io caddi a terra, stremato.

«Entra pure, Caleb» gli disse con la voce affannosa e rivoli di sudore a solcargli il viso arrossato.

Quando il ragazzo entrò, era visibilmente a disagio.

«Ero passato per chiederti dei maiali» disse con voce tremante. Mi lanciò un'occhiata rapida e imbarazzata.

«Passo io più tardi» rispose papà, non distogliendo gli occhi da me.

5

Mi sono spesso trovato a pensare alle cose che vanno via e non restano, perché non vogliono restare. Come con i passerotti che abbandonano il nido, le foglie in autunno o i momenti stessi.

Penso che un tempo mio padre mi abbia pure voluto bene, ricordo che per un periodo mi portava spesso sulle spalle a vedere le mucche al pascolo, alla fattoria dei Pilar, quando ancora le avevano, prima della dissenteria; ma in seguito papà aveva deciso di andare via, di lasciarmi da solo. Credo che le persone cambino per esigenza e sono convinto che mio padre avrà avuto le sue ragioni per farlo; tutti, bene o male, abbiamo le nostre. Ma una scia rimane, come le cicatrici, resta l'alone opaco dei ricordi, l'eco dei sorrisi felici, facilmente idealizzabili.

Penso sia stato questo a far sì che non lo odiassi, nemmeno quando me le dava di santa ragione, senza un motivo apparente.

I ricordi, nella mente, assumono colori sempre più saturi proprio per la forte e inevitabile mitizzazione.

Mio padre, per me, è sempre vissuto saturo e nitido in quei ricordi, anche se poi era appassito, come le foglie dei pioppi in autunno.

Quel mattino lo vidi bere dalla brocca. Mi fissai a osservare il suo pomo d'Adamo, grosso come una mela cotogna, andare su e giù. Papà si asciugò la bocca col dorso della mano e passò la brocca a Caleb.

«Ti va un giro per i campi, dopo?» chiese il mio amico.

Guardai mio padre di nuovo, prima di accettare l'invito.

«Tornate presto ché c'è da sistemare il tabacco» disse allora papà, secco. Caleb mi sorrise e strizzò un occhio in segno d'intesa.

Guardai verso casa. Mamma aveva già sceso i tre gradini della veranda e, ora, ci raggiungeva a passi rapidi.

«Non farò tardi» disse, salutandoci distrattamente, e la vidi allontanarsi in direzione della chiesa.

6

Sul sentiero che portava ai campi erano disseminate file purpuree di papaveri.

Il vento carezzava i petali sottili e a me sembrava quasi che avessero vita propria.

«Dai papaveri si ricava l'oppio» mi aveva detto un giorno Caleb raccogliendone uno e mostrandomi il pistillo «ma non sono certo che si possa estrarre da questa specie selvatica. Bisogna provare a fumarne un po'» aveva aggiunto. Così l'avevo visto armeggiare con il suo coltellino a serramanico, del quale si servì per incidere il centro verde del fiore. Ne ricavò un trito verdastro che inserì nella sua pipa di legno, assieme a un po' di tabacco secco.

Sedemmo entrambi all'ombra di un pioppo. Caleb diede i primi copiosi tiri alla pipa e restò un attimo ad assaporarne il gusto, battendo le labbra più volte, come quando i bambini cercano di dire la loro prima parola, poi sputò alla sua destra, prima di passarmi la pipa.

«Prova!» mi disse, contraendo la bocca in una smorfia di disgusto, «è orrendo, ma forse a te piace.»

Portai alle labbra il bocchino di legno e aspirai, cercando, come lui stesso tempo prima mi aveva insegnato, di trattenere al massimo il fumo nei polmoni.

Avvertii subito il sapore aspro e fui invaso da un odore forte come di gomma bruciata.

Tossii e sputai, poi entrambi ci guardammo negli occhi e scoppiammo a ridere.

* * *

Caleb diede un calcio a un sasso e io lo seguii con lo sguardo, fin quando non lo vidi fermarsi in prossimità di una roccia più grande, che delimitava l'inizio del campo di tabacco ancora verde.

Oltre il campo sovrastava imponente la casa di Eva Besson, la mia insegnante di francese.

«Andiamo a farle un saluto? Passiamo per il campo, ci metteremo poco» disse Caleb.

Lo guardai interdetto. Più volte ci era capitato di passare da quelle parti per spiare la signorina Besson dalla finestra che affacciava alla via. Era a questo che si riferiva Caleb quando parlava di "andare a farle un saluto".

Abbozzai un sì con la testa, ma non ne ero molto convinto.

Poco dopo lo vidi entrare nel campo, affondando i piedi nel terriccio morbido.

7

Con le mani sfioravo la superficie rugosa delle foglie verdi di tabacco.

Caleb era già quasi a metà percorso e, a fatica, cercavo di stare al suo passo, mentre le mie scarpe vecchie affondavano nella terra irrigata recentemente dalle pompe.

La casa della signorina Besson svettava bianca, ingrigita dal tempo, con finestre dagli infissi in legno ricoperte da croste di vernice chiara, e un'entrata spoglia, solo tre scalini a delimitare lo spazio tra il suolo e l'ingresso.

Attorno, una vegetazione stopposa e secca; arbusti spinosi riempivano le due aiuole ai lati.

Avevo sentito dire che un tempo quella casa era appartenuta a una donna, un'ex suora che aveva rinunciato all'abito per amore di un giovane fattore ma, in seguito, questi era morto nella guerra del 1915 e allora la casa era rimasta disabitata, fin quando la signorina Besson aveva deciso di trasferirsi in paese.

Raggiunsi qualche minuto dopo Caleb che si era già appostato al limitare del campo di tabacco, nascosto tra le foglie più alte.

«Credi sarà in casa a quest'ora?» chiese lui.

«Penso di sì» risposi.

Più volte avevamo sorpreso la signorina Besson girovagare seminuda per casa o riposare sul divano, con le gambe scoperte e un libro aperto sul petto.

Dal lato sinistro della casa, una finestra lasciava intravedere la sala grande, proprio con quel divano dove era solita stendersi e vedere la TV.

Caleb si affacciava quel poco che bastava per tenere tutto sotto controllo e, quando le tapparelle erano abbassate, cercava di sbirciare tra i fori.

Poi mi prendeva in braccio e mi teneva per un po' fermo, il tempo necessario perché avessi anch'io ben chiara la sala e il corpo seminudo della Besson sul divano.

Quel giorno uscimmo in fretta dal campo e ci acquattammo lesti lungo la parete destra della casa, nascosti in parte dagli arbusti delle aiuole.

Caleb si affrettò a raggiungere la finestra e a scrutare all'interno, com'era solito fare.

«Non c'è nessuno» sussurrò dopo qualche secondo.

«Sarà dall'altra parte della casa» risposi io con voce bassa, ridotta a un bisbiglio appena percettibile.

In alto, il gracchiare di qualche corvo mi fece sussultare.

Qualcuno doveva averli spaventati.

«Diamo un'occhiata sul retro.» Caleb abbandonò la finestra e mi fece segno di seguirlo.

8

C’erano dei papaveri agli angoli della costruzione. Una macchia di colore piacevole, come le pennellate nei quadri impressionisti dei libri di Storia dell’Arte.

Caleb si sporse all’altra finestra, per osservare meglio dentro.

Questa era più alta e dovette far forza sulle braccia per allungarsi.

Restò per un po’ immobile in quella posizione.

Lo vidi osservare all’interno con circospezione; poi con un salto venne giù.

«Non è in casa» sentenziò.

«Riproveremo domani» seguitai io e già mi stavo incamminando verso il campo.

Ma sentimmo di nuovo i corvi e alzando gli occhi ne vedemmo due volare attorno al comignolo della casa.

Al gracchiare insistente seguirono dei passi, col calpestio del sentiero che conduceva al paese, quello che attraversava i campi e arrivava alla nostra fattoria, passando anche per la proprietà dei Pilar.

«Sta arrivando qualcuno» sussurrò il mio amico, acquattandosi dietro il muro per non essere visto.

Rimanemmo in silenzio, mentre il gracchiare camuffava i nostri respiri affannosi e il battito del cuore.

Vedemmo Eva Besson, con la borsa a tracolla e dei libri stretti al petto, camminare ancheggiando verso di noi.

«È lei» dissi.

«Cazzo!» Caleb strinse le mani a pugno e digrignò i denti.

Se avessimo attraversato in quel momento la strada che ci separava dal campo di tabacco, ci avrebbe sicuramente scoperti.

«Non è stata per niente una buona idea» bofonchiai.

Di spalle al muro, avvertimmo i passi della signorina Besson sempre più vicini, fin quando la sentimmo fermarsi in prossimità dell'ingresso.

La donna armeggiò con le chiavi, nel tentativo di aprire la porta di casa, ma non udimmo quest'ultima cigolare.

In compenso, percepimmo nuovamente i suoi passi.

Eva Besson ridiscese i gradini dell'ingresso.

«Avrà dimenticato qualcosa» pensai.

Crak, crak, crak. Ancora il gracchio insistente.

«Curiosare nei fatti degli altri non sta bene agli occhi di Dio.» La voce di mia madre nella testa.

Ma l'avevo fatto e ci avevo provato pure gusto, come quando quella volta avevo sentito mio padre dire quelle brutte cose sul mio conto.

«Dobbiamo andare via.» Caleb strisciò con la schiena lungo il lato sinistro del muro, ma io non lo seguii.

Ancora passi.

«C'è qualcuno?» La voce della signorina Besson si confuse col gracchiare sordo dei corvi.

Poi, quando mi decisi a raggiungere il mio amico, la vidi fare capolino a pochi centimetri da me; i suoi occhi verdi nei miei.

«Martin!» esclamò, con l'espressione stupita di chi le cose non riesce a spiegarsele.

E guardò verso Caleb, che era rimasto fermo dall'altra parte del muro.

«Potete spiegarmi cosa ci fate voi qui?»

9

«Sono stati i corvi, sapete?» esordì Eva Besson, chinandosi sul tavolino di legno per afferrare la brocca di limonata ghiacciata.

Ne riempì due bicchieri colmi, il tintinnio dei cubetti di ghiaccio sul vetro mi ricordò che avevo una sete tremenda e che accettare l'invito della signorina Besson era stata una buona idea anche se, dopotutto, non avremmo avuto scelta.

«I corvi?» chiese Caleb interdetto.

«Sì, i corvi.» Eva Besson allungò verso di lui il vassoio con i bicchieri di limonata e il mio amico ne afferrò uno. «A volte, quando qualcuno è nei paraggi, li sento gracchiare. Non so perché. A me piace pensare che vogliano proteggermi, a modo loro.»

Presi anch'io il bicchiere di limonata e ne bevvi un sorso. L'aspro del limone contrastava bene con il dolce dello zucchero di canna che vedevo sul fondo del bicchiere.

Qualche mosca mi ronzò attorno.

Guardandomi circospetto, ne individuai un bel po' sparse sulla carta da parati giallo ocra, sulle foto incorniciate affisse al muro e altre sugli oggetti di porcellana riposti sulle mensole.

Anche Eva si versò un bicchiere di limonata e si accomodò sul divanetto di pelle di fronte a noi con le gambe, lisce e dritte, accavallate e l'espressione interrogativa di chi si aspetta una qualche sconvolgente rivelazione.

E noi lo sapevano cos'è che voleva sapere, ce lo aveva chiesto più di una volta, ma eravamo solo riusciti a balbettare frasi sconnesse.

Allora lo ripeté.

«Che cosa facevate nella mia proprietà?»

Caleb e io ancora una volta ci guardammo negli occhi.

Deglutii saliva e limonata, prima di decidermi a parlare.

«Eravamo venuti a farle un saluto, signorina Besson.»

Lei strinse le labbra grandi, come se ci stesse pensando un po' su, cercando di capire se stessi dicendo la verità.

Dopodiché le labbra si distesero in un sorriso a trentadue denti, che si trasformò, ben presto, in una risatina stridula che schermì con una mano, nascondendo gli incisivi troppo grandi.

«Io lo so che venite qui a curiosare» ammise e subito un brivido mi solcò la spina dorsale.

«Non è come lei pensa, signorina Besson» si affrettò a precisare Caleb.

Eva rise di nuovo, poi si mise in piedi e raggiunse il mobile dov'erano la TV e uno scrigno di legno. Lo aprì ed estrasse una sigaretta che inserì in un bocchino nero.

Tirò un paio di boccate copiose di fumo; poi, ancheggiando, raggiunse di nuovo il divanetto e accavallò ancora una volta le gambe. Si posizionò con la schiena poggiata ai cuscini gonfi del sofà e il bocchino nero lungo, stretto tra le dita.

«Non sono arrabbiata» aggiunse. «Lusingata, più che altro. Una donna della mia età, poi...»

«Non lo dica a mio padre, signorina Besson, la prego!» la implorai.

Lei sorrise. «Non dirò nulla né a tuo padre né a nessun altro, tranquilli. D'altronde, non c'è nulla di meglio da fare qui, me ne rendo conto, e di ragazze pare che non ve ne sia nemmeno l'ombra.»

«Sono tutte al raduno evangelico» precisò Caleb, poi finì la sua limonata. «Sa com'è...»

«So com'è.» Eva Besson sorrise di nuovo.

Crak, crak, crak. Ancora quei corvi.

Qualcuno bussò alla porta.

10

Benerice Pilar aveva l'affanno. E gli occhi grandi fuori dalle orbite per aver corso troppo.

Si chinò in avanti per riprendere fiato, appoggiandosi con una mano alla trave di legno della porta.

Eva Besson si affrettò in cucina. Rimanemmo solo Caleb e io a fissare la donna, senza batter ciglio.

Dopo un po', Eva comparve con un bicchiere d'acqua, che Benerice bevve a lunghi sorsi avidi.

«Samuel» disse poi con voce affannosa «credevo fosse nel suo letto questa mattina, ma non era lì. Ho pensato fosse uscito per andare a caccia di lumache, ma nessuno dice di averlo visto e non era nemmeno al laghetto.»

«Qui non c'è, Benny.» Eva afferrò una delle sedie di vimini accostate alla parete del soggiorno e la avvicinò alla donna che quasi vi collassò, con le braccia penzoloni lungo i fianchi.

«Cerca di mantenere la calma.» Anche la signorina Besson afferrò una sedia e si sedette accanto a lei, reggendole la mano tremante.

«Tu li conosci, Eva, lo sai di cosa sono capaci. Samuel è solo un bambino!» Benerice era agitata, si muoveva come in preda a un raptus.

Avevo sentito parlare delle tarantole e degli effetti che i loro morsi causavano alle persone e, se qualcuno avesse visto Benerice Pilar in quel momento e non avesse saputo il motivo della sua agitazione, non avrebbe avuto dubbi che fosse stata morsa proprio da uno di quei ragni velenosi.

Ma lei era solo agitata per la scomparsa di suo figlio, un bambino di sei anni che tutti in paese conoscevano per la sua abitudine di portarsi dietro un secchiello di plastica colmo di lumache.

«Di cosa parli, Benny?» La Besson aveva stretto la mano sinistra di Benerice nella sua.

«Loro» disse la donna «sai di cosa sono capaci, io e Daniel non abbiamo ancora messo le cose a posto.»

Solo allora la signora Pilar parve accorgersi di noi.

Ci guardò circospetta, poi si rivolse a Eva con tono più calmo «Tu li conosci, Eva, tu lo sai.»

Eva sembrò irrigidirsi, si mise in piedi e cominciò a sfregarsi le mani, con gesti nervosi.

«Sarà meglio parlarne più tardi,» disse «ora cerca di tornare a casa, probabilmente Samuel starà già con Daniel a quest'ora, non credo ci sia motivo di preoccuparsi.»

Benerice si irrigidì, il tremolio delle sue gambe grosse cessò di colpo e si mise in piedi con un gesto automatico.

«Sapevo che non avrei dovuto fidarmi, Eva. Quella è gente senza cuore» aggiunse infine. Senza dire altro, abbandonò la sala e si avviò verso l'ingresso.

La Besson a quel punto guardò verso di noi.

«Sarà meglio che andiate adesso,» disse seria «si è fatto tardi e ho delle faccende da sbrigare.»

11

Una volta i Pilar possedevano circa la metà degli ettari di terreno che sormontavano il pioppeto.

Da piccolo papà mi portava in spalla a vedere le loro mucche al pascolo. Erano gli unici che, fino a qualche anno prima, producevano il formaggio e il latte per i mercati vicini.

Era capitato più di una volta che Daniel Pilar mi avesse invitato a bere del latte, direttamente dalle mammelle rosa delle vacche: ne usciva un liquido caldo e dolce, come il burro.

Mi piaceva quando ci andavo con papà, tornavamo a casa sempre con qualche sacchetto di caglio, avvolto nelle foglie di fico, e alcune bottiglie di quel latte così buono.

Tempo dopo, però, successe qualcosa alle mucche, un parassita le sterminò, una a una.

Dimagrirono a vista d'occhio, a causa della dissenteria.

Ricordo che lo sterco emanava un odore da voltastomaco e fu questa una delle cause per cui le gite con mio padre alla fattoria dei Pilar, di domenica, cessarono di colpo, come anche l'unica abitudine che ci teneva legati l'un l'altro.

Credo che quella disgrazia sia stata una delle ragioni che abbia contribuito al disgregarsi dei rapporti tra me e mio padre.

La dissenteria colpì, alcuni giorni dopo, anche i nostri maiali.

Ricordo che li trovammo morti stecchiti nel loro letame nel giro di poche settimane, le mosche a banchettare con lo sterco fetido.

In quei giorni aiutai papà e Caleb a spalare la terra dal porcile e, qualche mese dopo, mio padre acquistò altri tre maiali a una fiera, dove c'erano anche i clown e gli acrobati sui trampoli.

Tuttavia, dopo la morte delle vacche dei Pilar, le cose per loro si misero ancora peggio.

Mamma mi raccontava, spesso, di come Benerice Pilar si presentasse in lacrime ai raduni evangelici, lamentando la triste sorte che si era abbattuta sulla fattoria e sui loro affari; la situazione si aggravò ancora di più quando scoprì di aspettare Sam.

Ciononostante, l'intervento delle sorelle della chiesa a tanto era servito nel convincerla a non abortire.

«Preferisce una vita di rimorsi a una di stenti, è impensabile!» Le parole di mamma, puntuali, durante le nostre cene.

Di ritorno dagli incontri, si lamentava con papà di quanto fosse insensata la scelta di Benerice, di come vietare la vita a un bambino fosse da criminali senza scrupoli.

Più volte aveva accennato all'idea del pastore e di alcuni fratelli di allontanarla dalla chiesa, se avesse continuato a perseverare nella sua idea insana.

Ma poi accadde che Sam nascesse prematuro, al settimo mese, e nonostante le varie difficoltà, per tutti fu una grande gioia.

I fratelli della chiesa, compresa mamma, si mobilitarono per aiutare i Pilar come meglio potevano, almeno nei primi mesi in cui il bambino era da svezzare, mentre i genitori erano indaffarati a rimettere le cose a posto alla fattoria.

Ecco, così andarono le cose per i Pilar, almeno da quello che ricordo.

12

Le foglie verdi di tabacco mi coprivano le gambe per intero, fin sotto la cintola; a Caleb no, lui era più alto e le foglie gli arrivavano solo ai polpacci nudi.

Attraversammo il campo in fretta, perché bisognava anche aiutare papà alle serre e spalare la terra dal porcile.

Lungo il tragitto verso la fattoria, quasi non scambiai una parola col mio amico, che mi precedeva a passi più lunghi e rapidi.

Mi limitai a osservare la sua nuca abbronzata e la pelle più chiara sotto il risvolto del colletto della maglietta, pensando anche a Benerice Pilar, alla sua disperazione, al piccolo Sam che raccoglieva sempre lumache e alla signorina Besson, che era apparsa così preoccupata, nonostante avesse cercato, in tutti i modi, di acquietare l'animo della povera Benerice.

Ma Eva Besson era sbiancata.

«Tu li conosci, Eva, lo sai di cosa sono capaci. Samuel è solo un bambino!»

In cuor mio, mentre le foglie grosse mi graffiavano i polpacci nudi e le suole di gomma delle scarpe da ginnastica affondavano nel terreno umido, sperai che non fosse davvero capitato nulla di male al piccolo Samuel Pilar, che le cose si sarebbero messe a posto al più presto e che, in qualche modo, anche la chiesa avesse dato ancora una volta il suo contributo.

Caleb intanto era già arrivato alla via e così accelerai il passo per raggiungerlo.

«Dove credi possa essere andato un bambino della sua età?» chiesi, una volta abbandonata l'ultima fila di foglie.

«In giro, a raccogliere lumache» rispose lui con un'alzata di spalle.

«E se davvero qualcuno gli avesse fatto del male?»

Caleb mi guardò accigliato, prima di proferire nuovamente.

«Samuel Pilar è strano forte ma, tutto sommato, è un bambino in gamba,» disse ancora «ricordi quella volta che catturò quella lontra gigante e le legò attorno al collo un filo di spago come fosse un guinzaglio?»

«Quella lontra avrebbe potuto staccargli una mano con un morso solo» risposi, ricordando il fatto.

Accadde l'anno prima.

Lungo il viale dei pioppi io e Caleb vedemmo Sam avanzare a passi goffi, trascinandosi dietro qualcosa che, a prima vista, non mettemmo bene a fuoco.

Avvicinandoci, ci accorgemmo che in realtà si trattava del corpicino malconcio di una lontra.

Sam le aveva legato attorno al collo un filo di spago spesso, così stretto da farla soffocare.

«Lui è il mio nuovo cane!» aveva detto, strattonando il filo per trascinare la carcassa sotto i nostri occhi.

«Guarda che non è un cane, è una lontra» lo ammonì Caleb «ed è pure morta.»

Sam guardò prima me, poi il mio amico.

Infine diede l'ultima occhiata alla lontra che giaceva a terra, gli occhi fuori dalle orbite e la lingua violacea, penzolante a un lato del muso.

Strattonò la carcassa ancora una volta e restò immobile, gli occhi fissi sull'animale, prima di decidersi a parlare.

«No che non lo è, è un cane!» Contrasse il viso in una smorfia di stizza e capimmo che era prossimo a scoppiare in pianto.

«Ok, ok, è una merda di cane, ma è una merda di cane morto» riprese Caleb «ti conviene gettarlo nel campo, ci penseranno i corvi.»

«Non è morto!» ammonì Samuel. «Ora vado a casa.»

Non ci salutò, abbassò semplicemente il capo e andò via trascinandosi dietro l'animale, con una scia serpentina sul terriccio polveroso.

13

Papà e Caleb avevano finito tardi col porcile, anche se solitamente mio padre smetteva di lavorare al tramonto. Però il tabacco ci aveva tenuti impegnati tutto il pomeriggio e non eravamo nemmeno riusciti a ricoprire tutta la prima serra, restava ancora da rivestire di plastica l'ossatura di legno della seconda e legare altre file di tabacco verde.

Ma il porcile era più urgente, le mosche avevano preso letteralmente d'assalto la patina di sterco che incrostava la terra e la mangiatoia di stagno.

Io avevo preso in custodia i maiali; nel frattempo Caleb e mio padre si davano da fare con le pale e le pompe.

Erano le otto passate quando Caleb andò via e mamma chiamò me e papà per la cena.

A tavola c'erano il pane fresco e i piselli dell'orto con la pancetta, una caraffa d'acqua gelida e una di vino rosso per papà.

Non ci volle molto, né servì che aprissi io il discorso, affinché si cominciasse a parlare di Benerice Pilar.

Le parole di mamma giunsero rapide, affilate come lame.

«È da stamani che Samuel Pilar sembra scomparso» disse col capo chino, intenta ad armeggiare col cestino del pane. Capii che era un suo modo per aprire la questione fingendo poco interesse ma sia io, sia mio padre, sapevamo che non era effettivamente così e che, in realtà, la faccenda le interessasse anche fin troppo.

«Immagino come starà Benny in questo momento, in chiesa abbiamo pregato per lei.» Stavolta alzò il viso e guardò prima mio padre e, dopo, me.

Papà tossì e si versò un bicchiere di vino.

«Effettivamente non ho visto Daniel oggi ai campi. Sai se hanno già sporto denuncia?»

«La polizia ha detto che non è possibile, se non passano almeno ventiquattro ore dalla scomparsa. Cose da pazzi! Un bambino scompare nel nulla e la polizia non intende dare una mano. E se dopo ventiquattrore fosse già troppo tardi?» Mamma intrecciò nervosa le mani.

«Purtroppo a volte è così che vanno le cose.» Anche papà intrecciò le mani a mo' di preghiera, ma era più calmo e composto.

«Credo sia stato un avvertimento, Marcus» continuò mamma. «Come qualche mese fa con le zucche.»

«Un avvertimento?»

«I creditori, quelli sono senza scrupoli. E pensare che a suo tempo l'avevo messa in guardia. Le avevo detto che non avrebbe dovuto, che il tutto si sarebbero messo a posto in altro modo.»

Ero rimasto ad ascoltare senza batter ciglio, ma le parole di mia madre non mi erano indifferenti.

Volontariamente non avevo fatto nessun tipo di riferimento a Eva Besson e al fatto che mi trovassi con Caleb nel suo salotto quella mattina, a bere limonata, quando Benerice aveva bussato alla porta ed era entrata in casa, in preda a una forte crisi di panico.

Se l'avessi fatto, avrei dovuto dare altri chiarimenti sul perché mi fossi ritrovato nella proprietà della Besson e non mi andava affatto.

Mi ricordai delle zucche.

Mesi prima, di notte, qualcuno aveva fatto irruzione nell'orto dei Pilar, forando la rete di recinzione, e aveva pensato bene di fare razzia di zucche, tutte quelle destinate al mercato e per le esposizioni di Halloween.

Il giorno dopo v'era poltiglia di zucca ovunque, disseminata per l'orto.

Benerice, in lacrime, aveva parlato anche di un messaggio che le avrebbero lasciato, una lettera dove c'era scritto che, se non avessero pagato quello che dovevano, avrebbero fatto lo stesso con le loro teste.

Io quella lettera non l'avevo letta, ma mia madre e i fratelli della chiesa sì.

«Eva Besson ne sa qualcosa, te lo dico io.» Di nuovo la voce di mamma.

Trasalii dai miei pensieri.

«L'insegnante di francese» continuò lei, pensando che papà non avesse afferrato.

Lui mangiò un po' del suo stufato di piselli e bevve un sorso di vino, prima di accennare un sì con la testa.

«La mia insegnante» intervenni.

«Certo» disse mamma «proprio lei. Quei tizi, che Dio ce ne scampi, li conosce bene. Sono francesi, come lei, te lo dico io...»

«E come fai a saperlo?» chiesi, ricordando le parole di Benerice di quella mattina e di come sembrava convinta che Eva ne sapesse qualcosa.

«Perché è stata Eva a portarla da loro» confessò mamma. «Benerice era venuta da me e me lo aveva detto. Lei e Daniel avevano bisogno di soldi, tanti, per mettere le cose a posto alla fattoria. Tutti alla chiesa decidemmo di contribuire in qualche modo ma, nonostante tutto, non bastavano. Sembrava proprio che non bastassero mai.»

«Daniel avrebbe fatto meglio a tenere bene i conti. Ai Pilar è sempre piaciuto sperperare» intervenne papà.

«Marcus!» lo ammonì mia madre. «Siamo tutti nelle mani del Signore e disgrazie di questo tipo possono capitare a chiunque e in qualunque momento.» Riprese fiato, raccattò i piatti sporchi e raggiunse il lavello. «Dio mi è testimone, per tutte le volte che ho tentato di farle cambiare idea. Ma lei ha sempre fatto di testa sua e di Eva si fidava.»

«Benerice ha sempre voluto navigare nell'oro, è questa la verità!»

Anche papà si mise in piedi, prese dalla tasca un pacchetto di sigarette stropicciato e raggiunse la finestra per fumare.

«Marcus!» intervenne di nuovo mamma, ma non disse altro, stavolta.

Nel porcile i maiali grugnirono.

Sentii anche i corvi. Dalla finestra ne vidi due appollaiati sui cavi elettrici dell'alimentatore.

14

Il nonno di Caleb dormiva; la bocca spalancata e un bel po' di mosche a ronzargli attorno.

Era da qualche tempo che, a detta di Caleb, non faceva altro che dormire e nei pochi istanti in cui connetteva con la realtà, non era mai del tutto presente.

Il più delle volte asseriva di vedere strani animaletti blu sbucare dai cespugli delle aiuole, altre volte invece parlava con suo nipote come fosse sua moglie, morta oramai da tempo.

Caleb non sembrava importarsene più di tanto, a lui bastava avere un letto in cui dormire quando tornava da lavoro, una stanza tutta sua quando sentiva il bisogno "di trastullarsi il salame", dopo le incursioni nella proprietà di Eva Besson.

Stavo fissando una mosca muoversi lesta tra le pieghe del viso del vecchio, prossima a entrargli nella bocca aperta e sdentata, quando qualcuno mi afferrò per una spalla.

Sussultando, mi voltai, ma vidi che era Caleb nudo, a eccezione dei boxer, tenuti bassi al ridosso dell'inguine; i capelli arruffati.

«Che ore sono?» mi chiese sbadigliando e grattandosi la nuca.

«Le dieci passate!» risposi. «Papà mi ha mandato a cercarti, perché dovevi finire di riparare il tetto della stalla.»

«Cazzo!» esclamò, portandosi una mano alla fronte. «L'avevo dimenticato! Dammi qualche minuto, vado a mettermi qualcosa!»

«Va bene» dissi senza aggiungere altro, poi lo vidi scomparire sul retro.

Rimasi sulla veranda, col vecchio che russava e le mosche che banchettavano con la sua lingua.

Mi sedetti sul primo scalino dell'ingresso, con le mani al mento e i gomiti sulle ginocchia.

La casa di Caleb è una costruzione bassa di mattoni rossi, circondata da piccole aiuole rinsecchite.

Un tempo credo fosse anche graziosa, Caleb mi aveva mostrato delle foto dei tempi in cui lavorava presso i Figli del Signore, quando sua nonna era ancora viva.

In quella foto la casa appariva di un rosso porpora quasi accecante; alle finestre, delle tendine gialle a fiori richiamavano il colore dei gerani sul davanzale.

«Quando in casa c'è una donna, è tutta un'altra storia» mi aveva detto quel giorno lui, rimettendosi in tasca la foto.

Sua nonna Dora era molto stimata all'interno della comunità evangelica. Era quella che, prima di mia madre, si occupava delle offerte e dell'organizzazione dei mercatini di beneficenza.

Un giorno, mentre era in giardino a stendere la biancheria, un calabrone le si attaccò al collo, pungendola all'altezza della vena giugulare. Fu choc anafilattico e uno come me, con le sue allergie e tutto quel che ne consegue, sa bene di cosa si tratti.

Fu così che andò via la pacifica e cordiale Dora e fu così che finirono anche le tende gialle alle finestre, i gerani appassirono e suo marito cominciò a passare le giornate perso nello sconforto e nell'impotente lotta contro l'inevitabile avanzare dell'Alzheimer.

* * *

Caleb mi raggiunse sul pianerottolo.

«Andiamo?» chiese.

Aveva indossato la maglietta bianca sudicia del giorno prima e un paio di jeans neri che aveva mutilato; dal taglio irregolare all'altezza del ginocchio, erano visibili i filamenti della stoffa.

«Sì» risposi, mettendomi in piedi e raggiungendo il viale.

Fu prima Caleb ad accorgersi della Ford bianca parcheggiata sul lato sinistro del sentiero, subito dopo il termine del pioppeto.

All'interno vedemmo due uomini in camicia nera e occhiali da sole, osservare circospetti il paesaggio.

«Che cosa ci fa da queste parti una Ford bianca del '65?» disse il mio amico, con la mano destra appiattita sugli occhi per schermarsi dal sole forte.

«Chi pensi possano essere?» chiesi.

«Non ne ho la più pallida idea, Martin» ribatté lui.

I due tizi misero in moto e vedemmo la Ford avanzare verso di noi, alzando polvere.

Mi accorsi che era tirata a lucido.

Quando fu quasi vicina a me, la luce accecante del sole si riflesse sulle guarnizioni d'acciaio brillanti attorno ai finestrini e agli sportelli, e non mi permise di mettere bene a fuoco le sagome dei due uomini all'interno.

L'auto passò rapida e la vedemmo scomparire dietro l'edificio della fabbrica di cartone dismessa, dov'erano anche la chiesa e l'acquedotto che incombeva alto nel campo di grano verde, come un'enorme mongolfiera bordeaux.

Caleb e io ci lanciammo un'altra occhiata perplessa.

«Vanno verso la chiesa!» esclamò lui.

Tra la polvere nell'aria, cercai di rintracciare con lo sguardo la Ford bianca.

Ma già non c'era più.

15

Mamma volle portarmi con sé in chiesa. Mi disse che mi avrebbe fatto bene, che era da un po' che stavo smarrendo la strada, poi aggiunse che il pastore avrebbe pregato per Samuel Pilar e che sarebbero servite anche le mie preghiere, giacché il Signore aveva bisogno di me.

E io ci andai, nonostante preferissi passare le ore libere con Caleb e, magari, ritornare dalla signorina Besson.

Ma Eva era in chiesa, quel giorno. La vidi seduta in una delle ultime file di sedie dell'ala sinistra.

La sala era piena di donne, penso quasi tutte quelle del paese, comprese le loro figlie che solitamente tenevano segregate in casa e, magari, promesse spose a coloro che avrebbero avuto più ettari di terra da offrire.

Era così che funzionavano le cose dalle nostre parti.

Spesso si organizzavano fiere con musica e tortini di mais, per fingere che fosse tutto casuale.

Ma il caso non c'entrava mai.

La verità era che più terreni possedevi, più avevi possibilità di fare colpo su una donna da sposare.

Ma io non volevo farlo affatto, né a quelle condizioni, né ad altre.

* * *

Le sorelle Farro, le figlie di Amalia e Igor Bruttomuso mi fissavano sorridendo e mormorandosi a vicenda parole all'orecchio che non riuscivo a capire, nemmeno leggendo il labiale.

Presi posto con mia madre nelle prime file di destra, ma ogni tanto approfittavo per voltarmi e dare un'occhiata a Eva Besson, che fissava il vuoto davanti a sé, senza battere ciglio.

Quando il pastore entrò dalla porta sul retro dell'altare, i mormorii cessarono e anche Dalila e Melissa Farro smisero di parlottare e s'irrigidirono guardando il pastore, che era intento a sfogliare il Vangelo sul leggio d'ottone.

Dalle vetrate dipinte alle pareti filtrava la luce forte del sole, che colorava di riflessi arcobaleno l'altare spoglio.

Su quella di sinistra distinsi le sagome colorate di Lutero e di un gruppo di bambini attorno a lui. Lutero sfogliava il Vangelo, seduto su qualcosa che a prima vista sembrava una roccia. I bambini che lo attorniavano, invece, erano rappresentati sorridenti, intenti ad ascoltarlo, seduti ai suoi piedi. Lastre di colore verde, dalle diverse tonalità, disegnavano le copiose chiome delle querce di un bosco, il resto era cielo: celeste, bianco, qualche rondine qui e lì.

Sull'altra vetrata, quella di destra, invece, era raffigurata un'enorme pergamena, che riportava a grandi caratteri corsivi le novantacinque tesi luterane. Non mi ero mai soffermato a leggerle tutte ma, durante i sermoni del pastore, se ne faceva continuamente riferimento.

Si parlava di indulgenze plenarie, del fatto che l'unico riscatto per raggiungere il regno di Dio fossero le buone azioni e le preghiere, che i soldi non avrebbero comprato l'ingresso in paradiso e che ogni eccessiva sfarzosità non era per nulla ammessa.

La comunità aveva il compito di aiutarsi a vicenda e per questo spesso si organizzavano mercatini, dove ognuno proponeva cose da mangiare o statuette intagliate in legno.

Benerice Pilar era famosa per le sue torte di zucca, ma quell'anno di zucche non se n'erano viste e non aveva potuto partecipare nemmeno al mercatino di beneficenza per l'orfanotrofio.

* * *

«Non credete sia facile per me» cominciò allora il pastore Filippo.

Si era scorciato le maniche della camicia bianca all'altezza dei gomiti e guardava tutti con fare circospetto; gli occhi piccoli, appena due fessure scure al centro del viso tondo e rosso.

«È scomparso un bambino,» riprese «un figlio della comunità, e sua madre è una donna distrutta.»

Avevo anch'io circoscritto la folla con lo sguardo, cercando di individuare Benerice, ma non la vidi da nessuna parte.

In compenso avevo notato un gruppo di donne bisbigliare tra loro, dando fugaci occhiate in direzione di Eva Besson.

«Mi rivolgo quindi a tutti voi, fratelli e sorelle. Chiunque sappia qualcosa, parli adesso, prima che sia troppo tardi.» Così dicendo, il pastore raggiunse il centro della navata, trascinandosi appresso il lungo filo nero del microfono che teneva stretto nella mano destra. «Non abbiate paura, fratelli e sorelle, che Iddio ha misericordia di tutti.» Prese fiato e riprese «Tra di noi, nei campi, in qualche casa, si nasconde Erode il Grande, lo stesso che ordinò il massacro degli innocenti per giungere a Gesù.»

Il pastore si fermò a pochi passi da me e mia madre.

Mi guardò intensamente prima di continuare «Ma Geremia lo racconta, non è cosi?» Sembrò quasi cercare la mia approvazione, io mi limitai a rispondere con un sì svogliato, ma poi lui distolse lo sguardo da me e la sua attenzione cadde su un gruppo di donne alle mie spalle. «L'angelo gli apparve una notte...» Si asciugò col palmo della mano libera il sudore che cominciava a colargli dalla fronte.

«E gli ordinò di fuggire in Egitto» intervenne Poula Donne, un donnone grosso come una botte, che metteva sempre quintali di cipria per nascondere i crateri sul viso, a causa di una forte dermatite.

«Giusto!» esclamò il pastore. «Quindi c'è ancora tempo, possiamo ancora fuggire, l'angelo ci guiderà, ma è ora che qualcuno parli, fratelli e sorelle!»

Stavolta il pastore guardava in direzione di Eva Besson. Questa aveva gli occhi bassi e mormorava qualcosa tra sé.

Guardai mia madre e mi accorsi che anche lei parlottava a voce bassa con Clarissa Baque, la moglie del falegname che ci aveva costruito il recinto dei maiali qualche anno prima.

Sentii anche i corvi.

Ne vidi un paio volare, attraverso i colori della vetrata alla mia sinistra.

Il pastore tornò al leggio d'ottone e sfogliò di nuovo il Vangelo, soffermandosi su una pagina in particolare.

Lo vidi prendere fiato, ingrossando il petto e impostando la voce, preparandosi a recitare un passo dal libro di Geremia.

«Allora Erode, vedendosi beffato dai magi, si adirò moltissimo e mandò a uccidere tutti i maschi che erano in Betlemme e in tutto il suo territorio, dall'età di due anni in giù.»

Crak. Crak. Sentii i corvi. Ancora più ostinati.

Qualcuno picchiettò con le zampette sui vetri colorati, vedevo le sagome scure attraverso il verde delle chiome degli alberi dipinti.

Anche mamma e Clarissa alzarono lo sguardo verso la vetrata, ma lo distolsero subito dopo, per concentrarsi sul pastore intento nella lettura.

«Così parla il Signore: si è udito una voce a Rama, un lamento, un pianto amaro; Rachele piange i suoi figli; lei rifiuta di essere consolata dei suoi figli, perché non sono più.»

Crak. Crak. Ancora i corvi e seguì sempre quel fastidioso raschiare sul vetro.

«Così parla il Signore: "Trattieni la tua voce dal piangere, i tuoi occhi dal versare lacrime; poiché l'opera tua sarà ricompensata" dice il Signore; "essi ritorneranno dal paese del nemico".»

Di nuovo mormorii.

Mi accorsi che qualcun altro adesso guardava i corvi, che avevano quasi preso d'assalto la vetrata. Alcuni di loro avevano raggiunto anche quella di destra.

I corvi adesso erano molti di più, le sagome scure e confuse si muovevano frenetiche dietro i colori; le ali a sbattere impazzite.

Anche il pastore stavolta alzò lo sguardo.

Io mi voltai verso Eva Besson e la sorpresi spaventata, con gli occhi vitrei fissi alla vetrata alla mia sinistra.

«A volte, quando qualcuno è nei paraggi, li sento gracchiare. Non so perché. A me piace pensare che vogliano proteggermi, a modo loro.»

Pensai alle sue parole del giorno prima.

I corvi erano venuti per lei.

Poi un botto improvviso mi destò e mi ritrovai a fissare ancora una volta la vetrata colorata.

Il vetro era rotto ora e, al posto del viso sorridente di Lutero, v'era un foro irregolare attraverso il quale riuscivo a scorgere un pezzo di cielo.

Le sorelle Farro gridarono all'unisono, sgranando gli occhi in direzione di qualcosa che, ora, era finita al centro della navata.

Allora abbassai lo sguardo e lo vidi anch'io: un corvo, grande quanto un cucciolo di lontra, era a terra e si contorceva nella pozza del suo stesso sangue.

«Crak» gracchiò debole, il collo spezzato, ma le ali ancora battevano frenetiche, schizzando sangue un po' ovunque.

«È il Diavolo!» gridò Amalia Farro.

Altre le fecero eco.

«Mantenete la calma, sorelle.» Il pastore si affrettò a raggiungere l'uccello agonizzante e si chinò sulle ginocchia per esaminarlo.

L'animale sbatté per l'ultima volta le ali e stavolta gli schizzi di sangue finirono anche sul mio viso e sulla camicia bianca del pastore Filippo.

Dopo si fermò e non si mosse più.

16

«I corvi sono venuti per lei, non è così?» Avevo sorpreso Eva Besson allontanarsi dalla chiesa a passi rapidi e raggiungere il campo di granturco sul retro. Avevo approfittato del fatto che mia madre fosse impegnata a salutare il pastore assieme alle altre che lo avevano letteralmente preso d'assalto alla fine della funzione. Qualcuna continuava a sostenere che la morte del corvo fosse opera del Diavolo ma avevo sentito anche chi pensava che fosse un messaggio, che qualcuno avesse voluto metterci in guardia e che la scomparsa del piccolo Samuel Pilar fosse solo l'inizio di un evento apocalittico.

Avevo anche sentito il pastore Filippo chiedere più volte silenzio e l'avevo visto asciugarsi la fronte sudata, impacciato e sorpreso dalla folla linciante di donne e bambini in lacrime.

Ma Eva era corsa via dopo la funzione, strisciando lungo la parete sul retro della chiesa.

«Non lo so» mi disse solo, il viso stanco. «Io, io, non me lo spiego, loro vengono e basta.» La voce tradiva un'inquietudine forte e il desiderio di andare via, allontanarsi dalla chiesa il più presto possibile.

«Hai visto i loro sguardi? Hai sentito quello che dicevano? Credono sia stata io, o che almeno c'entri qualcosa.»

«Perché lo pensano? Benerice, quel giorno a casa sua parlava di qualcuno che conosceva anche lei, signorina Besson» parlai in modo pacato, ma la mia voce tradì un che di accusatorio.

Eva lo avvertì e incupì lo sguardo.

«Io non c'entro nulla, Martin, e in ogni caso non capiresti.»

«Mi metta alla prova!» esclamai con tono fermo e deciso.

Eva Besson avanzò di qualche passo verso di me. Mi fermai a osservare gli occhi attraverso le lenti scure e la frangia che sbucava da sotto il grosso cappello di paglia. Poco dopo le labbra si distesero in un sorriso di cortesia. Eva mi carezzò il mento con la mano che avvertii liscia e tiepida sulla pelle.

«Torna da tua madre, Martin» disse solo e la vidi addentrarsi nel campo di granturco, con una mano a reggersi il cappello e l'altra a farsi strada tra le frasche verdi.

Rimasi un attimo immobile a osservarla scomparire dietro le foglie larghe del mais.

«Che parli, se sa qualcosa, signorina Besson! Samuel Pilar è solo un bambino!» gridai, ma lei non sentì o, se sentì, non ebbe nessuna voglia di rispondermi.

17

Dalla prima serra riuscivo sempre a vedere il campo di girasoli della fattoria accanto. Gli steli erano così alti che arrivavano a coprire anche i due spaventapasseri di paglia e stracci che qualcuno aveva collocato al centro.

I corvi vi gracchiavano attorno, in un volo circolare, ma non vi si accostavano, quasi per timore che i fantocci di paglia potessero animarsi da un momento all'altro. Ma questi rimanevano immobili, scheletrici e orribili, come quei cadaveri decomposti nei documentari sull'olocausto.

I raggi del sole, forti, colpivano il telo di plastica bianca che ricopriva la struttura di legno della serra e il caldo là sotto era opprimente.

Mi misi a osservare i rivoli di sudore sulla schiena bruna di Caleb e sulle spalle grosse di papà, mentre erano intenti a sistemare le foglie grosse e verdi tra le assi di legno della serra.

Io mi limitavo a sistemare le zolle di foglie in un angolo, liberandole dallo spago di canapa che le teneva insieme.

Attraverso la plastica della serra vidi infine una figura indistinta, opaca, avviarsi verso casa mia, passando per la stalla e poi per il pozzo. Mi sporsi di sotto per vederla meglio, ma riuscii solo a mettere a fuoco le gambe grosse.

Quando poi la sentii sbraitare il nome di mia madre, capii che si trattava di Benerice Pilar.

«Lara!» gridò, una volta raggiunta la veranda di casa mia. «Sei in casa?»

«È Benerice Pilar quella?» sentii Caleb alle mie spalle.

Mi voltai e lo sorpresi con gli occhi ridotti a una fessura per cercare di mettere a fuoco la sagoma della donna attraverso la plastica opaca della serra.

«Sì» risposi. «Cerca la mamma.»

«Continuate il lavoro!» disse mio padre. «Sono cose che non vi riguardano.»

Ma ci riguardavano, eccome se ci riguardavano.

Caleb e io ci guardammo negli occhi. Lo sorpresi spaventato e un po' lo ero anche io.

Qualche istante dopo fu come una doccia fredda, quando sentii mamma chiamarmi.

«Martin!» gridò. «Vieni, devo parlarti!»

Deglutii e lo stesso fece il mio amico.

Guardai allora mio padre, sperando che non avesse sentito o che, se lo avesse fatto, mi avrebbe detto di non andare.

«C'è tua madre che ti chiama,» disse invece lui «cosa aspetti lì impalato?»

«Sì» mi limitai a rispondere, abbassando il capo; il viso in fiamme e il cuore a battermi nel petto.

Quindi li lasciai entrambi lì e mi avviai verso casa.

Il sole di fronte mi abbagliava la vista. Tra i raggi forti distinguevo a malapena le figure di Benerice e di mia madre che mi osservavano, ferme sulla veranda.

Passai per il recinto dei maiali che sorpresi immobili, accucciati in un angolo, e oltrepassai il pozzo vecchio, scacciando uno sciame di moscerini con la mano.

18

Te ne accorgi dall'aria quando qualcosa non va. A volte il vento è così pungente che riesce a solleticarti le orecchie e un fremito percorre l'intera spina dorsale. Infine ci sono gli sguardi, ti cadono addosso come tante pietre a lapidarti e ti senti inevitabilmente il colpevole, perché l'hai tenuto nascosto, perché non hai avuto abbastanza coraggio, perché in qualche modo sei stato un codardo.

Mamma mi aveva solo chiesto che ci facessi con Caleb quel giorno a casa di Eva Besson e io non ero stato in grado di affrontare i suoi occhi, e ora me li sentivo incollati addosso.

Benerice, invece, era alla mia sinistra, con le braccia incrociate al petto e un'aria di attesa, quasi come se quello che stavo per rivelare avesse potuto riportarle indietro il suo Samuel.

«Io… » cominciai, ma avvertii l'ennesimo fremito percorrermi la spina dorsale e mi bloccai. Allora deglutii e poi ripresi «Passavamo da quelle parti e la signora Besson ci ha invitati per una limonata.»

Alzai allora lo sguardo e fissai mia madre. Mi stupii di quanto in realtà fosse serena, nessun segno di accusa nei suoi occhi e un accenno di sorriso quasi a rassicurarmi.

«Tutto qui?» chiese, carezzandomi il mento con una mano per indirizzare i miei occhi nei suoi.

«Tutto qui» le feci eco io.

Mamma alzò le spalle e strinse un po' le labbra.

«Il ragazzo non sa nulla, Benerice» si rivolse alla donna che era rimasta ferma alla mia sinistra.

«E i corvi?» aggiunse questa, la voce roca, tipica di chi ha pianto a lungo.

«Di cosa parli, Benny?» Mamma parve non capire, guardò Benerice con la sua solita espressione compassionevole, come tutte quelle volte che si rivolgeva ai poveri senzatetto la notte di Natale, durante la distribuzione delle provviste.

«I corvi, la seguono ovunque, nessuno di voi ci ha mai fatto caso?» La donna, con la voce tremante, aveva sgranato gli occhi, sfregandosi nervosa le mani.

I corvi. Certo, sì, sapevo dei corvi. Ma sapevo anche che Eva Besson non se li spiegava, che ne sembrava quasi inquietata. Spesso ci sono cose che non vanno per forza spiegate, succedono e basta, e i corvi erano una di quelle.

«Lei sa tutto Lara, lo sa per certo, quanto è vero Iddio!» Benerice avanzò di qualche passo verso la veranda e prese posto sul dondolo accanto all'ingesso, reggendosi la testa con le mani.

«Ci penserà la polizia, Benny. Sanno loro che fare in casi come questi. A noi non resta altro che pregare.» Mamma le si avvicinò e le carezzò il capo, passando le dita lunghe e bianche tra i capelli crespi di lei.

«Lo troveranno morto Lara, l'ho sognato! Il mio piccolo Samuel.» Benny Pilar aveva cominciato a piangere.

«Parla!» gridò allora rivolta a me. «Parla, per l'amor del cielo, se sai qualcosa!»

Guardai le sue iridi di ghiaccio, il sudore che a rivoli cominciava a solcarle la fronte e le guance.

«Il ragazzo non sa nulla, Benny» intervenne secca mia madre, poi mi si avvicinò, avvinghiandomi a sé in un gesto protettivo.

A quel punto, però, Benerice non guardava più me, ma un luogo astratto oltre la mia testa.

Il rombo di un'auto in lontananza mi fece trasalire.

Io e mamma ci voltammo.

«È la polizia!» esclamò la donna alle nostre spalle.

L'auto avanzò, alzando la polvere, e la vedemmo imboccare il vialetto di casa.

19

Dall'auto scesero due uomini. Uno basso, tarchiato, camminava goffo, stretto nella divisa quasi incollata alla pelle sudata. L'altro, più alto, con le spalle larghe e un paio di baffi ricurvi, che nascondevano per intero il labbro superiore e che a me ricordavano tanto quelli dei trichechi al polo che vedevo in TV o sulle riviste dal barbiere.

Il baffuto avanzò verso di noi, mentre il basso rimase fermo alla vettura. Camminava sicuro. Guardò i sacchi di cemento che mio padre aveva accantonato vicino al pozzo.

«Ci sono in programma dei lavori, a quanto vedo» disse, tastando con la punta del piede uno dei sacchi. Avanzò di altri passi verso di noi, con le mani nelle tasche e lo sguardo interrogativo, tipico di chi la sa lunga. Mamma scattò, mi strinse le spalle con entrambe le mani e mi tirò a sé.

Sentii le sue dita avvinghiarmi stretto e avvertii la sua voce, il tono calmo, composto.

«Mio marito vorrebbe riempire il pozzo di cemento. Ormai non ci serve più, vogliamo sbarazzarcene.»

L'uomo, accigliato, guardò mia madre, infine annuì e a me sembrò che avesse capito.

«Novità sul mio Samuel?» intervenne allora Benerice che era rimasta in silenzio finora. Fece per andare incontro all'uomo, ma si arrestò sul terzo gradino della veranda, quando fu proprio l'agente ad avvicinarsi.

«Stiamo facendo il possibile, signora Pilar, ma le abbiamo già detto che farebbe meglio a rimanere in casa, casomai il ragazzino si facesse vivo.»

«Il mio bambino è morto!» esclamò allora la donna, portandosi le mani al viso, quasi a volersi strappare la pelle. «Io lo so che è così, sono stati loro!»

«Con l'insegnate di francese avete già parlato?» intervenne mia madre, diretta.

«La signorina Besson, dice?» L'uomo prese dalla tasca un taccuino e una penna e appuntò qualcosa.

«Mi dica qualcosa di più su quella donna» continuò.

«Non so niente di più di quello che sicuramente Benny le avrà già raccontato.» Mia madre strinse ancora più la presa e quasi sentii le ossa delle mie spalle scricchiolare sotto le sue mani.

«Eva Besson non c'entra nulla!» intervenni allora io e vidi l'uomo sollevare lo sguardo dal blocco sul quale continuava a prendere appunti.

Intanto si era avvicinato quello grasso, che era rimasto per tutto il tempo con la schiena poggiata allo sportello della volante.

«È la tua insegnate?» chiese l'uomo coi baffi.

Mamma allora mi aveva fissato, stupita dalla mia reazione, e lo stesso aveva fatto Benerice che si era asciugata le mani sudaticce sul grembiule lurido che portava legato in vita, a coprirle la parte anteriore della gonna.

«Quella donna è responsabile di tutto quest'inferno!» gridò poi Benny. «Non dovresti prendere le sue difese, Martin!» Scostò con una mano un ciuffo sbarazzino di capelli che le era scivolato sulla fronte.

«Quella donna non ha colpe, Benerice.» A un tratto una voce alle spalle dell'altro uomo grasso mi fece sussultare.

Voltandomi in quella direzione, vidi mio padre immobile, asciugandosi con uno straccio, le mani sporche. Accanto a lui, Caleb mi guardava interdetto. Gli lanciai uno sguardo d'intesa per fargli capire che la situazione era sotto controllo e lui sembrò rasserenarsi.

«Non intromettерti, Marcus! C'è in ballo la vita di Samuel, lo capisci questo?» A Benny le tremava la voce e aveva cominciato a sudare dal nervoso.

«Avreste potuto pensarci prima. Sapevate quello a cui andavate incontro, ma a voi è sempre piaciuto sguazzare nell'oro!» Papà raggiunse la veranda e fece per superare la porta quando Benerice parlò di nuovo.

«Marcus, questa... questa non te la perdono mica!» Un dito puntato verso mio padre che aveva accennato un sorriso, fermo sulla soglia di casa.

Mamma si voltò verso di lui lanciandogli un'occhiata di sfida.

«Mi preoccuperò personalmente di fare delle domande alla signorina Besson.» Il poliziotto mise in tasta il taccuino e sistemò la biro nel taschino davanti della camicia.

«Un'ultima cosa» aggiunse poi rivolto a mio padre.

«Dica pure.» Papà aveva incrociato le braccia al petto e ora, impaziente, tamburellava col piede sulle assi di legno del pianerottolo.

«Credo che le servirà un permesso per gettare del cemento nel suo pozzo» puntualizzò l'uomo passandosi il braccio sulla fronte per asciugarsi il sudore.

«Provvederò.» Papà superò la porta e scomparve dietro di essa.

Mamma allora aveva guardato Benny Pilar senza sapere che aggiungere, si strinse nelle spalle e rimase dov'era.

Vidi Benny rigida come un tronco, con gli occhi lucidi prossimi a scoppiare in pianto.

«Sa?» disse infine al poliziotto che era rimasto fermo dietro di lei. «Ci sono dolori che non possono essere spiegati, perché nessuno capirebbe. Il mio è uno di questi.»

Detto ciò, andò via senza salutare, incamminandosi lungo il sentiero sanguigno dei papaveri.

20

«Mi spieghi una buona volta che cosa ti è saltato in mente, Marcus?» Mamma, furiosa, era rivolta di spalle, intenta a sistemare padelle e tegami in uno dei mobili della cucina.

Papà sorseggiò il suo vino, cercando di recuperare del tempo prima di rispondere.

«Benny Pilar è una vecchia insoddisfatta, Lara. Avrebbe dovuto pensare alle conseguenze delle sue azioni e invece quello che le riesce meglio è prendersela con quella donna!»

«Come fai a parlare in questo modo? Le hanno preso suo figlio e Dio solo sa che fine può aver fatto!» Mamma si era voltata e ora guardava me e mio padre con fare di sfida e gli occhi lucidi, colmi di rammarico.

Mio padre allora si mise in piedi e le andò vicino, con gli occhi fissi nei suoi.

«È solo una stupida puttana!» gridò, con l'indice della mano destra a picchiettarle sulla spalla sinistra.

Mamma non parlò più, abbassò semplicemente lo sguardo e tornò alle sue faccende.

Papà si accese una sigaretta e fece per avvicinarsi alla porta, per uscire in veranda. «Ne ho già abbastanza di questa storia!» obiettò e superò la porta, richiudendosela alle spalle subito dopo.

Restai solo con mia madre. La sorpresi spaventata e questo mi dispiacque. Di solito era da lei che mi rifugiavo, ogni qual volta mio padre me le dava di santa ragione, ed era nei suoi sorrisi che trovavo conforto tutte quelle volte che papà mi dava del perdente e del miserabile buon a nulla.

Ma quel giorno lei aveva paura quanto me e io non sapevo che dire.

«È un po' nervoso per le serre» azzardai allora.

Lei mi guardò e capii che aveva gradito il mio tentativo.

La sorpresi con aria interrogativa e intesi che stava lì per chiedermi qualcosa di importante.

«Ti sta molto a cuore la signorina Besson, vero?» La sua voce era calma adesso.

«È la mia insegnate» risposi.

«Sì.»

Mamma girò attorno al tavolo, mi raggiunse e prese il mio viso tra le mani.

Guardai le sue iridi ambrate, mi soffermai sulle gote arrossate e le labbra carnose, prive di trucco.

«Non fidarti così facilmente della gente, Martin. Dubita sempre, anche di me. Dubita.»

Fuori, il gracchiare di qualche corvo disturbato dal canto dei grilli.

21

I fichi maturi si aprono come le torte, quando crescono al forno e si spaccano sulla superficie dorata.

Ne raccolsi uno e venne via così, lasciandomi sulle dita gocce bianche di latte a irritarmi i polpastrelli.

Mi pulii la punta delle dita sui pantaloni e finii di aprire il frutto, dividendolo in due parti. Assaporai così la polpa dolce e granulosa e vidi Caleb fare lo stesso. Diede una copiosa sorsata da una bottiglia di vino rosso, ruttò soddisfatto e rimase a osservare i campi di tabacco che si stendevano verdastri, in contrasto col cielo turchese.

La casa di Eva svettava bianca oltre il campo, ma non c'erano i corvi a gracchiarle attorno stavolta, segno che probabilmente lei non era nei paraggi o, se era in casa, riposava.

«Andiamo da Eva?» propose allora Caleb, asciugandosi le mani sui bermuda rattoppati.

«Vorresti tornarci dopo tutto quello che è successo?» domandai stupito.

«Eva non ne sa nulla, l'hai detto anche tu.»

«Sì ma, non credo...»

«Niente ma, Martin, ti va?»

«Potrebbe accorgersi di noi, tra l'altro hai sentito quello che ha detto? Che aveva sempre saputo che la stavamo spiando.»

Caleb si era messo in piedi e aveva ruttato di nuovo.

«A me va lo stesso!» aveva aggiunto, aspettando che lo assecondassi.

Mi sentii come con papà. Perché a papà dovevi ubbidire come i cani e abbassare le orecchie. Non mi piacque, ma non mi andava nemmeno di rimanere da solo.

Lo vidi raggiungere il campo di tabacco e scomparire al suo interno, tra le foglie più alte.

«Aspetta!» gli gridai alle spalle ed entrai anch'io nel campo.

La terra sotto i piedi era arida, le mie scarpe di pezza calpestavano i dossi polverosi e facevo fatica a farmi strada tra le foglie grosse e gli steli spessi.

Mi schermai gli occhi con le mani, per ripararli dal sole forte, e vidi Caleb di schiena e immobile.

«Che cosa c'è?» chiesi allora.

Il mio amico si voltò, ma non riuscii a guardarlo bene in volto, colpa del sole forte.

«C'è la volante della polizia» mi disse.

Io lo raggiunsi e guardai in direzione della casa.

L'auto della polizia era ferma sul vialetto d'entrata e non c'era nessuno al suo interno.

«La staranno interrogando. Per Samuel» formulai.

Infine sentimmo il grido e decine di corvi, come richiamati da una forza misteriosa, uscirono dal campo di tabacco dov'erano rimasti nascosti per tutto quel tempo. Passandoci sopra le teste, si levarono in un volo confuso.

22

Il grido si ripeté, stavolta più forte; ritornava a noi come un'eco assordante a dare fastidio ai corvi, che ora avevano preso a gracchiare incontrollati.

«Abbassati!» mi ordinò Caleb e mi strattonò per un braccio, trascinandomi giù per nasconderci entrambi tra gli steli delle piante alte.

Vedemmo Eva Besson e i due poliziotti, quello con i baffi da tricheco e l'altro grosso e sudato, uscire dalla porta d'ingresso della casa.

Il grasso raggiunse la volante e aprì la portiera. Un attimo dopo lo vidi armeggiare con una ricetrasmittente, ma era difficile, data la distanza e il gracchiare dei corvi, sentire quello che diceva.

Eva sembrava spaventata. Era rimasta sulla soglia, ancora stretta nella vestaglia di seta rosa, coi capelli lasciati lunghi sulle spalle.

Poi, ancora quel grido.

Una donna, disperata.

L'uomo con i baffi raggiunse il collega alla vettura. Scostai alcune foglie larghe per vedere meglio. Lo vidi dire qualcosa alla donna prima di montare in auto assieme all'altro e sfrecciare via, sollevando cumuli di polvere sul terriccio arido.

Eva restò qualche secondo immobile e spaesata; poi rientrò, chiudendosi la porta alle spalle.

«Conviene tornare alla fattoria» proposi.

Stavolta Caleb sembrò acconsentire. Ci ritrovammo allora a fare dietrofront e farci strada fra le frasche, in direzione dell'albero di fichi.

Da lontano ci giunse il suono continuo della sirena della volante.

«Deve essere successo qualcosa di grave» esordii, una volta abbandonato il campo.

«Le grida provenivano dal pioppeto, direi di andare a dare un'occhiata.» Il mio amico guardò in direzione del limitare del bosco.

Acconsentii senza indugio, ma subito dopo dei passi alle nostre spalle ci fecero arrestare di colpo.

Da lontano vidi mia madre avanzare furtiva, con le mani teneva sollevata la gonna per non inciampare, le sue scarpe calpestavano frenetiche la terra secca.

«L'hanno trovato!» disse una volta che ci fu vicina.

Noi non parlammo, limitandoci a osservare il suo viso paonazzo, sorpresi dalla fatica che faceva per riprendere fiato, annaspando nel tentativo di dare boccate d'aria.

«Al pioppeto,» aggiunse «l'hanno impiccato a un albero.»

23

I raggi del sole, forti, si insinuavano violenti tra gli spazi delle foglie dei pioppi alti. Avevo alzato lo sguardo per osservare i due pompieri alle prese con una sega e il disperato tentativo di riportare giù il corpo di Samuel.

E mi fu chiaro, mentre lentamente scendeva: la corda di canapa spessa era ancora attorno al collo.

Samuel aveva gli occhi fuori dalle orbite, quasi a volergli esplodere da un momento all'altro, le labbra di un viola carico, simile alle macchie di vino sulla tovaglia, il viso verdognolo, come le olive troppo mature. Notai le vene scure grosse come lombrichi, al ridosso del collo, lì dove la corda stringeva e anche sulla fronte, dove le mosche avevano cominciato a banchettare con coaguli di sangue sotto l'attaccatura dei capelli.

Quando lo calarono giù, un tanfo vomitevole mi fece arretrare di colpo e repressi un conato per non dare di stomaco.

«Era lassù da giorni, ma le foglie e i rami lo coprivano ed era troppo in alto» sentii uno dei pompieri spiegare a un poliziotto che prendeva nota.

Mamma era tra me e Caleb, col viso sconvolto, una mano alla bocca e gli occhi lucidi pronti a scoppiare in lacrime da un momento all'altro.

«Bambino mio! Che cosa ti hanno fatto!»

Benerice Pilar gridava con quanto fiato aveva in gola, mentre una poliziotta grossa e tarchiata cercava di tenerla ferma e impedirle di avvicinarsi al corpo ora riverso al suolo, tra le foglie del bosco.

Daniel, pietrificato, fissava il corpo del figlio senza muovere un muscolo, fermo tra sua moglie e un altro vigile del fuoco.

A parte le grida di Benerice, nessuno aveva il coraggio di fiatare, irrigiditi da tutto quell'orrore e da quell'odore pungente di morte.

Caleb non resistette e dovette raggiungere un albero lontano e vomitare il vino e i fichi che avevamo mangiato poco prima.

Guardai per l'ultima volta Samuel, prima di distogliere lo sguardo e raggiungere il mio amico.

La corda ancora stretta attorno al collo.

«Come la sua lontra» pensai.

24

A Samuel piaceva cacciare lumache. In paese si vedeva spesso in giro con un secchiello stracolmo di molluschi bavosi che raccoglieva sotto le rocce in prossimità dello stagno.

Suo padre, Daniel Pilar, era ben felice di rimpinzarci di caglio e latte di mucca la domenica a patto che, ogni qual volta avesse avuto un po' di tempo da dedicare a suo figlio, mio padre gli avesse concesso una cavalcata su uno dei nostri cavalli.

Un giorno d'agosto di qualche anno prima, un bel po' di tempo dopo l'episodio della dissenteria, Daniel venne alla fattoria, portando suo figlio cavalcioni sulle spalle.

Quando l'aveva messo giù, avevo potuto vedere il contenuto viscido del secchio che teneva stretto con entrambe le mani. Le lumache avevano formato una sostanza schiumosa e biancastra sulla superficie e, sotto di questa, i molluschi si muovevano, scivolosi e spasmodici.

«Dovresti liberarle, non credi stiano soffrendo?» Caleb aveva smesso di spazzolare il cavallo più grosso e aveva guardato l'interno del secchio.

Samuel non parlò e gli mise il broncio.

Allora anche mio padre, che era intento a sellare la bestia, alzò gli occhi e il suo sguardo incontrò quello di Daniel.

«Ho portato il piccolo per una cavalcata» disse questo.

Papà aveva accennato un sorriso e la sua attenzione era finita su Samuel che ora nascondeva il secchio dietro la schiena.

«Ti va un bel giretto, giovanotto?» Papà gli strizzò un occhio, e parlò di nuovo, stavolta rivolto a Daniel, «Può cavalcarlo con te, non ci sono problemi.»

Daniel abbozzò un sorriso, compiaciuto.

«Cos'hai pensato di fare, per il resto?» gli chiese a un tratto mio padre. Era da qualche tempo che le cose ai Pilar, dopo l'episodio delle vacche, andavano di male in peggio e, sebbene sembrava non ci fosse una soluzione, la chiesa evangelica si era proposta di aiutarli anche dopo la nascita di Samuel. Ma sembrava non bastasse.

«Il vostro aiuto è importante, ma non basta Marcus. Non possiamo vivere di carità, ho pensato di fare per conto mio stavolta.» Daniel era serio, saldo, quasi senza espressione.

«Quello che avete in mente tu e tua moglie potrebbe costarvi caro, lo sai questo?» Anche qualcosa nel tono di mio padre si fece serio, quasi un rimprovero.

«Può darsi, ma sono problemi miei e di Benny, non credo tu possa entrarci in qualche modo.»

«Sono problemi della comunità!» Papà aveva enfatizzato l'ultima parola, come quando spesso sbottava a casa con mamma, e a me un po' fece paura.

«Credo non sia stata una buona idea venire.» Daniel prese Samuel per un braccio. Il bambino, che fino a quel momento era rimasto calmo, cominciò a lamentarsi.

«Voglio cavalcare, papà!» piagnucolò.

Ma Daniel aveva già fatto dietrofront e si incamminava lungo il sentiero dei papaveri.

«Pensa bene a quello che fai, Daniel!» papà gli gridò alle spalle.

«Ti saluto, Marcus» disse invece questo.

Da quel giorno non si vide più alla fattoria.

25

A cena regnava un silenzio imbarazzante. Per tutto il tempo non avevo fatto altro che osservare il viso bagnato e gli occhi arrossati di mia madre che, a capo chino, si fingeva concentrata sul suo piatto di spezzatino.

Papà aveva finito tutto con la solita foga irrispettosa e come sempre, dopo aver tracannato il suo bicchiere di vino, si era messo alla finestra a fumare.

Mamma si era più volte asciugata le lacrime, senza proferire parola, se non quelle frasi consuete da cena: passami il pane; vuoi dell'altro spezzatino.

Samuel Pilar era morto, ora tutti lo sapevano. Il pastore Filippo aveva annunciato una fiaccolata per accompagnare il feretro al cimitero, quando la polizia si sarebbe degnata di restituire il corpo alla famiglia, dopo gli accertamenti.

Quello che per tutti era certo è che, su quell'albero, Samuel non c'era finito da solo e che qualcuno senza scrupoli si aggirava per il paese.

Mi ritrovai a pensare alla Ford bianca che, qualche giorno prima, Caleb e io avevano visto percorrere la via verso l'acquedotto e pensai di nuovo alle parole di Benerice a casa di Eva Besson: *«Tu li conosci, Eva, lo sai di cosa sono capaci. Samuel è solo un bambino!»*

Il canto delle cicale, seppure più insistente, quella sera asfissiante d'agosto, non riuscì a dissuadermi dal ricordo del volto paonazzo di Samuel mentre lo calavano giù dall'albero: il collo spezzato, incapace di reggere il peso della testa che si era piegata in avanti come un sacco di biglie.

Non avevo mangiato nulla e quando lasciavo il cibo, di solito papà me le suonava, ma quella sera si era limitato a fissarmi, inespressivo.

Infine aveva abbandonato la tavola e, qualche istante dopo, il fumo della sua sigaretta aveva già impregnato l'aria.

Fu a quel punto che Daniel Pilar sparò in aria il primo colpo di pistola.

26

«Vieni fuori Marcus!» La voce trascinata di Daniel seguì subito lo sparo che ci aveva fatto tutti trasalire.

Mamma era scattata in piedi e aveva portato una mano alla bocca per smorzare un urlo.

Io ero rimasto seduto, ma non avevo potuto fare a meno di notare lo scatto improvviso di mio padre che, abbandonato la finestra, si era fiondato verso l'ingresso. Ma era rimasto immobile, dietro la porta chiusa, aspettando che l'uomo parlasse ancora.

«È Daniel Pilar» ci disse papà.

«Bastardo!Vieni fuori se hai il coraggio!» Daniel gridò di nuovo, seguì un altro sparo a vuoto che stavolta mi fece letteralmente saltare dalla sedia. Mamma emise un altro grido soffocato, la mano ancora alla bocca aperta a O.

La raggiunsi e rimasi al suo fianco.

«Sembra ubriaco, Marcus, ed è armato...» riuscì a balbettare mamma.

«Restate dove siete» disse solo lui, poi lo vedemmo scostare la tendina della porta e scrutare fuori attraverso il vetro in alto.

«Fai attenzione Marcus!» Mamma mi strinse a sé, avvinghiandomi con un braccio, come una morsa.

Allora vedemmo papà aprire la porta e raggiungere il pianerottolo.

La luce fioca della veranda, dalla distanza in cui ci trovavamo io e mamma, non ci permetteva di vedere l'uomo dall'altra parte del viale. Eppure lo sentivamo bene.

«Meriti di fare la stessa fine del mio Samuel, lo sai, verme schifoso?» Daniel aveva cominciato a piangere, la voce era rotta dai singhiozzi.

«Metti giù la pistola, Daniel, e affrontiamo la cosa da persone mature.» Nella voce di papà avvertii l'ansia e la paura, ma lui rimase imperturbabile, fermo. Lo vedevo di schiena, con le mani alte, indifeso.

«Benny me lo ha detto sai? Mi ha detto tutto» Daniel continuò a farfugliare con la voce strozzata dall'alcool e dalle lacrime.

Seguii allora mamma che aveva deciso di raggiungere papà. Mi fermai con lei sull'ingresso ed entrambi osservammo nel buio.

Ora vedevo Daniel, barcollante. La pistola troppo pesante, stretta nella mano destra, sembrava fargli perdere l'equilibrio.

«Io voglio bene alla mia famiglia, cazzo!» Vacillò. «E amavo mio figlio. Lo capisci questo, bastardo? Lo capisci?» Cadde in ginocchio, con le mani a reggersi la testa troppo pesante, poi crollò in un pianto disperato.

«Va' a casa da Benny, Daniel, non fare cavolate!» sentii a un tratto la voce di mia madre. Alzai gli occhi e mi sorpresi nel vederla di fianco a mio padre, sulla veranda.

Io però rimasi dov'ero.

Vidi Daniel alzare gli occhi in silenzio e, a fatica, mettersi in piedi.

«Tu!» Puntò la canna della pistola contro mia madre. Con la mano tremante e il respiro affannoso proseguì «Faresti meglio a tenere quel verme di tuo marito lontano dal ragazzo che lavora con voi. Com'è che si chiama?» Portò la canna all'altezza della testa e poggiò il bordo di questa alla tempia, simulando una riflessione. «Caleb,» esortò «è il nipote di Dora, giusto?»

Mamma non parlò e anche papà rimase impassibile. Io semplicemente non riuscivo a capire.

Il canto delle cicale improvvisamente cominciò a farsi assillante, tremendamente fastidioso, come quello delle zanzare che si abbrustolivano contro la lampada alogena che papà aveva sistemato in un angolo della veranda.

Poi sentii rumori di passi affrettarsi lungo il sentiero che conduceva al pioppeto. Ci voltammo tutti in direzione dell'ombra che cominciava ora a correre verso di noi.

Benny Pilar uscì dal buio poco dopo e il suo viso affannato, pallido e stanco, fu illuminato in parte dalla luce bluastra della lampada.

«Daniel, ma cosa diavolo ti salta in mente?» disse impressionata, con le mani sul viso, ma rimase a pochi passi dal marito, senza muovere un muscolo.

«Non sai quello che stai dicendo, hai bevuto, torna a casa, ti prego…» La voce di mio padre era tediosa.

Ma Daniel non lo ascoltava, ora guardava sua moglie ferma a pochi passi da lui.

«Va via Benny, queste sono cose da uomini.» Barcollò ancora in direzione della veranda, con la pistola puntata contro mio padre, stretta con entrambe le mani. «Io devo ammazzarti, Marcus Penni, devo farlo!» esclamò, colmo di rabbia.

E partì un colpo; così, quasi senza preavviso.

L'urlo di terrore di mia madre squarciò il silenzio della notte.

27

Avvertii uno schizzo caldo sul viso e qualche goccia mi finii in bocca. Sentii il sapore ferroso del sangue di mio padre.

Anche il braccio sinistro di mia madre era completamente imbrattato di rosso.

Vidi papà afferrarsi la spalla con una mano e rannicchiarsi a terra, piegandosi in due dal dolore.

«Che cosa hai fatto, Daniel? Che cosa diavolo ti è saltato in mente?» Benerice raggiunse il marito che dopo lo sparo era crollato di nuovo in ginocchio e ora fissava la scena immobile, con lo sguardo rivolto a mio padre che, a terra, strizzava gli occhi e premeva forte una mano sulla spalla sinistra; la camicia bianca era interamente imbrattata del sangue che, a fiotti, zampillava tra lo spacco delle dita strette attorno alla ferita.

Mamma si chinò verso papà, scossa, con gli occhi colmi di lacrime e la bocca contratta in una smorfia di disperazione.

«Bisogna portarlo in ospedale, Benny!» disse poi rivolta alla donna che era rimasta immobile, affianco al marito, con le mani alle tempie, strette, incapace ancora di accettare l'accaduto.

«Sì... sì! » balbettò lei dopo qualche attimo di esitazione, ma rimase dov'era, impacciata.

«Aiutami a portarlo al furgone!» aggiunse mamma.

Benny allora salì rapida i tre gradini della veranda, lasciandosi alle spalle Daniel che, col capo chino, fissando a terra, scuoteva le spalle singhiozzando.

Impietrito, guardavo la scena, senza aver il coraggio di muovere un muscolo.

«Sto bene, tranquille!» Papà contrasse di nuovo il viso sofferente e pensai che stesse parlando in quel modo solo per rassicurare mia madre. Intanto la camicia aveva completamente assorbito il sangue e appariva di un rosso carico, quasi scarlatto, più scuro in prossimità del punto in cui il proiettile aveva colpito.

«Resta qui, Martin, entra in casa e non aprire a nessuno!» mamma si raccomandò prima di scendere i gradini della veranda, con un braccio sorreggeva papà.

Avevo notato i suoi occhi stanchi e afflitti e le avevo letto dentro ancora tanta paura.

Mi limitai a scuotere la testa annuendo, ma prima di entrare in casa mi assicurai che avessero raggiunto il furgone, parcheggiato accanto alla stalla. Avevo visto anche Benny afferrare la pistola di Daniel e aiutare suo marito a rimettersi in piedi.

«Che cosa diavolo ti è saltato in mente...» ripeté la donna, piangendo.

Infine vidi tutti montare nel furgone, con mia madre alla guida, e scomparire lungo il sentiero che conduceva al pioppeto.

Restai solo con i grilli e il suono fastidioso delle zanzare e delle falene che andavano a morire contro la lampada alogena, scoppiettando come il mais dei popcorn.

E pensai a mio padre.

A Daniel.

E anche a Caleb.

28

Quella volta che Samuel ci venne incontro all'albero di fichi, Caleb e io avevamo appena strappato dei ciuffi di grano selvatico con i quali il mio amico aveva ricavato delle trombette, incidendo con i denti, sugli steli, due fori piccoli per far passare l'aria.

La mia trombetta improvvisata aveva appena emesso un fischio sordo quando vedemmo Samuel raggiungerci di corsa, abbandonando il sentiero dei papaveri e salendo, quasi carponi, sulla collinetta dove Caleb e io riposavamo, all'ombra dell'albero.

Quando ci fu vicino, si piegò in avanti per riprendere fiato.

«Sapete che mio padre ha comprato una pistola?» disse poi, compiaciuto.

Caleb soffiò nella sua trombetta d'erba, ma non ne uscì alcun suono.

«Bene!» disse quindi, poco interessato.

«Ha detto che vuole ammazzare i tipi che hanno fatto fuori le nostre zucche!» continuò allora il bambino.

«Ne ha tutto il diritto, credo» ammonii io.

«È una pistola grande così!» Samuel sorrise e allargò le braccia enfatizzando quelle che sarebbero state le dimensioni dell'arma.

«Bene» ripeté il mio amico, senza nessun tipo di trasporto.

Gettò via la trombetta d'erba e strappò da terra un'altra spiga verde.

«Mio padre è forte!» Samuel parlò ancora, in piedi di fronte a noi, osservandoci con un sorriso a trentadue denti stampato sul viso. «Che cosa fate?» chiese, allungando una mano e cercando di afferrare lo stelo che il mio amico stava minuziosamente lavorando.

«Cose da grandi» disse questo, sottraendo la spiga dalle grinfie del bambino e portandosela alla bocca per soffiarvi dentro.

Lo stelo verde stavolta emise un fischio sordo.

«Posso giocare anch'io?» Samuel rimase per un attimo immobile aspettando che o io o Caleb parlassimo.

Ma Caleb parve non sentire la richiesta, rimanendo con lo sguardo chino sulle mani occupate ad armeggiare con la sua spiga.

«Siedi qui!» Gli sorrisi allora io, invitandolo a sedersi al mio fianco. «Vuoi una trombetta anche tu?» domandai poi, vedendolo concentrato su quello che era intento a fare Caleb alla mia sinistra.

Samuel accennò un sì con la testa, con gli occhi lucidi ed eccitati.

Allora strappai anch'io una spiga; la privai dei grani appuntiti e mordicchiai lo stelo, ricavandone due fori alle estremità, e gliela passai.

«Soffiaci dentro, prova, vedi che suona!»

Samuel afferrò la trombetta improvvisata senza indugio e la portò alla bocca. Soffiò, ma ne ricavò solo una pernacchia che lo fece ridere di gusto.

«Riprova» esortai allora io, sorridendogli. «Non così forte, però.»

Samuel mi guardò.

«Tu la sai usare una pistola?» mi chiese d'improvviso, cogliendomi alla sprovvista

«Certo che sì» risposi, quasi senza esitazione.

Lui allora non parlò, ma dagli occhi e dal sorriso perennemente incollato sul viso, parve soddisfatto.

Infine tornò a soffiare nella trombetta.

29

Gli spaventapasseri nel campo di girasoli erano ridotti a una silhouette nera e risaltavano grazie alla luce della luna piena, bianca come l'avorio delle zanne degli elefanti.

La luce fioca illuminava le teste di paglia dei fantocci scuri e le corolle larghe e grandi dei fiori; i grilli intonavano ancora il loro canto e stavolta, lo sentivo più forte, l'unico suono percettibile nel buio silenzioso di quella notte d'estate.

Ma io pensavo al sangue sul mio viso, ne avevo ancora in bocca il sapore ferroso, la sua consistenza viscida. Pensavo alla pistola nelle mani tremanti di Daniel Pilar e nella mente avevo ancora l'eco assordante del grido di mia madre. E poi quelle parole di Daniel prima di sparare: *«Faresti meglio a tenere quel verme di tuo marito lontano da quel ragazzo che lavora con voi. Com'è che si chiama?»*

I grilli, il sapore del sangue. Gli spaventapasseri. I girasoli.

E di nuovo il botto.

«Caleb! È il nipote di Dora, giusto?»

Samuel Pilar era morto, l'avevano trovato impiccato a un albero, nel pioppeto; Daniel aveva sparato a mio padre e aveva detto delle cose prima di premere il grilletto. C'era qualcosa di cui Caleb non mi aveva parlato.

A un tratto lo sentii: il rombo del furgone di papà. Qualche attimo dopo, i fari di questo sbucarono dal pioppeto e raggiunsero il viale di casa.

La luce forte dei fari non mi permise di scorgere chi ci fosse all'interno del veicolo, ma quando questi si spensero e la portiera si aprì, vidi che ne uscì solo mamma.

Mi venne incontro, con il viso basso, a passi rapidi.

Si fermò in prossimità della veranda e mi fissò: occhi stanchi, mal riposati, il lato sinistro della camicia ancora imbrattato del sangue di mio padre.

«Sono riusciti a estrarre il proiettile,» mi disse poi «ma ha perso molto sangue e deve rimanere in ospedale per delle trasfusioni. Sono venuta solo a prendere le sue cose, mi hanno permesso di restare con lui.»

Entrò in casa lasciandosi la porta aperta alle spalle. Così la seguii.

La vidi armeggiare con la cassapanca del soggiorno. Prese delle camicie e della biancheria per papà compreso il suo pigiama buono.

«E Daniel? Papà chiamerà la polizia?» chiesi spaventato, con un filo di voce.

«No!» mamma esclamò e mi fissò intensamente. Dopo mi venne vicino e, sfiorandomi il mento con la mano, mi costrinse a guardarla negli occhi. «Tuo padre stava pulendo la pistola. È partito un colpo, capito?» parlò secca e capii che non avrebbe ammesso obiezioni.

Io accennai un sì svogliato con la testa.

Mamma mise i panni in una valigia che aveva preso nel ripostiglio, ci aggiunse le sigarette di papà, la sua colonia e le pantofole per la notte.

«Quanto tempo dovrà restare?» chiesi allora, mentre la vidi raggiungere la porta d'ingresso.

«Hanno detto qualche giorno, il tempo che si riprenda del tutto» rispose, poi scese i gradini della veranda e, prima di raggiungere il furgone, si fermò ancora per parlare. «Io arriverò tra qualche ora, c'è da finire si sistemare il tabacco sotto le serre.»

Infine montò sul furgone, mi salutò con una mano e abbandonò il viale.

30

«È tuo nonno quello lì?» Mamma indicò un punto astratto innanzi a sé e dopo si fermò a osservare il mio amico intento a sistemare l'ultima fila di foglie sotto la serra.

Caleb corrugò la fronte e guardò in direzione del dito di mia madre.

«Cazzo!» esclamò. «Sembra proprio lui.» Scese dallo sgabello di legno sul quale era salito per riuscire ad arrivare al punto più alto della serra. «Vado a controllare» aggiunse.

Mamma accennò un sì con la testa e vidi il mio amico correre verso il campo di tabacco verde.

«Va' anche tu,» ordinò allora mamma «gli servirà una mano. Finisco io qui» aggiunse e tornò ad assicurare i fili di canapa grezza agli ultimi tronchi della serra.

Il nonno di Caleb sembrava stordito. Si muoveva incerto tra le foglie alte fermandosi ogni due passi per guardarsi alle spalle, quasi per assicurarsi che nessuno lo stesse seguendo.

Vidi il mio amico entrare nel campo e correre verso il vecchio. Quando lo ebbe raggiunto, gli mise una mano attorno alle spalle e si rivolse a lui con tono calmo, composto, quasi come se il fatto che si trovasse in quel campo a quell'ora del mattino fosse la cosa più naturale di questo mondo. E di sicuro Caleb c'era anche abituato. Me ne accorsi dal suo sguardo, un misto di dolcezza e rassegnazione, e dalle sue parole quiete.

Avevo provato ad avvicinarmi di più per ascoltare; il vecchio guardava circospetto attorno a sé, con gli occhi colmi di spavento e il sudore copioso a grondargli dalla fonte raggrinzita.

Era già capitato che si fosse allontanato da casa. Una volta aveva addirittura raggiunto l'acquedotto, dove Caleb e io lo avevamo incontrato per puro caso. Ci disse che cercava i suoi occhiali da lettura che invece aveva indosso. Quando glielo facemmo notare, ci guardò esterrefatto, come se gli avessimo appena rivelato una verità sconcertante, eppure continuò a ripetere che era lì per cercare le lenti che ricordava di aver nascosto giorni prima sotto una roccia. Caleb riuscì, però, a ricondurlo verso casa, ripetendogli in continuazione che ci avrebbe pensato lui a cercare gli occhiali, ma che avrebbe fatto meglio a riposare. Lo portò con sé, con un braccio a cingergli la vita, incamminandosi lungo il sentiero che l'avrebbe condotto a casa.

Quel giorno mi si presentò suppergiù la stessa scena: Caleb a cingergli la vita, cercando di condurlo fuori dal campo, e lui che ripeteva frasi sconnesse, qualcosa come «Non c'è più tempo, non c'è più tempo.»

31

«Faresti meglio a tenere quel verme di tuo marito lontano da quel ragazzo che lavora con voi. Com'è che si chiama?» La voce di Daniel ancora nella mente. *«Caleb. È il nipote di Dora, giusto?»*

Il viso di mamma impassibile. Nessuna emozione, solo quei rivoli di sudore a rigarle il viso. Tutto prima dello sparo.

* * *

«Daniel sa delle cose» azzardai io, una volta che il mio amico si chiuse alle spalle la porta di casa.

Lui mi guardò un momento perplesso, cercando di capire a cosa mi riferissi, e l'espressione interrogativa gli rimase tatuata sul volto anche dopo.

«A cosa alludi?» mi aveva chiesto, di spalle, intento a chiudere la porta d'ingresso con due giri di chiave.

«Che cosa ti fa mio padre?» domandai con il cuore a mille, cercando di non tradire nessun tipo di emozione.

«Non ti seguo, Martin.» Caleb aveva sceso i gradini della veranda e si avviava verso il sentiero; io dietro di lui.

«Ti sto chiedendo se ti ha mai messo le mani addosso» ammonii allora, continuando a camminargli dietro.

Vidi che si era portato alla bocca la sua piccola pipa di legno e aveva sistemato il tabacco, ammassandolo con le dita nell'incavo scuro.

«Che cosa ha detto Daniel?» Si fermò e si voltò verso di me.

«Niente. Solo che faresti meglio a tenerti lontano da mio padre. Sembrava un avvertimento.»

«Daniel Pilar è un uomo sconvolto.» Si accese la pipa, strizzando gli occhi e tirando boccate copiose di fumo. «Gli è appena morto un figlio. Qualche rotella gli sarà saltata, non mi stupirei.» Si voltò e continuò a camminare.

«Perché non mi guardi negli occhi quando mi parli?» alzai il tono della voce e strinsi i pugni, stanco di essere trattato con sufficienza.

Caleb si voltò di nuovo, con la pipa stretta tra le labbra, crucciando lo sguardo, incredulo. Mi venne vicino e, quasi con dolcezza, mi sfiorò il mento con un dito, invitandomi a guardarlo fisso.

«Qualunque cosa io ti dicessi, non capiresti» sentenziò.

«Mettimi alla prova.»

Caleb mi sorrise, poi mi scompigliò i capelli con una mano.

«Bisogna aiutare tua madre col tabacco» disse solo.

«Dobbiamo sbrigarci a tornare.»

32

Quel giorno che papà tornò dall'ospedale, io ero sul pianerottolo di casa a sistemare le casse di frutta vuote in un angolo.

Più volte mi aveva raccomandato di non ammassarle lì e di ammucchiarle invece accanto al recinto dei maiali, ma a me non andava di avvicinarmi ai maiali.

Quella volta il furgone entrò nel vialetto alzando la polvere e si arrestò con un rombo sordo.

Mia madre, che era alla guida, scese dalla vettura per prima. Mi lanciò un'occhiata rapida e subito dopo si affrettò ad aprire il cofano dove aveva sistemato la valigia con le cose di papà.

Poi lui scese dal furgone: aveva il braccio fasciato da garze bianche e tenuto fermo al collo. Mi si avvicinò e potei guardarlo per bene: la barba incolta e gli occhi mal riposati lasciavano pensare che non dormisse dal giorno in cui Daniel gli aveva sparato. Sembrava non avesse nessuna intenzione di parlare, si mosse rapido fino alla porta d'ingresso.

«Penso di averti detto un centinaio di volte che le casse con vanno sistemate lì!» mi disse con la voce roca e debole. Tossì, poi scomparve dietro la porta chiudendosela alle spalle.

Mamma mi raggiunse, portando con sé la valigia grande.

«Togli le casse, senza fare storie, Martin» mi disse calma, quasi atona.

«Ma lui come sta?» volli sapere.

«Deve riposare, questa notte ha avuto febbre per colpa dell'infezione, ma starà bene.»

Non parlai più. Mi bastò.

La vidi poi infilare la porta d'ingresso, trascinandosi la valigia, e io rimasi sul pianerottolo in compagnia delle casse.

C'era il tramonto dietro i campi di girasole. Gli spaventapasseri svettavano austeri, legati con lo spago doppio alle croci di legno alte. E a me facevano ancora paura.

All'improvviso, il rombo di un'auto in lontananza.

Mi voltai di scatto e rividi la stessa Ford bianca che giorni prima avevo notato con Caleb lungo il viale dei papaveri.

L'auto si fermò in prossimità del pioppeto e un uomo, del quale non riuscii bene a metterne a fuoco i tratti, si era sporto dal finestrino e aveva gettato a terra qualcosa. Pensai a una cicca di sigaretta. Per un po' parve che i suoi occhi si incontrassero con i miei.

L'auto restò lì qualche istante, infine sfrecciò via alzando la polvere e scomparendo tra i pioppi.

33

Le fiammelle dei ceri, tutte insieme, illuminano il sentiero buio a quell'ora di sera.

La fiaccolata era cominciata di pomeriggio, quando tutti eravamo riuniti fuori la chiesa, col pastore che diceva come sistemarci. La bara di legno bianca era portata in spalla da Daniel Pilar e Luís, suo figlio più grande che viveva in città da qualche anno con sua moglie e lavorava alla raffineria di tabacco.

Benerice era davanti con mia madre che le avvinghiava le spalle con un braccio, in segno di conforto, per quanto potesse servire. Caleb e io, invece, rimanemmo dietro a reggere i ceri come tutti e ci muovevamo a passi brevi, in silenzio.

Avevamo lasciato papà in casa; da quando era tornato dall'ospedale, di notte non faceva altro che girovagare per le stanze come un ossesso e di giorno dormiva, anche quindici ore di fila.

Con la coda dell'occhio individuai Eva Besson sulla sinistra; la sua candela era consumata già per metà e a stento cercava di non farsi gocciolare la cera sui vestiti.

Anche Caleb si accorse di lei e mi lanciò un'occhiata d'intesa.

«Vado a parlarle» dissi allora e il mio amico alzò le spalle senza aggiungere altro.

I capelli chiarissimi di Eva sembravano quasi scintillare alla luce della candela. Gli occhi stanchi, mal riposati, tradivano un pianto represso. Non era la stessa di qualche giorno prima.

La fiammella disegnava strani e grotteschi giochi d'ombra sulle gote magre e sulle palpebre appesantite dal sonno.

«Signorina Besson!» esclamai, appena le fui vicino.

Lei alzò lo sguardo e mi fissò prima di abbozzare un sorriso.

«Non potevo non esserci...» mi disse solo.

«Lo immagino.» Le sorrisi anch'io.

Tuttavia mi parve bella. I capelli brillanti le nascondevano la fronte per intero, ricadendole sulle spalle magre e nude, donando al viso una sensualità accentuata, quasi mistica.

«Io non c'entro, Martin» mi parlò poi, cogliendomi alla sprovvista.

Abbozzai un sì con la testa ma non riuscii ad aggiungere altro.

«Non c'entro davvero» continuò. «È tutto maledettamente sbagliato, Martin, credimi.»

«Chi sono gli uomini nell'auto bianca?» chiesi e le parole uscirono automaticamente, senza nessun comando, e quasi mi pentii di aver parlato.

Eva mi guardò con gli occhi lucidi e belli e le labbra tremanti, pronte a dare un suono flebile al suo segreto.

«Loro sono il Diavolo» confessò.

Infine la fila si fermò in prossimità del cimitero e le donne cominciarono a cantare la canzone dell'angelo e della luce divina.

Io soffiai sulla mia candela e la spensi.

Subito dopo lo fece anche Eva.

34

La chiesa evangelica ha un cimitero privato. Si può raggiungere attraversando il sentiero nel pioppeto, svoltando a sinistra del grande acquedotto.

Nel piccolo cimitero ci sono sepolti anche i miei nonni, i genitori di Caleb e sua nonna Dora, la cui tomba svetta imponente sopra le altre, col suo enorme angelo dalle braccia aperte e le grandi ali. Gliel'aveva donata la comunità e ho sempre pensato che non ne valesse la pena. Dico: investire così tanti soldi per una tomba.

Tuttavia, da quando mia madre aveva occupato il posto della vecchia, riuscire a garantirsi una posizione al cimitero come quella di Dora era diventata una delle sue massime aspirazioni.

Per quanto fossero nobili i suoi propositi all'interno della comunità, ho sempre pensato che la sua attività non fosse mai del tutto disinteressata. Del resto, c'è sempre una nota di arrivismo nelle buone azioni.

Quando il pastore Filippo benedì la bara e cominciarono a coprirla con palate abbondanti di terra, Benerice Pilar lanciò un grido e si portò le mani al viso, ridotto ormai a una maschera grottesca; poi si lasciò cadere a terra, in ginocchio, e affondò la faccia nell'erba, cominciando con rabbia a strapparne dei ciuffi, mentre mia madre cercava invano di tirarla su.

«Io vado via» aveva detto allora Eva.

Avevo circoscritto la folla con lo sguardo, cercando di individuare il mio amico, ma non lo avevo visto. Pensai fosse già andato via.

«Vengo anch'io» le dissi solo.

Lei però non parlò, si limitò a fare dietrofront e scomparire in direzione del sentiero dei papaveri. Io la seguii, ma non prima di aver dato l'ultima occhiata alla tomba di Samuel.

Stava calando il buio e alcune candele avevano smesso di fare luce, ne vedevo qualche moncone abbandonato tra l'erba.

Un corvo gracchiò impaziente.

Osservai anche le fiammelle deboli dei ceri rimasti, le facce tristi dei presenti e quella di mia madre e di Benerice.

E prima che tutti cominciassero a intonare sempre quella canzone dell'angelo e la luce divina, abbandonai il cimitero a passi rapidi, raggiungendo Eva che già aveva attraversato il viale.

35

L'avevo seguita attraverso il campo di tabacco. Lei, davanti a me, si faceva strada con le braccia, scostando le foglie più alte che le ostruivano la vista.

Raggiunse l'ingresso prima di me. La vidi affrettarsi armeggiando nella sua borsetta nera alla ricerca di qualcosa. Ne estrasse una chiave e fece per aprire la porta, quando si voltò verso di me che ero rimasto indietro, immobile a guardarla.

«E allora? Entri oppure no?» domandò secca.

«Sì...» risposi e subito mi affrettai a oltrepassare l'ultima fila di foglie e accelerai il passo per raggiungere l'ingresso.

«Scusa il disordine» disse lei appena si richiuse la porta alle spalle. Accese la luce del lampadario al centro della sala che fece chiarezza sui pochi mobili di mogano scuro, il divanetto accanto alla finestra che affacciava sui campi, il parquet chiaro e il camino spento.

Non c'era disordine, a prima vista, a parte alcuni vestiti lasciati un po' ovunque e bicchieri vuoti sul ripiano del camino.

«Non c'è problema» mi limitai a dire.

«Beh,» disse allora lei «accomodati, io arrivo subito.»

La vidi scomparire dietro la porta della sala e poco dopo la sentii salire le scale che probabilmente l'avrebbero condotta in camera sua.

Mi sedetti sul divano e cominciai a osservarmi attorno, circospetto.

Alle pareti, sempre le stesse foto che avevo notato qualche giorno prima. La luce fioca del lampadario rifletteva sui vetri delle cornici, ma mi erano abbastanza chiari i profili ritratti.

In alcune c'era Eva più giovane, coi capelli lunghi tenuti insieme da una coda di cavallo, lo sguardo pensieroso. Attorno a lei, alberi e cespugli.

In altre con Eva c'era anche un ragazzo: occhi grandi e belli, mascella pronunciata e capelli tagliati cortissimi. Oppure lo stesso ragazzo in abiti militari, che sorrideva mettendo in risalto una dentatura perfetta.

Vidi anche un'altra foto, nascosta tra l'armadio di mogano con i cassetti e la colonna di gesso del camino: il ragazzo stavolta era assieme a Eva e altri due giovani. Questi, con le braccia incrociate, erano appoggiati di schiena a una Ford bianca molto simile a quella che avevo visto più volte aggirarsi per i campi.

Avevo raggiunto l'angolo nascosto e avevo guardato bene l'immagine racchiusa nella cornice di vetro. Eva in quella foto sorrideva e il ragazzo vestito da militare le cingeva la vita con un braccio. Gli altri due strizzavano gli occhi, accecati dal sole.

D'improvviso la voce di Eva alle spalle mi fece sussultare.

«Tu credi nel Diavolo, Martin?» chiese roca.

Deglutii.

36

Eva indossava una vestaglia di seta rosa. La stoffa lucida, sotto la luce fioca del lampadario, brillava quasi come fosse di diamante.

Aveva lasciato i capelli sciolti, che ora le coprivano le spalle e il decolleté. Sul viso era come svanito quel velo di trucco che le dava un po' di colore. Ora risultava pallida e gli occhi stanchi tradivano l'età che cercava di tenere nascosta, al riparo dalle indiscrezioni. Tuttavia, non era meno bella. Mi ero perso nel brillio degli occhi grandi, mentre le labbra, ora ferme, sigillavano l'orrore che avevano appena proferito.

«Tu credi nel Diavolo, Martin?»

Sì, io ci credevo. E più volte mi ero chiesto se il Diavolo c'entrasse qualcosa con i corvi e tutto quello che stava accadendo in paese da qualche giorno.

Certo, io ci credevo, e ci credevo di più di notte, quando gli spaventapasseri nel campo di girasoli prendevano vita. In quel campo c'era qualcosa, me ne ero convinto col tempo.

Allora risposi secco «Sì» e aggiunsi «ci credo» quasi a sancire la mia convinzione.

«Bene,» disse allora lei «credo sia meglio che tu ti metta seduto, allora.»

La vidi attraversare la stanza e raggiungere il mobile grande di mogano sul quale era posto un astuccio di legno intagliato. Lo aprì e ne estrasse un bocchino nero e una sigaretta bianca sottile. Armeggiò un attimo nel tentativo di inserire l'estremità della sigaretta nell'incavo del tubicino, poi lo mise in bocca, accese con un fiammifero e aspirò.

Arrivò al divano, lasciandosi dietro una scia di odore di zolfo, e si sedette accavallando le gambe.

La raggiunsi e occupai la poltrona di fronte.

Eva aspirò il fumo e dopo lo soffiò fuori, aprendo appena le labbra.

«Amavo Pierre» esordì «e credo che lui mi amasse allo stesso modo, nonostante fossimo così diversi.» Il tono calmo, quasi austero, rapì la mia attenzione all'istante. «Ma in fondo» continuò «cos'è l'amore se non un incontro di differenze?»

Percepii si riferisse al ragazzo in tuta mimetica che era con lei in quasi tutte le foto che tappezzavano la stanza.

«È morto durante una di quelle missioni di pace; cosa c'entri la pace con la guerra io non l'ho ben chiaro ancora. Ma è stato un incidente, sai?» Aspirò e soffiò ancora fumo, poi riprese «L'accampamento dov'era è saltato in aria per una fuga di gas, niente bombe o altro. Spesso ci si preoccupa troppo del peggio quando in realtà è la consuetudine che dovrebbe spaventarci. Non lo pensi anche tu?»

E a quel punto pensai a mio padre, alle cinghiate che facevano male e alla pistola di Daniel Pilar puntata contro di noi.

«Lo penso» risposi.

Eva Besson tirò ancora un po' di fumo, si acconciò meglio sul divano, tirandosi su con la schiena e riprese «Pierre però aveva degli amici. Non mi sono mai piaciuti molto. Quando seppi della sua morte, volli andare via, lasciare Perpignan, la mia famiglia e scappare lontano. Nonostante non provassi grande simpatia per gli amici di Pierre, dovetti chiedere loro dei soldi in prestito per comprare la casa dove adesso vivo.»

Allora pensai a Samuel, a Benerice, e al giorno in cui la vidi fiondarsi in casa di Eva, con gli occhi terrorizzati, quasi fuori dalle orbite.

Ripensai a mia madre e a quello che si era detto a cena qualche giorno fa sulla questione "Eva Besson".

«Non avrei dovuto» aggiunse. «Certi favori spesso li ripaghi col sangue, o con l'anima. Perché è sempre quello che vuole il Diavolo in cambio.»

37

«È stato d'allora che i corvi hanno cominciato a seguirmi. Ci sono volte in cui credo che vogliano proteggermi, altre invece li avverto come una condanna, la mia condanna per avere ceduto.» Eva si era portata per l'ennesima e ultima volta il bocchino alla bocca, aveva ispirato a pieni polmoni e poggiato poi la sigaretta nel posacenere, dove l'aveva lasciata morire.

«Non la seguo, signorina Besson.» Osservai i suoi gesti, perplesso. Ma ero confuso e stordito.

«Ma dammi anche del tu, Martin, non siamo mica a scuola?» Mi aveva sorriso. Eppure mi era parso forzato.

«Va bene» dissi solo e attesi che parlasse di nuovo.

Eva si inumidì le labbra secche, in seguito parlò, fissandomi dritto negli occhi.

«Chiedere soldi a quegli uomini è stato un po' come vendere l'anima al Diavolo, capisci? Ma non avevo scelta e restare a Perpignan era una condanna a morte di gran lunga peggiore.»

Per un attimo mi ero voltato verso la foto affissa alla parete, quella con Pierre, Eva e i due tipi, con la Ford bianca sullo sfondo. Pierre ed Eva sembravano sereni, ma pensai fosse un momento isolato. Le foto sono così, hanno il potere di rapire i momenti, enfatizzandone le sensazioni. Non si può basare l'esistenza su un momento, per quanto appagante sia il desiderio di riaverlo indietro.

Ma le foto sono diaboliche.

Pierre in quel momento viveva attraverso quelle foto che tappezzavano la sala e i racconti di Eva parlavano di rancori polverosi quanto le cose in soffitta.

«Sono schiava delle foto» aggiunse. «Oramai mi restano solo loro a ricordarmi quanto sono stata felice, un tempo.»

«E lo eri davvero?» chiesi e quel tono confidenziale, che quasi mi aveva imposto, mi sembrò ancora troppo inappropriato.

Lei non rispose subito, si guardò circospetta un momento, cercando di trovare le parole giuste.

«Lo ero» disse. «Ma lo sono stata per così poco tempo, Martin, che a stento lo ricordo.»

«Che cosa accadde dopo?» chiesi secco, quasi come se già ne avessi abbastanza.

«Trovai lavoro qui come insegnate di Francese e con i soldi del prestito acquistai questa casa.» Eva si mise in piedi. «Ti va del Cointreau?» mi chiese poi, raggiungendo il mobile di mogano grande dov'era in bella mostra una bottiglia di vetro panciuta.

Scossi la testa in segno di rifiuto, un po' sorpreso dalla proposta, e lei accennò un sorriso. Si versò un bicchiere di liquore e stette immobile per qualche attimo a sorseggiarlo con gusto.

«Non sono riuscita mai a restituire quei soldi» esordì e si acconciò la vestaglia nascondendo il decolleté fin troppo evidente.

Sorrise di nuovo, ma stavolta il sorriso era spento.

«Un giorno si presentarono alla mia porta. Mi dissero che sarebbe stato sicuramente più semplice tenermi d'occhio. E io capii che ero scappata da un inferno per finire in un altro ancora più grande. Mi stanno rendendo la vita un incubo e ho paura, sai?» Bevve un altro po' di liquore e raggiunse il divano, dove si sedette e accavallò le gambe come era solita fare.

«E allora perché il figlio dei Pilar? Cosa c'entri tu con quella storia?» volli sapere io e non mi preoccupai del tono ancora una volta impaziente, quasi irritabile.

Eva terminò il suo Cointreau e poggiò il bicchiere sul tavolo di vetro che aveva davanti.

«Cosa avrei potuto fare? Una volta Benerice venne da me e disse che era disperata, che avrebbe dato tutto pur di risolvere i problemi alla fattoria. Mi disse che le cose tra lei e Daniel stavano andando a rotoli, chiese dei soldi a me, capisci? Ma io non li avevo.»

Eva adesso non mi guardava più. In compenso fissava un punto astratto oltre me, come attratta da qualcosa d'invisibile alle mie spalle.

«Le dissi come stavano le cose. Le spiegai che non era così semplice, seppure qualcuno di mia conoscenza le avesse dato il denaro di cui aveva bisogno. Ma Benerice era disperata e quando sei disperato venderesti anche la tua anima...» Tacque per riprendere fiato e guardò la notte attraverso il vetro della finestra che affacciava al viale, alla sua sinistra. «...o quella di tuo figlio» concluse.

38

Un brivido mi percorse la spina dorsale fino alla nuca.

Il Diavolo era lì fuori, da qualche parte. Andava in giro su di una Ford bianca e io avevo paura.

«L'hai sempre saputo. Hai dato quel bambino in pasto alle bestie» dissi alterato. Mi misi in piedi e raggiunsi la finestra che affacciava al vialetto. Guardai nella notte, scostando leggermente le tende di cotone sottile.

«Non sai quanto mi danno per questo, Martin. Ma dissero che mi avrebbero lasciato in pace se avessi dato loro qualche nome. Capisci?» rivelò, il capo chino.

«Hai ucciso un bambino, Eva.» Immobile e severo, la guardavo attonito.

Eva cominciò a fissarmi e mi accorsi dei suoi occhi lucidi e delle labbra tremanti.

«Credi che non ci pensi?» esordì. «Non passa giorno, Martin, che non pensi a quel bambino. È come un fuoco che mi brucia le viscere. Ma sai come si dice? Ti accorgi della vita solo quando rischi di perderla. E c'è chi pur di vivere farebbe di tutto. Non credevo fossi tra quelle persone, non lo credevo affatto, fin quando...» Raggiunse di nuovo il mobile di mogano e si versò un altro bicchiere di Cointreau, stavolta riempiendolo quasi fin all'orlo.

Dopo mi venne vicino e potei sentirle l'alito d'alcool misto all'odore acre della crema da corpo.

«...fin quando mi dissero che mi avrebbero tirato il collo come si fa con le galline» concluse e bevve un copioso sorso di liquore.

La vidi deglutire il liquido e contrarre il viso in una smorfia di sofferenza, e immaginai come le avesse potuto bruciare in gola.

«Benerice di quei soldi non ne aveva bisogno. L'avidità di suo marito li ha portati alla rovina. Tutto qui» aggiunse dopo. Poi mi voltò le spalle e raggiunse il divano. Si sedette e poggiò la testa sullo schienale, chiudendo gli occhi.

Io non parlavo ancora. Impassibile, rimasi a osservarla e, più passavano i minuti, più non mi sembrava poi tanto bella, né tanto innocente. L'innocenza e la bellezza sono spesso sinonimi e in quel caso l'assenza del primo pregiudicava inesorabilmente il secondo.

Eva non era innocente. Eva aveva condannato una famiglia alla rovina. Eva era stata la causa della morte di Samuel Pilar.

«Credo che sia meglio che vada adesso» intervenni allora con la voce piatta, senza emozioni.

«Lo credo anche io.» Eva aprì gli occhi e tornò a guardarmi. «Ma non avercela con me, Martin» continuò. «Anche se può sembrarti difficile. D'altronde non hanno tenuto fede alla loro parola, ogni tanto vengono a farmi visita, fanno i loro porci comodi e vanno via. Ma so che prima o poi non basterà più, vorranno altro e io non ho niente da dargli.»

Basito, cercai di fare chiarezza sulle ultime rivelazioni.

«Ogni tanto vengono a farmi visita, fanno i loro porci comodi e vanno via.»

Eva non era innocente e non era bella.

Questo lo avevo chiaro.

39

Papà aveva sistemato una betoniera e una carriola accanto al pozzo. Alcuni sacchi di cemento erano già aperti e a terra avevo notato delle cazzuole e una pala: capii che aveva cominciato a ricoprire il pozzo.

Tempo prima vi aveva gettato della sabbia e del terriccio e già da qualche anno riuscivo a vederne il fondo.

Il canto dei grilli quella notte era ossessivo, mi martellava nella testa quasi a stordirmi.

Con ancora nel naso l'odore del Cointreau scadente di Eva e nell'orecchio l'eco irritante delle sue parole, entrai cauto in casa, cercando a stento di non fare il minimo rumore.

La cucina era immersa in una penombra spettrale, illuminata solo dalla luce della luna attraverso i vetri dell'unica finestra che affacciava ai campi. Nell'aria, odore di metano. Era forte di solito, quando non si confondeva con gli odori del cibo; colpa delle tubature vecchie.

Raggiunsi il corridoio buio, facendo attenzione a dove mettevo i piedi, e fui subito inghiottito dall'oscurità.

Tentoni, cercai di camminare cauto, strisciando lungo la parete di sinistra, e mi lasciai guidare dagli appena percettibili sussurri che provenivano dalla stanza dei miei genitori, più chiari man mano che mi avvicinavo.

Da quando era tornato dall'ospedale, mio padre di notte non chiudeva occhio. Lo sentivo spesso camminare in cucina, spostando le sedie e aprendo di continuo il frigorifero. Tossiva, beveva le sue birre e usciva a fumare.

Di giorno, invece, dormiva tanto, a volte anche fino al tramonto.

«Così… non c'è stato nulla?» sentii la voce di mamma.

«Lara, smettila una buona volta!» Papà si era alzato dal letto, avevo udito il cigolio delle molle del materasso.

Mi ero avvicinato ancora un po' alla stanza dei miei e avevo notato lo spiraglio sottile tra la porta e il muro da dove proveniva la luce fioca dell'abat-jour.

«Curiosare nei fatti degli altri non sta bene agli occhi di Dio.» Ricordai le parole di mia madre di qualche tempo prima. Martellanti nella testa.

Ma accostai lo stesso il viso e guardai attraverso il taglio di luce: mamma era distesa sul letto, con la schiena alla parete. Papà, invece, era alla finestra e guardava fuori.

«Io non ti piaccio più, Marcus?» Mamma aveva la voce impastata, prossima al pianto.

«Ti ho detto di farla finita, Lara, non farmelo ripetere!» Papà abbandonò la finestra e fece per raggiungere la porta.

Mi ritrassi di soprassalto, sperando che non si fosse accorto di me.

«Che cosa hai fatto a quel ragazzo?» La voce di mamma stavolta mi arrivò agitata, rotta dalle lacrime. Attraverso lo spiraglio, la scena mi si proponeva a metà, come i tagli di un film montati alla bell'e meglio.

Papà fissò mamma ancora una volta e lo sorpresi furioso. Lo vidi stringere i pugni e digrignare i denti.

«Vado a farmi una birra» disse infine.

Ma io ero ancora lì quando aprì la porta.

Barcollai nel buio quando lo vidi in piedi sulla soglia e persi l'equilibrio, cadendo all'indietro e sbattendo la testa contro la parete alle mie spalle.

Gli occhi sorpresi di mio padre nei miei.

Ancora la voce di mia madre nella testa.

«Curiosare nei fatti degli altri non sta bene agli occhi di Dio.»

40

L'odore del cemento fresco è come quello del terriccio bagnato in autunno.

Papà aveva avvicinato la betoniera al pozzo e svuotato il contenuto al suo interno. Ero rimasto a osservarlo, annusando l'aria che sapeva di cemento e sperando che da un momento all'altro lui alzasse lo sguardo e leggesse nei miei occhi quel fare di sfida che avrei tanto voluto che lui riconoscesse.

Perché io lo dovevo capire, perché le parole di Daniel ancora insistenti, prima che il colpo partisse, mi tormentavano la testa come il ronzio assillante di uno sciame di mosche.

«È una fottuta merda!» esclamò poi lui, con lo sguardo ancora basso, intento a scrutare l'interno del pozzo. «Un permesso del cazzo per gettare del cemento nel *mio* pozzo!» Scosse la testa e sputò saliva da un lato.

Quando il cemento finì, papà scostò la betoniera e diede l'ultima occhiata al fondo del pozzo prima di parlare di nuovo

«Devo fare un salto in paese a comprare altri sacchi» disse, pulendosi le mani sui pantaloni lerci.

Non mi aveva guardato e, dandomi le spalle, si era avviato verso la stalla, curvo, a passi rapidi.

L'odore del cemento fresco si mischiava a quello acre del porcile.

C'era silenzio, a parte il ronzio fastidioso di qualche mosca che banchettava con la merda dei maiali che, fermi, riposavano ammassati in un angolo.

Per questo le grida improvvise mi fecero sobbalzare. Avevo guardato attraverso le ultime file dei campi di mais alla mia destra, dove era la chiesa, perché ebbi l'impressione che provenissero proprio da lì.

E gridarono ancora. Frasi sconnesse, impercettibili.

Mi guardai ancora una volta intorno, prima di scattare e correre verso il pioppeto.

Al terzo grido seguì un vocio sommesso. Voci di donne.

I maiali parvero destarsi. Ne vidi qualcuno smuoversi un po' e grugnire alzando il muso ad annusare l'aria.

«La devi pagare!»

L'avevo sentito bene stavolta

«Devi pagarla cara!»

Le parole erano più nitide adesso, mentre mi addentravo nel bosco.

Alle grida si aggiunsero i corvi.

Mi ritrovai a pensare a Eva e a quello che mi aveva detto a proposito dei corvi e del fatto che la seguissero.

41

Il silenzio ostinato genera violenza e dolore, e il dolore, per quanto represso, origina insofferenza.

* * *

Quel giorno, nel piazzale davanti la chiesa, c'erano tutte.

Avevo riconosciuto Amalia Farro e le figlie, e più in là anche Clarissa, la grassona che vestiva sempre con quelle buffe fantasie floreali.

A terra, al centro del cerchio di donne incattivite, c'era Eva in lacrime, con il capo chino e un braccio attorno alle spalle del pastore Filippo che le sussurrava frasi all'orecchio.

«Dovete smetterla adesso!» Il pastore si rivolse alla folla.

«Deve dirci come stanno le cose!» parlò Amalia, stringendo a sé una delle figlie la quale fissava Eva con occhi sgranati.

Mamma era a pochi metri dall'ingresso, con le braccia al petto e l'espressione sconvolta.

La raggiunsi.

«Che cosa succede qui?» le domandai.

Mamma parve sorpresa di vedermi.

«Quegli uomini» disse, con lo sguardo terrorizzato e la voce tremante «hanno chiesto dei soldi alla chiesa e hanno minacciato il pastore Filippo. Ora dentro non c'è più niente, questa notte hanno saccheggiato tutto!»

Allora mi sporsi per guardare all'interno: sull'altarino mancava il calice e i due candelabri d'argento. Tante pagine sparse ricoprivano il pavimento.

«Hanno distrutto il Vangelo» rivelò ancora mamma. «E mancano i crocefissi.» Si fermò per riprendere fiato. «Hanno lasciato un biglietto, come con le zucche di Benerice. Se non avranno quanto chiedono, se la prenderanno con i nostri figli!»

Il mio sguardo allora era ricaduto di nuovo su Eva. I capelli scompigliati mi lasciavano pensare che qualcuno si fosse avventato su di lei con rabbia e glieli avesse strappati con forza. Sul sopracciglio aveva un taglio di qualche centimetro dal quale fuoriusciva un rivolo sottile di sangue a sporcarle la guancia destra.

«Non potete farle questo, è anche lei in pericolo quanto voi!» esclamai allora.

«E tu cosa ne sai?» Mamma mi guardò interdetta.

«Le ho parlato, mi ha detto tutto.»

«Da che parte stai, Martin?»

Mamma mi diede l'ultima occhiata interrogativa e, senza nemmeno aspettare una mia risposta, raggiunse le altre.

Il pastore Filippo riuscì a convincere Eva a rialzarsi e così potei vederla meglio in faccia.

Il trucco le si era sciolto sul viso e il rimmel si era mischiato al sangue.

«Dovreste solo vergognarvi!» esclamò il pastore, avanzando verso la chiesa e dando occhiate fulminee alle presenti. «È in casi come questi che la comunità deve restare unita,» aggiunse «la violenza è amica del Diavolo.»

Eva si voltò verso di me e scosse la testa in segno di afflizione.

Lo stesso feci io.

Sulle nostre teste, uno stormo di corvi volava in cerchio.

42

Non ho mai amato la stalla perché è dove papà passava la maggior parte del tempo e dove teneva anche i due cavalli. Più volte mia madre aveva insistito che si sbarazzasse di loro e, quando le cose ai Pilar andavano meglio, aveva anche consigliato che li vendesse a Daniel, perché noi con i maiali avevamo già abbastanza da fare.

Ma papà ai suoi cavalli era affezionato; ci portava il tabacco alla raffineria quando il trattore era fuori uso.

Tuttavia erano vecchi, tanto che spesso rifiutavano gli ordini. Il veterinario più volte ci aveva detto che era normale per cavalli di quell'età perdere l'udito, che col tempo avrebbero perso anche l'appetito e si sarebbero lasciati morire. Aveva anche aggiunto, però, che una stalla attrezzata per bene avrebbe risolto almeno la metà dei nostri problemi. Ma le cose non erano così semplici.

Quando quel giorno sorpresi mio padre e Caleb nella stalla, rimasi impietrito e per un attimo pensai che forse avrei fatto meglio a rimanere con mamma fuori la chiesa ancora per un po'. Papà era di spalle, con le braghe calate che scoprivano le natiche pallide e glabre, appena sotto la camicia larga. Caleb sgranò gli occhi quando mi vide oltre la spalla di mio padre, che si dimenava con movimenti ritmici, alternati al suo respiro affannoso e agli ansimi di piacere. Il mio amico si era morso le labbra, poi aveva detto qualcosa, ma senza emettere suono.

Avevo capito.

Vattene.

Lo aveva ripetuto ancora, almeno un'altra volta, ma io ero rimasto fermo, perché i piedi stranamente non rispondevano ai miei comandi.

«Vattene, Martin.»

Stavolta fui io stesso a ordinarmelo.

Nell'aria, odore di sudore misto a quello della paglia e dello sterco, e il ronzio delle mosche a sovrastare gli affanni rumorosi.

Sbattei le palpebre più volte nel vano tentativo di cancellare quell'immagine.

Ciò che era certo è che papà non mi vide, né avvertì il rumore dei miei passi che si allontanavano, calpestando rapidi la paglia scricchiolante.

Infilai l'uscita e corsi verso la strada.

Attraversai rapido il recinto dei maiali e il pozzo, e imboccai il sentiero dritto verso il pioppeto.

Non potevo restare, non più, perché quello che avevo visto non andava via come fa la terra sulle ginocchia quando cadi e ti scortichi. Il senso di sorpresa ben presto lasciò spazio a una rabbia improvvisa, di quelle che ti aggrediscono il cervello fino a fartelo scoppiare, che ti stordiscono confondendo i sentimenti.

Caleb me lo aveva tenuto nascosto e ora, in un modo o nell'altro, dovevo fargliela pagare.

Imboccai il boschetto e mi diressi verso casa sua.

43

C'erano pochi oggetti sull'unica mensola a capo del letto piccolo e sfatto: una sfera di cristallo con dentro dell'acqua e un Colosseo di resina in miniatura, una bottiglia vuota di Bombey Sapphire, un fermacarte di cartapesta a forma di grosso ragno e un astuccio colmo di biglie di vetro.

Buttai tutto giù.

Mi aiutai con una spranga di ferro uncinata che Caleb usava per tirare giù le zanzariere alle finestre; spaccai lo schermo della TV piccola e il vetro di alcune cornici alle pareti che custodivano disegni di insetti e foglie secche.

Strappai con le unghie la carta da parati in quei punti dove potevo inserire le dita tra un lembo scollato e il muro.

Infine dovetti fermarmi per riprendere fiato. Ebbi un attacco d'asma, di quelli che non avevo da qualche tempo, un dolore al petto come un pugno allo sterno unito a quel dannato bisogno di respirare. Annaspai nel disperato tentativo di riprendere aria, pestai le biglie di vetro sul pavimento e ruzzolai a terra, atterrando di schiena sulle schegge di vetro della bottiglia di gin che avevo distrutto.

Sentii bruciore e cominciai a non mettere bene a fuoco le cose: la TV rotta, le cornici spaccate, le biglie di vetro sul pavimento.

Buio.

Ma durò qualche attimo, il tempo di avvertire una presenza sull'uscio. Qualcuno mi aiutò a rimettermi in piedi, dandomi schiaffi sulla schiena per liberarla dalle schegge di vetro.

«Il tuo inalatore?» disse la figura che non era ancora nitida. Ma avevo riconosciuto la voce del mio amico.

«Nella tasca» riuscii a dire, annaspando per cercare invano di attenuare il forte dolore al petto.

Caleb rovistò prima nella mia tasca sinistra e poi nell'altra. Ne estrasse l'inalatore e me lo infilò in bocca con poca grazia.

L'aria mi fece bene.

Dopo un po' il dolore al petto si attenuò e anche i miei occhi tornarono a vedere.

Caleb mi sistemò sul letto e aprì la finestra per arieggiare la stanza.

«Hai fatto un vero e proprio casino» esordì.

«Avrei potuto fare di peggio.»

Mi misi seduto sul letto e lo fissai.

Il mio amico aveva gli occhi piantati nei miei. L'espressione seria, immobile.

«Perché non ne sapevo nulla?» gli chiesi, quasi supplichevole.

Lui rimase in silenzio per un po' prima di dire qualcosa.

«Che cosa avrei dovuto dirti, Martin? Che mi scopavo tuo padre?»

La risposta mi colse alla sprovvista.

Rabbrividii, un freddo gelido lungo la spina dorsale.

Non parlai. Lasciai che fosse lui a riprendere.

«Marcus è un poveraccio, ma paga bene. E comunque a me i soldi servono. All'inizio si limitava a toccarmi, poi ha deciso che non gli bastava più e che, se mi fossi opposto, il lavoro alla fattoria me lo potevo scordare.»

Caleb si era messo seduto sul letto e ora stringeva il viso tra le mani, con la fronte corrucciata e gli occhi ridotti a una fessura.

«Avresti dovuto lasciar stare e dirmi tutto!» Immobile, io strinsi i pugni ancora troppo deboli per reprimere il forte senso di rabbia.

Caleb ritornò a fissarmi, con gli occhi lucidi che trattenevano il desiderio recondito di scoppiare in lacrime. Quando parlò, aveva la voce smorzata. «Dirti tutto? Lasciar stare? E come avrei campato,

Martin? La pensione di mio nonno basta a stento per le sue medicine. Tu proprio non capisci, non è così?» Si mise in piedi e cominciò a raccattare i cocci di vetro sul pavimento, stavolta senza guardarmi, quasi come se parlasse tra sé. «Daniel vide tutto. Un giorno sorprese Marcus mentre mi dimenava l'uccello. Era venuto per chiedergli in prestito la potatrice. Ma Marcus, dopo, la potatrice gliel'ha regalata.»

Un conato di vomito mi colse alla sprovvista. Lo repressi portandomi una mano alla bocca e deglutendo saliva.

«Voglio andare via» dissi.

Caleb finì di raccogliere anche le biglie e poggiò tutto sulla vecchia scrivania di legno dov'erano anche il suo temperino a serramanico e una scatola di proiettili a salve, per quando sparava alle bottiglie con la pistola ad aria compressa.

«Odiami pure, se è quello che vuoi, Martin, ma non guardarmi in quel modo.» Mi venne vicino mentre superavo la porta per andare via.

Gli occhi lucidi e arrossati nei miei. E parlò di nuovo.

«Tu non sei migliore di me. Non lo sei, capito?»

Lo lasciai lì.

Non sarei rimasto nemmeno qualche secondo di più.

«Sei tu, Dora?» Sulla veranda, il vecchio si era destato dalla pennichella pomeridiana e ora mi guardava come se avesse visto un fantasma.

Non dissi nulla e imboccai il sentiero verso casa, di corsa.

44

Le dita scheletriche degli spaventapasseri si allungavano fino a toccare il vetro della finestra. O forse lo facevano solo nella mia testa.

Ticchettavano sulla superficie trasparente ed erano irritanti, ma avevo nascosto la testa sotto il cuscino per non vedere.

«*Vogliamo solo entrare*» dicevano e la voce proveniva dal taglio scuro, che avrebbe dovuto essere la bocca, sul sacco di iuta, che era la testa.

Avevo lasciato la porta semiaperta; dallo spiraglio buio provenivano i ronfi acuti di mio padre che bastavano a coprire il respirare leggero di mamma. Era sempre così: anche quando dormivano, mio padre respirava più forte di lei.

Tic, tic, tic. Le dita scheletriche a martellare sul vetro.

«*Martin*» chiamavano. «*Martin, svegliati!*»

Allora mi ero liberato del cuscino e avevo preso coraggio per guardare verso la finestra: gli spaventapasseri erano troppo distanti per riuscire ad allungare le braccia, qualora avessero potuto. Li vedevo svettare sopra il campo di girasoli: il corpo morto, tenuto fermo con fili di spago alle croci di legno.

Ma qualcosa continuava a colpire la finestra.

E la voce mi era ancora più chiara stavolta.

«Martin, svegliati.»

Proveniva da sotto.

Il ticchettio insistente e irregolare a quel punto mi parve più familiare e nella penombra, attraverso i deboli fasci di luce della luna piena, distinsi i piccoli ciottoli di ghiaia che colpivano il vetro.

Allora mi misi in piedi e guardai giù.

«Cosa c'è?» chiesi a Caleb che da sotto mi guardava impaziente.

Sorrideva, ma c'era dell'altro, me ne convinsi subito.

«Devi venire con me, è importante.»

«Ma hai idea di che ore sono?»

«Vieni con me e non fare storie!»

Ero rimasto ancora qualche secondo a osservarlo perplesso, cercando di capire cosa avesse in mente.

Dovevo andare con lui.

Volevo andare con lui.

«Sbrigati, c'è una cosa che voglio farti vedere.»

Quindi mi decisi.

Quella notte aprimmo la porta dell'inferno e lasciammo passare le mosche velenose.

45

Non bastava l'umidità sulla pelle, c'era dell'altro. Carcasse di corvi disseminate un po' ovunque: tra i dossi di terra, nel groviglio di foglie; altri ancora, agonizzanti, sbattevano le ali e il becco. Sembrava volessero dirmi qualcosa, mettermi in guardia.

Un'ombra, fredda come il ghiaccio, ci avvolgeva nel suo manto di tenebra mentre ci addentravamo nel campo di tabacco. Davanti a me, Caleb trasportava la carriola di papà che aveva svuotato del cemento e a stento si faceva strada tra le foglie larghe, le carcasse dei corvi e i dossi fangosi della terra. Gli avevo chiesto a che cosa gli servisse la carriola, ma lui si era limitato a sorridermi con gli occhi colmi di eccitazione e a rispondere con un «In qualche modo devo farmi perdonare.»

Non avevo più domandato e, stretto nelle braccia, mi ero limitato a seguirlo senza battere ciglio.

Le lucciole ronzavano e brillavano a intermittenza sulle nostre teste e davanti a noi, facendo luce sulla superficie rugosa delle foglie, sui dorsi piumosi dei corvi, bruciando il nero pece della notte come piccole strinature di sigaretta.

«Mi sono accorto che nonno non era in casa e sono venuto a cercarlo nei campi. Poi ho visto i corvi. Ho pensato che fosse per via del fertilizzante ma...» Caleb si era voltato e aveva parlato, rompendo il silenzio, e io gli avevo notato ancora il sorriso sornione e gli occhi accesi, troppo eccitati.

«...mi sono accorto di lei» aggiunse. Quindi si fermò e il cigolio stridulo della carriola lasciò spazio al lamento soffuso dei corvi agonizzanti.

«Attento ché quasi la calpesti!» esclamò.

Allora avevo abbassato lo sguardo e la prima cosa che avevo visto era stata la mano: il palmo rivolto verso l'altro. Seguiva un braccio bianco e sottile, infine una spalla e parte del collo.

Le foglie grandi di tabacco le nascondevano il viso; io le scostai e potei vederle gli occhi vitrei e sgranati, fissi e immobili su un punto astratto del campo. Le labbra erano aperte, di un colore indefinito sotto la luce debole della luna piena e quella fioca e intermittente delle lucciole. I capelli lunghi, a ciocche scure e madide, le imprigionavano parte della faccia; altri, invece, erano lasciati morti sulla terra, come tante carogne di serpente.

Eva Besson non poteva muoversi.

Ero rimasto a guardarla pietrificato, con il cuore che mi batteva in gola, come impazzito.

Caleb raggiunse il corpo della donna e si chinò per accarezzarle un seno bianco latte. Strinse la carne pallida tra le mani e con un dito giocò con l'areola scura del capezzolo. Poi scese con la mano sul ventre e indugiò sull'ombelico al ridosso del quale un piccolo cespuglio ricciuto di peli neri le nascondeva il sesso.

«È ancora calda» mi disse.

Repressi un conato di vomito e per un po' non riuscii a formulare domande. Caleb, invece, continuava a guardarmi sorridente e soddisfatto, e io non riuscivo a capire se la sua fosse una specie di vendetta per avergli distrutto la camera o se, quando mi aveva detto che stava cercando di farsi perdonare, parlasse sul serio.

«L'hai... l'hai u... uccisa tu?» dissi così, d'improvviso, senza pensarci troppo.

Ma Caleb cambiò subito espressione e sembrò quasi irritato.

«Per chi mi hai preso?» Mi guardò accigliato. «Io non lo so chi è stato.» Chinò il capo e osservò il cadavere per l'ennesima volta. «So solo che abbiamo un corpo di donna ed è ancora caldo» aggiunse.

Afferrò la carriola e la avvicinò alla donna, poi tornò a guardare me. Negli occhi aveva ancora troppa eccitazione e cominciò a farmi paura, ma non glielo dissi.

«Tu la afferri per le braccia, io per i piedi. La portiamo nella stalla.»

Il mondo tutto cominciò ruotare: il campo, la casa di Eva in lontananza, la luna.

Le lucciole.

Le lucciole.

46

Quando c'è il sangue, non è più un gioco.

Questo lo sapevo benissimo. Eppure, quando varchi la porta dell'inferno e ti addentri nelle tenebre, non puoi più tornare indietro.

Ci sei dentro e sei morto anche tu. Ma non lo sai.

Caleb aveva sistemato il cadavere su un mucchio di fieno preso in prestito dai cavalli. Questi sbuffavano, addormentati nel loro angolo, e parvero non accorgersi della nostra presenza.

La carriola aveva vomitato Eva sul fieno. Questa era atterrata con un tonfo sordo, di pancia: il sedere, sporco di feci verdi dall'odore nauseante, era coperto da grossi ematomi violacei come pure le scapole e ai lati, dov'erano le costole.

Caleb aveva preso un secchio d'acqua e ci aveva immerso una di quelle spugne che mio padre usava per pulire le bestie.

«Lavale il culo!» mi ordinò. Ma era un ordine di quelli che non ammetteva scuse e a me spaventò.

Non parlai, sarebbe stato inutile. Afferrai la spugna nel secchio e la strizzai forte. L'acqua fredda mi diede un sollievo momentaneo. La merda sul sedere di Eva venne via dopo un paio di passate, sprigionando un odore acre e disgustoso, peggio dello sterco dei maiali nel porcile quando passa troppo tempo e resta incrostato.

Un forte conato mi assalì fin dalle viscere. Vomitai la cena in un angolo. L'intruglio melmoso di piselli e verza scomparve nel fieno ai miei piedi e un po' fu assorbito dalla terra sottostante.

«Sempre il solito esagerato!» intervenne Caleb che era rimasto a fissarmi immobile. «Lascia fare a me» disse allora, afferrando la spugna e continuando quello che non avevo finito.

La mano non indugiò, non si fece scrupoli; era rapida sulla pelle bianca delle natiche e riuscì a pulirle da ciò che rimaneva.

Ma l'odore non voleva andare via, si mischiava adesso a quello del vomito mio e dello sterco dei cavalli ammassato in un angolo della stalla.

«Prendila per le braccia, la giriamo.» Il mio amico le aveva afferrato le caviglie, adesso. Ancora senza parlare, mi ero limitato a ubbidire.

Quando girammo il corpo, vidi i segni sul collo. Lividi simili a quelli che le avevo notato sulle natiche, ma più marcati, come se qualcuno le avesse stretto forte la gola.

«È stata strozzata» riuscii infine a dire.

Caleb però non rispose, intento a sistemare il corpo come una bambina che mette a letto la sua bambola.

Le aveva allargato leggermente le gambe e sistemato dietro le orecchie le ciocche madide di capelli che le coprivano la fronte.

Eva aveva gli occhi spalancati e osservava, a bocca aperta, qualcosa di invisibile sul soffitto.

Non era più bella, ma per me non lo era più già da tanto.

Sul seno sinistro, al lato dell'areola scura, era visibile il segno ovale di un morso. I denti impressi nella carne avevano lasciato il loro marchio seghettato e portato via il primo strato di pelle, mostrando la carne viva di sotto.

Mi decisi ad alzare lo sguardo solo quando mi resi conto che presto avrei dato di nuovo di stomaco.

Caleb era lì in piedi accanto al cadavere, completamente nudo.

Con una mano si dimenava il pene eretto e circonciso, mostrando la cappella lucida e livida.

«Da quand'è che non vedi una figa, Martin?» domandò.

Ancora quel puzzo di merda e vomito.

E io che volevo solo andare via.

47

Caleb scivolò dentro di lei, lento e adagio, quasi a preoccuparsi di non farle troppo male.

La penetrò con un ansimo sordo e io, per qualche secondo, restai a osservargli le natiche glabre andare su e giù, senza mai spezzare il ritmo. Aveva leccato e succhiato anche i capezzoli grossi come chicchi di uva fragola e passato la lingua anche sulle labbra secche e increspate; poi con violenza, accelerando il ritmo dei colpi, le aveva stretto le guance con una mano, aprendole di più la bocca, quel tanto che bastava per metterle la lingua anche lì.

Venne con uno spasimo, arricciando le dita dei piedi e contraendo le natiche piccole.

Restò floscio su Eva, con il corpo a schiacciarle i seni gonfi, e rimase immobile per un po', con il respiro che attenuava l'affanno.

Quando si rimise in piedi, il pene era moscio, con la punta umida e gocciolante di seme.

«Tocca a te» mi disse senza aggiungere altro.

E anche stavolta era uno di quegli ordini che non avrebbero ammesso obiezioni.

Io però mi sorpresi eccitato, nonostante l'odore dello sperma adesso unito a quello della merda di Eva, del vomito mio e dello sterco dei cavalli.

Non m'importava più.

Mi ero spogliato in fretta, gettando i vestiti sul fieno accanto al cadavere. Il pene a pulsarmi nelle mutande.

Tolsi anche quelle e rimasi nudo al cospetto di Caleb che ora sorrideva compiaciuto.

Il corpo di Eva non era caldo, non lo era per niente.

Gli occhi sbarrati e assenti guardavano ancora il soffitto. Le cercai le palpebre col pollice e l'indice e le lasciai scivolare giù a sigillarle le iridi vitree e senza vita.

«Almeno così sembra che dorma.»

La bocca era rimasta spalancata, notavo i denti e la lingua troppo gonfia.

Sui seni c'era l'odore acre della saliva secca di Caleb.

Entrai in lei con la stessa facilità con cui un coltello taglia un panetto di burro e il mio sesso s'imbrattò del seme del mio amico che fuoriusciva ancora dal taglio a gocce copiose.

Lo spacco umido e tiepido mantenne la mia erezione per pochi secondi. Mi bastarono pochi colpi.

Le venni dentro tanto, con forti getti incontrollabili e un grido che bastò a svegliare i cavalli che nitrirono per un po', sbattendo gli zoccoli sul terreno.

Rimasi inerme su di lei, a cingerle con le braccia il collo rotto e livido.

«Voglio scoparle anche il culo» Caleb parlò, facendomi ritornare violentemente alla realtà.

Risentii il puzzo di merda e vomito.

«Scostati,» mi ordinò «farò in fretta. Dopo la gettiamo nel pozzo.»

48

Eva atterrò con un tonfo sul fondo, là dove l'ultimo strato di cemento si era già solidificato. Le ossa si spezzarono contro la superficie dura del fondale, ne avvertii il suono lacerante, ma non riuscii bene a vedere il corpo. La luce della luna faceva chiarezza solo sulle parti più sporgenti: un gomito, le ginocchia, il polso ora fratturato e piegato all'indietro.

Caleb allora svuotò metà del contenuto della betoniera nel pertugio buio e per qualche secondo restammo lì, a guardare il vomito grigio ricoprire il cadavere sul fondo.

Quando il cemento finì di ricoprire anche il punto di carne e ossa più evidente, Caleb mise da parte la betoniera e fissò i suoi occhi nei miei.

Non c'era più l'eccitazione di qualche istante prima, il cemento aveva occultato anche quella. Negli occhi ora non leggevo nulla.

«Il cemento basterà a coprire ogni cosa, il mondo è pieno di cadaveri nascosti dal cemento. Puoi stare tranquillo.»

Non dissi nulla. Restai a fissarlo immobile, poi presi dalla tasca il mio inalatore e lo portai alla bocca, scongiurando una crisi d'asma imminente.

Caleb non vide la luce della veranda, né sentì la porta d'ingresso aprirsi.

Io invece vidi tutto e vidi anche mio padre raggiungerci a passi rapidi, con un bastone in una mano.

«C'è mio padre» dissi allora. «Sta venendo qua.»

Caleb si voltò e restò un attimo a fissare la silhouette di papà farsi strada lungo il vialetto che conduceva al pozzo.

«Cazzo!» esclamò irritato.

Poi papà si fece così vicino che la luna fu sufficiente a illuminare il suo viso stanco e imbronciato.

«E voi? Che ci fate qui fuori a quest'ora?» bofonchiò, il tono era roco, rotto dalla stanchezza.

Notai il suo braccio fasciato dalla garza oramai lercia sulla quale era impressa una macchia di sangue scuro e rappreso. Era dal suo ritorno che non aveva più medicato né pulito la ferita, sebbene più di una volta mamma si fosse proposta di farlo al suo posto. Mio padre reggeva un bastone nella mano sinistra, uno di quelli doppi che usava a volte per spaventare le volpi che si avvicinavano troppo ai maiali. Si era sporto per guardare nel pozzo, ma non si era soffermato oltre.

«Caleb è venuto per cercare suo nonno. È scappato di nuovo» riuscii a dire.

Papà guardò prima me, poi il mio amico.

«Torna a casa» gli disse secco. «Nel mio pozzo tuo nonno non c'è di sicuro. E domani dobbiamo raccogliere il tabacco che è pronto.»

Caleb accennò un sì con la testa.

«A domani, Martin» mi disse infine, prima di darmi le spalle e correre verso la via.

«Tu va' a dormire.» Papà fu rapido anche con me, con lo sguardo fulminante, lo stesso che spesso feriva più di mille cinghiate.

«Vado» dissi solo e mi avviai, fissando l'ingresso e la veranda illuminata.

«C'è del cemento fresco nel pozzo.» La sua voce alle mie spalle mi fece arrestare di colpo.

«È stata colpa mia» mentii io ancora di spalle, deglutendo saliva, «volevo usare la betoniera.»

Papà rise. Una risata corposa, di gusto.

«Non sono lavori per te, Martin. Conoscendoti, combineresti solo guai.»

Rise ancora.

Io allora strinsi i pugni e repressi un grido di rabbia.

49

«Bisogna evitare il male, anche con atti estremi.» Era l'inconfondibile voce di mia madre. La avvertii nitida provenire dalla cucina. Con lei c'era qualcun altro.

Poi udii il rumore dell'acqua a bollire in un tegame, qualcuno che armeggiava con posate e piatti.

«Amalia e Clarissa stanno pulendo il sangue in chiesa. Hanno gettato via tutto, anche le falci.»

Era Benerice. E l'avevo sentita bene, perché il suo tentativo di ridurre la voce a un sussurro era stato vano.

«Shh...» la zittì mamma. «Parla piano, c'è il ragazzo che dorme.»

Avanzai di qualche passo nel corridoio e le assi di legno del pavimento parvero cedere sotto i miei piedi.

«E al resto?» aggiunse mamma. Il rumore di una sedia a strisciare sul pavimento. La immaginai seduta.

«Ci hanno pensato Igor e Daniel. Hanno dato tutto ai porci.»

Mi fermai sulla porta della sala e loro si voltarono di scatto.

Mamma, al contrario delle mie aspettative, non era seduta. In compenso armeggiava con la caffettiera grande, intenta a versare il caffè in due tazze grosse. Benerice, invece, aveva occupato la poltrona accanto alla finestra, con le mani tra le mani, tamburellando nervosa i piedi sul pavimento.

«Buongiorno» esordì mamma, calma.

Benerice si mise in piedi e, elettrica, si avviò verso l'ingresso.

«Bisogna chiamare Marcus, potrebbe darci una mano, nel caso servisse.»

«Per l'automobile dici?» Mamma parlò senza indugio stavolta, quasi come se la mia presenza non le importasse più.

«Certo, anche per quello. La comunità deve restare unita, Lara, ed è giusto che anche tuo figlio sappia.»

Avevo raggiunto l'armadio delle medicine e mi ero rimpinzato delle mie solite pillole del mattino. In seguito mi ero voltato verso Benerice che mi fissava interdetta, prima di indirizzare il mio sguardo ancora una volta verso mia madre.

«Che cosa dovrei sapere?»

Mamma deglutì saliva, la avvertii titubante. Ma durò poco. Scostò una sedia del tavolo e si accomodò; infine parlò, guardandomi fisso, imprimendo il suo sguardo nel mio, quasi a volermi rapire le emozioni.

«Gli uomini hanno attirato gli assassini di Samuel in chiesa. Lì li hanno fatti fuori con le falci e le pistole.»

Non parlai. Un brivido glaciale mi percorse la spina dorsale e sentii a un tratto il pavimento cedere sotto i miei piedi.

«Avevano chiesto dei soldi alla comunità» continuò lei, quasi a trovare scusanti per il gesto folle, «avevano minacciato di bruciare la chiesa.»

Distolsi lo sguardo da quello di mia madre e mi concentrai sulle tazze di caffè sul tavolo. Due mosche zampettavano incuriosite sul bordo di una di queste. *«È questo il tempo delle mosche velenose»* pensai.

50

Andai pure io quel mattino.

Clarissa e Amalia erano ancora lì, intente a sfregare il pavimento con le pezze zuppe di sangue.

Il legno del suolo ne era completamente impregnato e a poco sarebbero servite le secchiate d'acqua e detersivo.

Ricordo l'odore di candeggina misto a quello del ferro. Gli schizzi sanguigni erano finiti sulla tovaglia bianca dell'altare, sul legno lucido della prima serie di panche, sui candelabri d'ottone che avevano sostituito quelli d'argento.

A terra, tra l'altare e le due donne che in ginocchio sfregavano con le mani sul suolo: una bibbia aperta in due. Il sangue non aveva risparmiato nemmeno le sue pagine.

Il mio occhio allora cadde su delle frasi del libro, evidenziate in grassetto. Lessi a mente, rintracciando le lettere piccole sotto gli schizzi di rosso: "*Il Signore fece così: vennero grandi sciami di mosche velenose in casa del faraone, nelle case dei suoi servitori e in tutto il paese d'Egitto. La terra fu devastata dalle mosche velenose*".

Allora capii che, in qualunque modo la si mettesse, non sarebbe stato più possibile tornare indietro. Presto sarebbero giunte le mosche velenose perché la porta dell'inferno l'avevamo aperta Caleb e io, perché certe cose non andavano fatte e forse anche perché certe cose avrei fatto meglio a non vederle.

Igor Bruttomuso e papà entrarono in chiesa.

Avanzarono lungo la navata e si fermarono al cospetto di Clarissa e Amalia.

«La macchina è all'acquedotto, ma non può starci ancora per molto.» Igor occupò la panca di sinistra per riposare e riprendere fiato. Io guardai mamma che alla mia destra, invece, era rimasta immobile e assorta.

«Dov'è il pastore?» Fu mio padre a parlare stavolta.

«Padre Filippo è stato colpito, Igor non te l'ha detto?» rivelò Amalia, rimettendosi in piedi. Raggiunse la bacinella con l'acqua rossa e ci strizzò dentro lo straccio lercio.

Papà guardò Igor incredulo, il fiatone stentava ad abbandonarlo.

«Sì... due colpi alle gambe» disse questo, con lo sguardo chino al pavimento sporco. «Ma se n'è occupato Daniel. Ora sta da noi, è fuori pericolo.»

«Adesso bisogna solo trovare l'altro corpo» intervenne Clarissa che era stata in silenzio fino a ora. Si mise in piedi facendo perno sulle gambe grosse e continuò, rivolta a mio padre.

«Quello dell'insegnante di Francese. Erano venuti a dirci questo, che l'avevano strangolata e gettata nei campi, ma Daniel è andato a vedere e nei campi non c'è traccia del corpo.»

«E se non fosse morta?» Papà sembrò barcollare.

«È morta, te lo dico io! Ci sono i corvi che lo dimostrano!» Stavolta fu Benerice, alle spalle di mia madre a parlare. «Il campo ne era pieno.» Aggiunse «Uno sterminio di uccelli neri. Come se dormissero.»

51

Dall'aurora all'alba tutto è permesso. È un periodo sospeso, a cui solo pochi possono prendere parte.

Ho visto l'aurora un paio di volte nella mia vita; le restanti, invece, le ho passate a occhi chiusi, immaginando di stare sveglio.

Mia madre, però, credo che abbia visto più aurore che tramonti, perché da piccola, alla chiesa, ogni giovedì andava presto, quando l'erba dei viali era ancora bagnata di rugiada fresca e le lumache strisciavano lungo i reticolati delle siepi.

Tutto quello che accade in quello spazio di tempo resta sogno, perché è ancora a metà tra il buio e la luce, non può essere condannato.

Avevo sentito la porta d'ingresso sbattere e avevo capito che era giovedì, perché era di giovedì che mamma si recava in chiesa per le riunioni e ritornava sempre verso le otto, quando si doveva aiutare papà con l'orto.

Eppure quel mattino era diverso perché, quando rincasò, c'era anche Benerice. L'aria diventa opprimente quando c'è qualcosa che non va e la luce sembra che non voglia far chiarezza sulle cose. Quel giorno che la comunità ammazzò gli assassini di Samuel, il verde dell'aurora sembrava rendere tutto stagnate e anche l'aria sapeva di pantano.

«Se il corpo di Eva non c'è, vuol dire che qualcuno l'ha portato via. E se qualcuno l'ha portato via, vuol dire che quel qualcuno farà la spia.» Igor aveva parlato e poi aveva abbandonato la chiesa.

Non era effettivamente così, ma questo potevamo saperlo solo Caleb e io.

* * *

«Nessuno scoprirà nulla, Martin» mi disse Caleb quando gli raccontai l'accaduto. Parlava tenendo in bocca dei chiodi e un martello nella mano destra, intento a fissare una trave instabile della serra di tabacco.

«Io ho paura, Caleb.» Avevo preso dalla tasca il mio inalatore e l'avevo portato alla bocca, aspirando l'aria medicinale che mi diede un sollievo immediato.

«Tu hai sempre paura, Martin.» Il mio amico scosse la testa. «Dov'è la macchina?» aveva chiesto dopo.

«All'acquedotto, ma Igor Bruttomuso vuole smantellarla, ci divideremo i pezzi.»

«Ottima idea.» Sorrise, fissando l'ultimo chiodo alla trave. «Adesso è stabile» aggiunse, dandomi una pacca su una spalla.

52

Papà non aveva toccato il pozzo. La betoniera e la carriola erano rimaste dove la sera prima le avevamo lasciate. Nelle ore che seguirono, sperai con tutto me stesso che l'ultimo strato di cemento sul fondo del pozzo si solidificasse. Ma non mi ci avvicinai, il fiato mi mancava ogniqualvolta mi accostavo anche solo al porcile.

Era la tomba di Eva Besson e non c'era nulla che la ricordasse, se non un sottile strato di cemento. Mi chiesi se una fine del genere l'avesse predetta, se i corvi, in qualche modo, glielo avessero detto.

Quando Eva aveva aperto la sua personale porta dell'inferno, i demoni le avevano concesso i corvi. Loro l'avrebbero protetta dalle ingiurie o semplicemente da chi non avesse condiviso la sua scelta. Era questo. Era tutta una questione di scelte.

Me ne convinsi e capii che dalle scelte sbagliate non si torna indietro, o almeno non così facilmente.

Io, invece, avevo liberato le mosche velenose, me lo aveva detto anche la bibbia a chiare lettere tra gli schizzi di sangue. E ormai quelle mosche me le sentivo addosso, entrarmi nei vestiti, solleticarmi la pelle con le zampe sottili.

A cena non toccai cibo. Lo stesso fece mamma. Papà, invece, mandò giù grandi bocconi di spezzatino, aiutandosi con delle copiose sorsate di vino.

«Dobbiamo portare il pastore in ospedale» formulò poi, pulendosi le labbra con un lembo della tovaglia.

«Ne abbiamo già parlato Marcus, è troppo pericoloso» rispose mamma. «Ci faranno mille domande, non possiamo rischiare.»

«Uno dei proiettili ha perforato l'anca, c'è la possibilità che non cammini più o, nella migliore delle ipotesi, zoppicherà per il resto della sua vita.»

Papà si mise in piedi e raggiunse la finestra per fumare.

«Daniel Pilar ha lavorato nella croce rossa, lui sa quello che fa.»

Papà allora contorse il viso in una smorfia di rabbia.

«Daniel Pilar è lo stesso che per poco non mi ficcava una pallottola dritta in testa!»

Mamma non parlò più, abbassò lo sguardo e si guardò le mani che stringeva nervosa.

53

Nella foto c'era lei ancora sorridente. Al suo fianco, Pierre in tuta mimetica, le spalle larghe e il petto in fuori, aveva un'espressione serena. Dietro di loro, la Ford bianca e i due uomini, amici di Pierre, con gli occhiali scuri e le braccia incrociate. Era una bella giornata di sole, si capiva dai riflessi cristallini sui capelli di Eva, dal luccichio dei suoi occhi felici.

Avrei voluto rubare quella foto, perché avevo avvertito l'esigenza indispensabile di un ricordo; sapevo che la donna che stava imputridendo nel mio pozzo non era più Eva Besson o almeno la Eva innamorata di quella foto, quando l'inferno era ancora lontano. Ma poi avevo lasciato la foto lì, tra i vetri rotti e le altre cose, perché tutto sommato non avrebbe fatto molta differenza.

«Non dovresti toccare niente» disse Caleb alle mie spalle.

«Ormai che importanza ha?» ammonii, facendomi strada sul parquet disseminato di cose.

C'erano i vestiti della donna sparsi un po' dappertutto tra i cocci rotti di bicchieri e bottiglie di liquore. Delle perle, forse appartenenti a qualche collana, erano sparpagliate tra i resti di piccoli oggetti di porcellana che prima riempivano le mensole della sala.

Caleb e io c'eravamo guardati titubanti prima di entrare ma, avendo trovato la porta aperta, avevamo deciso così, d'impulso, che in qualche modo ne valesse la pena. Non so dire con precisione che cosa speravamo di trovare, spesso era solo il bisogno di infrangere qualche regola. Mi ero convinto che quando ti capita di aprire la porta delle mosche, queste confondono ogni cosa e a quel punto è difficile distinguere le cose giuste da quelle sbagliate. Io mi sentivo in bilico, completamente immerso in quella smania di trasgressione tipica dell'adolescenza, quando credi un po' di avere il mondo ai tuoi piedi solo per aver fatto sesso per la prima volta. E a me era successo, anche se il mio pene era scivolato nella vagina viscida di un cadavere.

Non importava. Ero un uomo, in un modo o nell'altro.

«Devo dirti una cosa» Caleb esordì e io trasalii dai miei pensieri.

Lo fissai senza dire nulla, perché sapevo che con lui non c'era bisogno di dire altro e, se aveva deciso di dirmi qualcosa, che fosse importante o meno, in quel momento l'avrebbe detta comunque.

«L'altra sera, quando ti ho detto che ero in giro a cercare mio nonno...» tacque e si guardò le mani nervose

«Sì?»

«Beh...» aggiunse, dando un calcio a una testa di porcellana. «Non è propriamente giusto.» Riprese fiato «Ero così eccitato che avrei voluto... beh, Martin, non so nemmeno io cosa mi fosse frullato per la testa.»

«Le avresti fatto del male?» azzardai io, il cuore a battermi nella gola.

«L'avrei fatto» mi disse serio, le sue pupille fisse nelle mie.

Io non parlai più, anche stavolta sarebbe stato fiato sprecato. Capii allora che non si era mai trattato di un gioco, che era tutto fin troppo perverso per essere un gioco.

«Ma ero già nel campo di tabacco quando li ho visti. Gli uomini della Ford dico.» Occupò il divano dietro di lui, nello stesso punto dove giorni prima Eva si era seduta a bere il suo Cointreau, e nascose la testa tra le mani. «... e c'erano anche Daniel e Benny Pilar...» confessò infine, con lo sguardo basso a guardarsi le scarpe.

«Che cosa?» Sperai ardentemente che alzasse il capo e confermasse con gli occhi quello che mi aveva appena detto. Ma non accadde.

«Benny l'ha riempita di calci, anche se non si muoveva, credo fosse già morta. Daniel insieme agli altri due l'ha trascinata nel campo. Lui le ha preso le gambe e gli altri due le braccia. Poi l'hanno lasciata lì e sono andati via.» Non disse altro.

Dopo si udirono solo gli uccelli e il ronzio di qualche mosca nell'aria.

Io non capivo ancora, le parole di Caleb mi erano arrivate confuse, come dall'estremità di un lungo tunnel.

Abbassai lo sguardo e osservai ancora una volta il pavimento, un campo di battaglia pieno zeppo di ricordi violati. Le facce mozzate delle statuette di porcellana mi osservavano con occhi gelidi e mi ritrovai a pensare a Eva, ai suoi occhi immobili e fissi al soffitto della stalla, mentre ero dentro di lei e la riempivo del mio seme.

Pensai che se Benny e Daniel c'entravano con la morte di Eva, anche mio padre e mia madre, in un modo o nell'altro, potevano avere a che fare con la faccenda.

Un brivido mi percorse la spina dorsale e dovetti tirare dall'inalatore per non cedere.

Mi ero deciso a cambiare stanza, abbandonare la sala e andare a controllare anche di sopra, quando il rombo di un'automobile sul vialetto mi fece arrestare di colpo.

Seguì il rumore dei due sportelli sbattere quasi all'unisono e i passi raggiungere la veranda.

Il campanello suonò due volte

«Signorina Besson?» disse qualcuno dall'altra parte

Caleb e io ci guardammo, impassibili.

«Signorina Besson, siamo della Polizia, è in casa?» aggiunse. Riconobbi la voce del poliziotto grasso e sudaticcio che qualche giorno prima era venuto alla fattoria a chiedere di Samuel Pilar.

«Dobbiamo andare via da qui!» intervenne Caleb, la voce ridotta a un sussurro appena percettibile.

Accennai un sì con la testa.

«Dalla finestra!» aggiunse lui e si avviò lesto, calpestando i cocci scricchiolanti sul parquet.

«La porta è aperta!» Ancora la voce del poliziotto.

Riuscii a raggiungerlo alla finestra proprio quando gli uomini dall'altra parte della porta irruppero nell'ingresso.

Prima Caleb, poi io atterrammo con un tonfo sull'erba secca del cortile.

«Sembra che qui un ciclone abbia fatto una strage!»

«Chiama la centrale. Di' che mandino qualcuno.»

«Da questa parte!» Caleb m'indicò un piccolo varco nel recinto di rete.

Strisciammo in fretta sotto la fessura e ci ritrovammo a correre nel campo di tabacco.

Ma era tutto inutile, io l'avevo capito.

Perché l'aria fresca sul viso non mi dava sollievo, perché sui vestiti sentivo ancora l'odore di Eva, della merda e del sesso.

Avevo fatto il mio personale patto col Diavolo.

54

Si era aperta una crepa sull'ultimo strato di cemento. Dallo spacco scuro, un odore rancido, come d'acqua stagnante, fuoriusciva a zaffate brevi.

Lo spacco dall'alto aveva il disegno irregolare tipico dei fiumi sulle cartine geografiche, con gli affluenti ai lati che si dipanavano come i fili sottili di una ragnatela.

La canicola opprimente batteva contro il rivestimento di pietra del pozzo, sul mio capo e sulla fronte sudata. Era stato proprio il caldo asfissiante a spaccare il cemento, oppure quello che c'era sotto.

Pensai che c'entrasse l'anima, in qualche modo; pensai che certe cose non amassero rimanere nascoste, che quando è il peccato a muovere la ragione, le azioni che si cerca invano di occultare vengono sempre a galla, esposte alla luce del sole rovente. Eva non voleva restare in fondo al mio pozzo, non era quello il suo posto. Le avevamo imposto una tomba che lei non avrebbe mai scelto e ora annaspava di sotto, tentando di spaccare il fino strato di cemento che le avevamo vomitato addosso.

Sperai che mio padre non lo notasse e che ricominciasse presto a gettare cemento nel buco per chiudere per sempre quella storia, ma l'incidente in chiesa aveva rallentato molte cose e il pozzo, per ora, non era per nulla nella lista delle sue priorità.

* * *

Quel pomeriggio vidi mamma in cucina, intenta a impastare con le mani una massa d'acqua e farina per le piade.

«Caleb l'ha vista» palesai allora, liberandomi del peso che mi opprimeva il petto.

Mamma alzò gli occhi e si passò una mano sulla fronte per asciugarsi il sudore.

«Di che parli?» chiese stanca.

«La signorina Besson» dissi tremante, cerando invano di nascondere l'emozione. «Lui si trovava vicino ai campi di tabacco quando l'hanno ammazzata e ha visto tutto.»

«Bene» disse solo. Chinò di nuovo lo sguardo e ritornò a concentrarsi sulla pasta. «Devi dirmi altro?»

Restai fermo dov'ero, sulla soglia, sorpreso e deluso dalla reazione di mia madre. Ma infine parlai lo stesso e le parole mi uscirono rapide, viscide come un rettile di fiume.

«C'erano anche Benerice e Daniel Pilar quella notte.»

Mamma non si scompose. Lasciò stare l'impasto che aveva trasformato in una palla liscia e bianca, e raggiunse il lavello per pulirsi le mani.

«Il tuo amico farebbe meglio a tenere la bocca chiusa» disse seria. «Curiosare nei fatti degli altri non sta bene agli occhi di Dio.»

55

«Dal pozzo viene su un tanfo di merda!»

Papà irruppe così, distruggendo il silenzio e portando con sé una ventata d'aria afosa. Sembrò non essersi accorto di me che invece, immobile, lo osservavo, nascosto in un angolo tra la porta e il muro.

Lui raggiunse il tavolo che mamma stava sgomberando e piombò su una sedia, con poca grazia.

«C'è una crepa bella grossa sul cemento, qualche topo del cazzo ci sarà andato a morire dentro.»

Mamma raggiunse rapida il frigo da cui estrasse una bottiglia di vino che gli pose davanti. Gli prese anche un bicchiere e restò qualche secondo a osservarlo trangugiare il primo sorso copioso.

Papà si accorse di me, guardandomi attraverso il fondo di vetro e fece un rapido movimento col mento all'insù in segno di saluto.

«Il ragazzo dice che Caleb sa tutto. Ha visto i Pilar con l'insegnante di francese. Lui sa tutto!» mamma parlò agitata. Aveva cominciato a muovere frenetica le dita delle mani.

Papà si versò un altro bicchiere di vino e la fissò ancora per un po' prima di posare di nuovo lo sguardo su me.

«Per caso il tuo amico sa anche che fine ha fatto il cadavere?» chiese. «Giusto perché non sappiamo dove diavolo sia finito!»

Non aveva gridato ma, conoscendolo, lo avrebbe fatto di lì a poco. La sua pazienza aveva dei limiti molto instabili.

«È per colpa della vostra comunità del cazzo!» esclamò, stavolta guardando mamma e alzando il tono visibilmente nervoso. «Non avremmo dovuto! Era un fallimento già dall'inizio e io ve lo avevo detto!» sbraitò.

Guardava un po' mamma e un po' me e per un tempo interminabile pensai che fosse tutto così maledettamente insolito, irreparabile. Mi mancò il respiro, ma ero impietrito, e scavare nella tasca alla ricerca del mio inalatore mi sembrava a dir poco infattibile in quel momento.

Ripensai ai corvi di Eva e alle mosche velenose della bibbia. In realtà non avevo dimenticato un bel niente: le penne corvine e il ronzio insistente erano ancora lì, fissi nella mente come tanti piccoli spilli.

E questi spilli mi facevano sanguinare, come la fronte di Cristo sulla croce.

«Oramai è fatta» formulò allora mamma. «Ed è irrimediabile.»

«Dio non perdona l'omicidio, Lara.» Papà aveva arreso il tono, ma gli spasmi nervosi tra una parola e l'altra lo tradivano ancora.

«Non è peccato agli occhi di Dio quando è per nostra difesa» mamma rispose ferma, composta, e le sue parole mi suonarono decise, convinte e spaventosamente sincere.

«Avete aiutato due criminali a uccidere una donna. Conta solo questo.»

«Dovevamo, Marcus, lo sai bene. Hanno ammazzato un bambino della comunità e anche quella donna ne era responsabile.» Mamma girò attorno al tavolo e raggiunse la finestra della sala per scrutare di fuori. «Benny e Daniel hanno avuto quello che volevano» aggiunse, scostando con una mano la tendina di pizzo per guardare meglio attraverso il vetro.

«Questo non riporterà indietro Samuel» dissi io a quel punto e le parole mi graffiarono la gola come gli artigli di un gatto. Ma uscirono fuori tutte, crude, vere, anche se a fatica.

Mamma e papà mi fissarono, entrambi stupiti dal mio intervento improvviso.

«Dio solo sa che cosa è giusto o che cosa no. Noi abbiamo solo agito in nome suo e per il bene della comunità.» Il tono di mia madre era distaccato, austero. La sua sicurezza ostentata mi scombussolava.

Qualcosa si era rotto per sempre

Non puoi uccidere e pretendere di farla franca.

E, soprattutto, non puoi occultare un corpo e pretendere che non riveda mai più la luce del sole.

56

A terra c'erano i fichi maturi, feriti e sanguinanti. La polpa livida e dall'odore acidulo richiamava i moscerini e le formiche giganti. Vedevo queste ultime marciare in fila indiana, trasportando i piccoli semi rossi; poi la fila si addentrava nell'erba più alta e non la vedevo più.

Caleb era seduto sotto l'albero, tra i frutti maturi a terra e altri ancora verdi sulla sua testa, che appesantivano i rami morbidi.

Armeggiava col temperino sul tronco tenero, con il polso nervoso e insistente. Notai che aveva scrostato dei pezzi di corteccia e che li aveva messi da parte, accanto a sé, ammucchiandoli in un lato nell'erba.

«Che ne farai?» gli chiesi.

Lui alzò lo sguardo e strizzò gli occhi per mettermi a fuoco, con una mano sulla fronte per schermarsi dalla luce del sole forte alle mie spalle.

«Dei filtri per le sigarette!» disse e tornò al suo lavoro: aveva i muscoli del braccio contratti mentre la punta del coltello feriva il legno.

«Mamma lo sapeva» rivelai allora, senza aspettare ancora, «e mio padre pure.»

Caleb quindi si fermò e i muscoli del braccio e del collo, prima contratti, si distesero.

«Glielo hai detto?» mi guardò interrogativo e il tono nascondeva stavolta una nota d'ansia.

«Sì» mi affrettai a rispondere. «Ma non sanno del cadavere. Erano tutti d'accordo, Caleb.»

Lui si mise in piedi facendo pressione con una mano sull'erba e restò fermo, immobile al mio cospetto.

«Anche tua madre?» domandò, mentre si grattava con una mano il capo, dubbioso.

«Soprattutto mia madre» risposi. «Benny e Daniel li hanno solo condotti in chiesa quel mattino. Per farlo dovevano stare al loro gioco. Per questo, credo, erano ai campi quella notte. È stata una trappola o qualcosa del genere.»

«Già» disse allora lui, ma adesso non mi guardava più.

«E il pozzo? Marcus ha terminato col pozzo?»

«C'è una crepa» confessai «e temo che il corpo abbia cominciato a decomporsi perché viene su un cattivo odore, come di carogna.»

Caleb si chinò e raccolse i pezzi di corteccia che aveva messo da parte. «Questo è un grande problema del cazzo, Martin!» esclamò.

Da lontano una voce ci arrivò nitida e disturbante.

«Caleb!»

Era mio padre. Guardai oltre il porcile e lo vidi fermo all'ingresso della stalla.

«Caleb!»

«Ci serve altro cemento» rivelò allora il mio amico, prima di darmi le spalle. «Dobbiamo gettare altro cemento.»

«Caleb! Non ti pago per perdere tempo, cazzo!»

Gli afferrai un braccio e lo strinsi forte per farlo voltare. Poi gli fui così vicino da sentire il calore del suo respiro sul viso e l'odore leggero di tabacco secco.

«Questa storia deve finire!» dissi. «Tu e mio padre: non può andare avanti.»

Caleb allora accennò un sorriso, uno dei suoi soliti sorrisi rassicuranti, che celavano la malizia delle vere intenzioni.

«Finirà. Abbi fede in Dio, Martin!» esclamò serio.

Io lasciai la stretta e rimasi a osservarlo mentre scendeva la collina a passi rapidi.

57

È quando non sappiamo più a chi rivolgerci che diventiamo pii, desiderosi di redenzione. Cercare sicurezza nell'invisibile è più semplice che cercarla in noi stessi. Tra l'altro se poi le cose ci vanno male, non sarà mai per colpa nostra, ma di Dio.

Noi non c'entriamo.

* * *

La notte io cercavo sempre il mio Dio, attraverso le crepe del soffitto illuminato dalla luna, o sulle pareti sbiadite. Lo cercavo perché avevo bisogno di sapere che nonostante tutto lui c'era, che mi avrebbe protetto quando gli spaventapasseri avrebbero allungato le loro mani artigliate per afferrarmi il collo.

Questi erano nel campo di girasoli, li guardavo svettare austeri con i petti gonfi di paglia.

I fiori piegavano le teste al loro regale cospetto, ma non era tanto rispetto il loro, quanto più paura, quella stessa paura che si ha nei confronti di chi dovrebbe proteggerti e non lo fa. Quella paura che è anche un po' delusione, rassegnazione agli eventi.

Io avevo quella paura. Perché quando sai di essere solo, ti rifugi anche nella paura e la paura diventa tua alleata.

Lo spaventapasseri più grande, quello col cappello da sceriffo, aveva fatto un giro di centottanta gradi sull'asse di legno che lo sorreggeva e dopo aveva impresso le sue orbite vuote su di me.

«Ti va un salto nel pozzo, Martin?»

La voce profonda e ovattata, sotto il sacco di iuta che aveva al posto della testa.

«Eva si sente tanto sola lì sotto.»

«Basta!» esclamai, ma senza strillarlo, sussurrandomelo nella testa. Poi afferrai il cuscino e lo scagliai alla finestra. Questo atterrò con un tonfo sordo sul pavimento e lì restò, fermo, piegato su se stesso.

«...è tutto a posto!» D'improvviso udii la voce di papà, seguita dal rumore della porta della stanza da letto che si chiudeva.

«E l'auto?» La voce di mamma.

La immaginai seduta allo specchio, mentre si massaggiava il viso con una delle sue creme alle erbe.

«È rimasto solo il motore, sta nel capanno di Daniel, il resto è disseminato per i campi. A Igor servivano i fari per il furgone e se li è presi.» Papà si accomodò sul letto. Sentii le molle del materasso cigolare e alcuni suoi colpi di tosse.

«Bene...» Ancora la voce di mia madre.

Cercai di addormentarmi così, col suo *bene*, secco e scandito.

E quel suo *bene* sospeso servì, in un modo o nell'altro.

Malgrado non fosse più quel *bene* in cui tanto ero abituato a rifugiarmi, malgrado stavolta suonasse come un punto di fine al capitolo di una tragedia appena iniziata.

58

Il pastore Filippo voleva vederci tutti quella mattina. Il giorno prima già aveva cominciato a camminare per le stanze, aiutandosi con un deambulatore arrugginito appartenuto alla madre di Amalia prima che tirasse le cuoia. Eravamo accorsi tutti tranne Caleb, che doveva badare al nonno perché da un po' di tempo non voleva neppure più staccarsi dal letto e imprecava contro delle figure invisibili nella stanza.

Igor Bruttomuso sedeva accanto al camino vuoto con in bocca la mezza cicca spenta del sigaro. Amalia, invece, armeggiava con una brocca di limonata e dei bicchieri che aveva scrupolosamente allineato sul tavolo.

Le figlie, in un angolo, carezzavano i capelli di lana arancione di due bambole cucite a mano e mi lanciavano brevi occhiate maliziose, accompagnate da risolini soffocati.

Papà fumava in un angolo vicino alla finestra che affacciava ai campi, mentre mamma aspettava ferma accanto al forno che i biscotti al burro si cuocessero.

C'erano tutti, anche Poula e Clarissa. Quest'ultima imponeva, immensa al centro della sala, le braccia incrociate, in attesa. Era stata anche lei a dare una mano col sangue in chiesa; anche lei, come le altre, si era distrutta le mani grassocce a furia di sfregare sugli oggetti di ottone, inalando l'odore forte della candeggina.

«È tutto pulito, non c'è motivo di agitarsi» disse poi quando qualcuno della sala le chiese se avessero lucidato anche i candelabri dell'altare.

«Dobbiamo fare molta attenzione.» Il pastore Filippo era in piedi, in un angolo tra la porta d'ingresso e la dispensa con le conserve.

Parlò con tono quieto, ma la voce era stanca e provata.

«Dio ci punirà, padre? Abbiamo peccato?» Amalia si era asciugata le mani sul grembiule che teneva in vita e aveva impostato la voce a mo' di lamento, abbassando gli occhi e corrugando la fronte come i cani quando disobbediscono.

«Non è così semplice, Amalia.» Il pastore Filippo lasciò il deambulatore e prese posto su una sedia che Clarissa gli aveva appena sistemato accanto.

Nell'aria c'era il tipico odore di metano, proveniente dalle tubature vecchie, e le mosche ronzavano, rompendo gli istanti brevi di silenzio.

«Dio in tutto questo non c'entra» aggiunse e abbassò il capo. «D'ora in poi di questa storia non se ne parlerà più. Siamo intesi?»

«La polizia non ce la farà passare liscia, questo è sicuro» papà intervenne, gettò a terra la cicca di sigaretta e la compresse con una scarpa. «Oramai ci siamo dentro fino al collo. Anche io, che con la vostra comunità del cazzo non c'entro» continuò, rigido.

«E invece c'entri eccome, Marcus!» disse qualcuno alle mie spalle.

Voltandomi mi accorsi di Daniel. Si accese anche lui una sigaretta e cominciò a dare tiri nervosi.

Dietro di lui, Benerice gli aveva messo una mano su una spalla nel tentativo di acquietarlo. Conosceva suo marito e sapeva, tuttavia, che una mano su una spalla non sarebbe servita a molto.

Mio padre guardò Daniel inquieto.

«È colpa della vostra avidità, Daniel. Non avreste dovuto chiedere aiuto all'insegnante. I soldi della comunità erano abbastanza per risolvere il debito!» Papà ora era fisso sul gruppo di gente che assisteva in silenzio, ma non guardava Daniel, non poteva.

«I panni sporchi si lavano in famiglia, Marcus» intervenne poi Benerice. «E la comunità è la nostra famiglia» aggiunse.

Mamma guardò Benny, accigliata, ma non proferì parola.

«Faresti meglio ad ascoltarci, Marcus!» Daniel era serio. Fece altri tiri nervosi dalla sigaretta e si passò una mano sulla fronte per liberarsi dal sudore.

L'aria si stava facendo irrespirabile, colpa del caldo asfissiante e del fumo delle sigarette. Anche il ronzio delle mosche grandi sembrava affannoso. Il loro era un volo basso, a stento riuscivano a raggiungerci le teste.

Guardai mio padre e mi chiesi se stesse pensando a Caleb. Eppure non ne avevo dubbi. In quella stanza c'erano minacce sottili ed era inevitabile che tutti, di tutti, sapessero ogni cosa, finanche il segreto più intimo. Tra fratelli bisognava essere solidali, comprendere e non giudicare mai. Ma per tutto c'era comunque un prezzo e il prezzo per mio padre, in quel momento, era sottostare alla volontà degli altri perché qualcuno altrimenti avrebbe potuto dire apertamente che a Marcus Penni piaceva incularsi i ragazzini. E allora non sarebbe stato più un segreto sussurrato, ma una realtà gridata ai quattro venti, sputata in faccia come un acido corrosivo, e mia madre, sebbene ne fosse già informata, ne avrebbe avuta la conferma amara.

«C'è la polizia nei campi!» A un tratto la voce roca di Igor mi riportò malamente alla realtà.

Aveva raggiunto la finestra che era accanto al camino, adesso guardava attraverso la tendina di pizzo.

Clarissa si avvicinò rapida, urtando il tavolo e l'angolo della credenza col sedere grasso. «Cercano il cadavere di Eva» rivelò la donna.

Anch'io corsi alla finestra e mi sporsi per guardare verso il campo di tabacco.

C'erano due pattuglie davanti alla casa di Eva. Nel campo, invece, un gruppo di poliziotti e qualche pastore tedesco dalla lingua pendula.

«Che fine ha fatto il cadavere?» Il pastore Filippo parlò alzando il tono di voce. Lo scoprii severo, irritato. Guardava Benny Pilar aspettando una risposta.

«Io non lo so… l'abbiamo gettata nel campo, era lì che doveva restare» Benny rispose ansiosa, quasi ansimando.

Allora il pastore perlustrò la stanza con gli occhi piccoli e tondi, guardò anche me e per un attimo mi sentii gelare.

Infine, però, il suo sguardo raggruppò tutti, gli occhietti sferici slittarono rapidi in tutte le direzioni: Benny, Daniel, Poula, Clarissa, me, mio padre, mamma, Amalia, Igor.

Alla fine parlò, con tono alterato, le labbra strette e nervose.

«Quel cadavere deve uscire fuori. Ci siamo capiti?»

Seguì il silenzio.

Ma non era totale.

Le mosche, ronzando stanche, lo rompevano.

59

Quando non hai più paura della perdita, è perché hai già perso abbastanza. E in quel tempo in cui le mosche velenose avevano invaso gli animi e i raccolti, si era perso tutto.

Ci pensavo mentre ci allontanavamo col furgone dalla casa di Igor e Amalia, e mi ero fissato a osservare il porcile dove i maiali neri dormivano ammucchiati in un angolo, ammassati come sacchi di iuta.

Prima i maiali, poi il recinto e infine la casa tutta persero di intensità, dimensione e nitidezza per diventare solo un puntino insignificante nell'enorme tavolato verde dei campi di mais e tabacco.

Sul sentiero verso casa, i papaveri porpora ricordavano il sangue e scorreva a fiotti lungo i bordi, come i rigagnoli delle fogne scoperte.

Papà poi aveva frenato bruscamente e io e mamma avevamo sussultato.

«C'è la polizia da noi» aveva detto e anch'io avevo visto le due volanti davanti casa, i poliziotti fermi accanto al pozzo e altri in attesa sulla nostra veranda.

«Avvia il motore e ritorniamo a casa, Marcus» ordinò mamma.

Lo fece in modo deciso, senza scomporsi. E mio padre ubbidì, dopo un attimo di esitazione in cui si era guardato le mani, impacciato sul da farsi. Ma poi aveva avviato il motore e afferrato il manubrio saldamente.

Da un po' era come se papà temesse mia madre, come se il fatto che fosse la principale responsabile di quella dannata situazione l'avesse rilegato in quel cantuccio dove il suo compito era semplicemente quello di ubbidire, come ai cani quando gli lanci un bastone. Perché quando le cose ti sfuggono di mano, non resta fare altro che consegnarsi al volere degli altri e sperare che questi altri sappiano davvero che cosa fare.

Tuttavia non credo che mia madre sapesse che cosa fosse giusto oppure no, giacché Dio in tutta quella storia non c'entrava e l'aveva detto anche il pastore Filippo; per questo e per una moltitudine di altre ragioni, penso che lei si chiedesse se in qualche modo fosse rimasta da sola, se era vero che nemmeno quel Dio, che non c'entrava niente, l'avesse aiutata a cercare una soluzione a tutto quel dramma.

Intanto papà aveva già parcheggiato il furgone.

Attraverso il vetro sporco del finestrino vidi avvicinarsi le sagome smorte e grigie dei poliziotti.

60

«Se è per il pozzo, ho il permesso» annunciò papà, appena mise piede fuori.

Sembrò spavaldo e un po' mi rincuorai. Quella strana sensazione di rasserenamento che provavo sempre al cospetto della sua arroganza. E la sua arroganza mi acquietava lo spirito, perché un po' credevo fosse sicurezza, la stessa che a me mancava e che non mi permetteva di essere un uomo al suo cospetto.

Col tempo mi ero convinto che era l'essere sicuri di sé che ci faceva uomini agli occhi degli altri. Mio padre lo era di certo e lo era anche Caleb. Io non lo ero.

«Il signor Penni, giusto?» chiese l'uomo baffuto e grosso.

Lo vidi opaco attraverso il vetro, ma quando mi decisi a scendere dal furgone e atterrai sulla terra secca del viale, lo guardai meglio e riuscii a distinguere anche la moltitudine di nei che gli invadevano il viso e quei fori sulla pelle, a ridosso delle guance, sul naso grosso.

Mio padre lo osservò fisso e pensai che cercasse in ogni modo di mantenere la sfrontatezza che lo connaturava. Abbozzò un sì con la testa e non disse altro.

«Non si tratta di questo» confessò l'uomo, ma poi si voltò lo stesso verso il pozzo e restò qualche attimo fermo, cercando forse di capire perché mio padre avesse bisogno di riempirlo di cemento.

Credo che a nessuno di noi andasse di spiegare il vero motivo, lo stesso che risaliva a qualche anno prima, quando la figlia più grande di Amalia si era sporta tanto ed era rimasta per qualche secondo a penzolarvi all'interno con un piede incastrato nell'incavo tra una roccia e l'altra. Ma dopo Dalila v'erano caduti anche due gatti e qualche tempo prima avevamo scoperto che sotto il bordo interno s'era stabilita una famiglia di pipistrelli.

Il pozzo andava chiuso, ma a mio padre non bastava coprirlo con delle travi o cose simili. Lui ci voleva il cemento. Tonnellate di cemento armato.

Anch'io mi voltai verso il pozzo. C'era la betoniera ferma insieme alla pala e alla carriola, dove qualche sera prima io e Caleb le avevamo lasciate.

Sul bordo di pietra sostavano, invece, mosche grosse dal dorso verde, lucido sotto il sole cocente.

Nell'aria, zaffate rancide, come la melma galleggiante sull'acqua dello stagno.

Le mosche erano venute per Eva.

Le mosche velenose erano venute a salvarla.

61

Anche mamma ci raggiunse e si piazzò accanto a papà, le braccia incrociate e gli occhi fissi al poliziotto dal naso grosso.

Avevo dato un'occhiata anche agli altri uomini in divisa e ai cani: alcuni all'ingresso, fermi in attesa di qualche ordine dall'alto, altri invece a perlustrare il campo di tabacco di fronte, zigzagando tra gli steli più alti, e le teste dei cani che a intervalli confusi facevano capolino sulle foglie.

«Siamo qui per farvi alcune domande riguardo alla vostra vicina, la signorina Besson Eva» aggiunse l'uomo stavolta guardando anche mamma.

«È successo qualcosa?» mamma parlò, portandosi una mano alla bocca, sconcertata.

Mi stupii del suo sangue freddo, di come riuscisse in quel momento a tenere a bada le emozioni, a non risultare finta, impostora, di come non trapelasse dai suoi occhi nessun segno di corruzione.

«Ogni cosa in casa della signorina Besson è stata saccheggiata. Ciò che è strano è che non sia stato prelevato nulla di valore. Di lei, invece, nessuna traccia. Pensiamo si tratti di un sequestro.» L'uomo si fermò per riprendere fiato.

Arrivò l'ennesima zaffata di rancido. Stavolta la sentii acida in bocca. Anche il poliziotto contrasse il viso disgustato e mi chiesi se avesse capito che provenisse dal pozzo.

Una mosca verde, dal dorso lucido come i tegami di rame appena smaltati, si era poggiata, leggera, sulla guancia sinistra del poliziotto e aveva sfregato le zampette sottili. Per un po' restò lì, sulla superficie ruvida della barba incolta.

«Eva è nel pozzo» ronzò. «Che cosa diavolo state facendo ancora qui? Vedete nel pozzo!»

Se avesse saputo quello che la mosca cercava disperatamente di dirgli, il poliziotto si sarebbe spiegato il puzzo che impregnava l'aria densa d'afa. Ma lui parve non accorgersi nemmeno che la mosca gli stesse stazionando su una guancia. Continuò a parlare «Tuttavia, nel campo di tabacco di vostra proprietà abbiamo trovato dei capelli e dei solchi sulla terra, come segni di ruote, proprio in un punto dove alcuni tronchi di tabacco sono stati spezzati.» La voce era più impostata adesso. «Poi ci sono gli uccelli morti» aggiunse, il tono era diventato più cupo.

Si accorse della mosca e la scacciò con una mano. Questa volò via. La osservai planare bassa, appesantita dal caldo, e raggiungere le altre sul bordo del pozzo.

«Le impronte terminano proprio qui, nel vostro cortile» disse.

«È orribile!» esclamò di nuovo mamma.

«Già. È orribile» le fece eco papà. «Posso dirle solo che mi dispiace per la signorina Besson, ma non c'è nulla qui, a parte qualche maiale e i miei due cavalli nella stalla.»

«Ci dispiace davvero tanto» aggiunse mamma. «La signorina Besson è l'insegnate di mio figlio, spero la ritroverete e che si sistemerà tutto.»

L'uomo osservò mia madre contraendo le labbra secche e passandoci su la lingua per inumidirle.

«Faremo del nostro meglio» assicurò. «Ritorneremo domani per altri sopralluoghi. Vi invitiamo cortesemente a non allontanarvi dalla proprietà e a collaborare.»

«Certamente. Può contare sul nostro aiuto in qualunque momento.» Papà fu rapido, forse fin troppo. Gli allungò la mano per stringergliela e terminare la conversazione.

L'uomo tentennò prima di accettare; poi accolse la mano di mio padre in una stretta debole.

Io guardai per l'ennesima volta il pozzo. Le mosche erano volate via, colpa di un pastore tedesco che aveva raggiunto il bordo di pietra con le zampe anteriori e adesso scrutava nel foro, annusando l'aria viziata col muso lungo, mentre un poliziotto al centro del cortile lo teneva fermo per il guinzaglio che vibrava teso.

62

Quella notte non chiusi occhio. E non fu colpa degli spaventapasseri.

Era tardi quando mamma irruppe nella mia stanza e si chinò sul mio letto. Mi aveva sfiorato la fronte con una mano e io avevo sussultato. A tentoni, nel buio, avevo cercato l'interruttore dell'abat-jour e, quando la luce fece chiarezza su tutto, il cuore già batteva forte.

Mia madre piangeva, aveva gli occhi gonfi e arrossati, i capelli sconvolti.

«Mamma...?» dissi, con la voce impastata dal sonno, e non riuscii a dire altro.

«Devo andare, Martin, la polizia ha arrestato Igor e Amalia. Non so chi, ma qualcuno deve aver fatto la spia. Hanno trovato resti umani nel porcile.» Mamma parlò riducendo la voce a sussurri irregolari. Ma erano risuonati forti nella mia testa, come il tonfo sordo delle palle di cannone.

«Devo ritornare lì. Il pastore è in pericolo e anche noi.»

Mi stampò un bacio leggero sulla fronte e scomparve dietro la porta. Udii i suoi passi rapidi raggiungere l'ingresso. La sentii parlare con qualcuno che a sua volta rispose con un mormorio sommesso. Poi avvertii anche la porta sbattere e la immaginai correre lungo il viale dei papaveri, diretta al pioppeto.

Mi misi in piedi, liberandomi dalle lenzuola opprimenti, indossai in fretta i vestiti che avevo lasciato scivolare sul pavimento qualche ora prima e raggiunsi la porta camminando scalzo, sul legno cigolante del parquet.

Mi ritrovai nel corridoio in penombra.

Dalla cucina, rumore di cassetti, qualcuno aveva aperto il frigo. Pensai a mio padre. Immaginai che si fosse stappato una birra. Il tappo aveva risuonato sul pavimento il suo tintinnio metallico. In certe circostanze anche il suono più insignificante è assordante e fa male nella testa.

In cucina c'era proprio lui, seduto al tavolo, una bottiglia fredda di birra in una mano, con lo sguardo assente. Lo fissai a fondo, soffermandomi sulle occhiaie scure, la barba incolta e la fascia della medicazione sporca attorno al braccio nudo.

Non si concentrò sulla mia figura ferma sulla soglia della porta; restò immobile per qualche istante senza battere ciglio.

Così rimasi a fissarlo, sperando che da un momento all'altro si accorgesse di me e, nel frattempo, mi tastai nelle tasche alla ricerca del mio inalatore e, trovandolo in quella di sinistra, mi rassicurai.

Mio padre bevve un po' della sua birra. Adesso mi guardava.

«Me lo puoi dire ora» disse con voce roca e bassa «che cosa avete gettato nel pozzo?»

63

I brividi di paura sono diversi da quelli che provi quando senti freddo. Segue un'improvvisa sudorazione, il corpo si immobilizza, le ossa si atrofizzano. Resti muto, la saliva viene azzerata e anche il cuore sembra cessi di battere, quando in realtà batte solo a un ritmo più frenetico.

«Allora?» Papà si era messo in piedi e aveva raggiunto la finestra per scrutare fuori.

Anche da quella distanza riuscivo a vedere le sagome imponenti degli spaventapasseri del campo di girasoli, illuminati dalla luce della luna piena.

«C'è la signorina Besson nel pozzo» confessai infine.

Non so perché lo feci, forse perché da un po' mi era chiaro che quando non hai più paura di perdere è perché hai già perso molto. Io non avevo più nulla da perdere, d'altronde quello che Caleb e io avevamo fatto non era niente in confronto a quello che era successo dopo.

Mio padre accennò un sorriso, di quelli sinistri di cui è difficile capirne le ragioni; lasciò stare la finestra e mi raggiunse a passi rapidi.

Fu veloce e non mi diede nemmeno il tempo di capire che cosa stesse accadendo. Vidi solo lo scatto improvviso del braccio all'indietro e qualche attimo dopo un pugno mi colpì in pieno viso.

Caddi a terra, stordito e dolorante.

Mi ritrovai a guardare il soffitto, mentre in bocca il sapore ferroso del sangue caldo mi causò un conato che non riuscii a trattenere.

Vomitai rosso misto a qualcosa di granuloso; passandomi la lingua sugli incisivi, ne scoprii uno scheggiato.

«Tu e tua madre mi avete rovinato la vita» aggiunse mio padre.

Lo fissai incredulo.

«Per… perché l'hai fatto?» chiesi, portandomi una mano alla labbra nel tentativo di fermare l'emorragia. Ma il sangue continuava a riempirmi la bocca e pensai provenisse da uno dei molari.

«La mia vita è finita!» strillò lui.

Stavolta mi sferrò un calcio nello stinco.

Gridai dal dolore, portandomi la gamba al petto.

Lui si ritrasse per riprendere fiato e riprese posto sulla sedia.

Allungandomi con un braccio, riuscii ad afferrare lo spigolo della credenza e a rimettermi in piedi. Un dolore lancinante mi trapassò il corpo appena provai a mettere a terra la gamba sinistra.

Fui rapido.

Corsi verso la porta d'ingresso e mi ritrovai sulla veranda illuminata dalla luce alogena delle zanzare.

«Dove cazzo credi di andare tu?» Lo sentii alle mie spalle.

Mi raggiunse sulla veranda e con uno spintone mi fece ruzzolare per le scale. Atterrai sulla terra secca, sbattendo la testa sul suolo duro.

«Non sono un uomo. Io non sono un uomo.»

Lo capii ancora di più in quell'istante quando, disteso a terra, con gli occhi rivolti alla luna piena, aspettavo passivamente che mio padre me ne desse ancora.

Lui respirava affannoso sopra di me. Ora non si muoveva più.

«Potrei ammazzarti, lo sai?» mi disse.

Ma io guardavo oltre adesso, qualcosa dietro di lui, verso il campo di girasoli.

Non era un'allucinazione. Io l'avevo visto bene.

Uno degli spaventapasseri aveva girato su se stesso, liberandosi dalla morsa che lo teneva legato alla croce di legno. Avevo avvertito il suo tonfo sordo e il fruscio delle foglie dei girasoli.

Aveva abbandonato, rapido, il campo, e ora veniva da noi.

«Potrei ammazzarti e gettarti nel pozzo» aveva aggiunto papà.

L'ombra avanzava a passi felpati. La luna intanto faceva chiarezza su un oggetto brillante che gli era scattato come un taglio di falce nella mano destra.

«Lasciami papà, ti prego basta!» riuscii a dire. Le parole erano deboli, dolorose lungo la gola.

Lo spaventapasseri era più vicino. Chinò la testa da un lato, poi dall'altro. Lo vidi accelerare il passo, calpestando il terriccio secco del cortile con i suoi piedi di paglia.

«Lo... spaventa... passeri» formulai a fatica.

Papà contrasse il viso sorpreso. «Che cosa?» chiese confuso.

«È dietro di te» rivelai allora debole, con il sangue copioso a riempirmi la bocca.

Ma avevo chiuso gli occhi non appena la sagoma scura si era avventata su di lui.

Il suono carnoso della lama nella sua schiena mi giunse nitido e quasi liberatorio.

Ne seguirono altri, svelti, a confondersi con le grida di dolore.

Infine, il tonfo sordo del corpo a terra e quelle parole dette senza pensarci troppo e dal tono così familiare: «È finita, alzati.»

64

Quando aprii gli occhi, il corpo di mio padre era riverso al mio fianco, a pancia sotto, con la faccia nella terra.

Sulla schiena nuda, tanti tagli irregolari sputavano fiotti di sangue denso e scuro.

Caleb uscì dall'ombra e la luna poté fare chiarezza sul suo viso e sul coltello a serramanico sporco di sangue che impugnava nella mano destra; i capelli scuri spettinati e la pelle del viso troppo bianca alla luce della notte.

Mi allungò una mano.

«Abbiamo del lavoro da fare» aggiunse.

Allora mi misi in piedi e mi poggiai di schiena alla ringhiera della veranda, cercando di riprendere fiato.

Tastai nella tasca dei pantaloni alla ricerca del mio inalatore, lo trovai e me lo portai alla bocca.

* * *

Dopo ci furono acqua e cemento.

Le mani di Caleb, rapide, con la pala riempirono la betoniera.

Mani afferrarono altre mani, corpi vivi e corpi morti insieme, in un turbine di carne e sangue.

Il cadavere di mio padre atterrò con un botto sull'ultimo strato in fondo al baratro e la prima colata di cemento gli coprì il viso, finendogli negli occhi vitrei e nella bocca.

La seconda, infine, sigillò il pozzo.

Finito di stampare
nel mese di Marzo 2021
360gradi srl
Stampato in Italia